法兰西经典 03

Études de
philosophie ancienne

古代哲学研究

[法] 皮埃尔·阿多（Pierre Hadot） 著

赵灿 译

华东师范大学出版社·上海

华东师范大学出版社六点分社 策划

出版弁言

1

法国——一个盛产葡萄酒和思想家的地方。

英国人曾写了一本名叫 *Fifty Key Contemporary Thinkers* 的书,遴选了 50 位 20 世纪最重要的思想家,其中居然有一半人的血统是法兰西的。

其实,自 18 世纪以来,法国就成为制造"思想"的工厂,欧洲三大启蒙思想家孟德斯鸠、伏尔泰、卢梭让法国人骄傲了几百年。如果说欧洲是整个现代文明的发源地,法国就是孕育之床——启蒙运动的主战场。自那时起,法国知识界就从不缺席思想史上历次重大的思想争论,且在这些争论中总是扮演着重要的角色,给后人留下精彩的文字和思考的线索。毫不夸张地说,当今世界面临的诸多争论与分歧、问题与困惑,从根子上说,源于启蒙运动的兴起。

法国人身上具有拉丁文化传统的先天基因,这种优越感使他们从不满足于坐在历史车厢里观望这个世界,而是始终渴望占据历史火车头的位置。他们从自己的对手——英德两翼那里汲取养料,在知识的大洋里,法国人近似于优雅的"海盗",从早年"以英为师",到现代法德史上嫁接思想典范的 3M 和 3H 事件,①可以说,自 18 世纪以来,启蒙运动的硝烟在法国始终没有散去——法国总是有足够多的思想"演员"轮番上场——当今世界左右之争的桥头堡和对峙重镇,无疑是法国。

保罗·利科(P. Ricœur)曾这样形容法兰西近代以来的"学统"特质:从文本到行动。法国人制造思想就是为了行动。巴黎就是一座承载法兰西学统的城市,如果把巴黎林林总总的博物馆、图书馆隐喻为"文本",那巴黎大大小小的广场则可启示为"行动"聚所。

2

当今英美思想界移译最多者当属法国人的作品。法国知识人对经典的吐故纳新能力常常令英美德知识界另眼相看,以至于法国许多学者的功成是因为得到英美思想界首肯而名就。法国知识界戏称"墙内开花墙外香",福柯(M. Foucault)如此,德里达(J. Derrida)如此,当下新锐托马斯·皮凯蒂(T. Piketty)也是如此。

移译"法兰西经典"的文本,我们的旨趣和考量有四:一是脱胎于"革命"、"改革"潮流的今日中国人,在精气、历史变迁和社会心理上,与法国人颇有一些相似之处。此可谓亲也。二是法国知

---

① 法国知识界有这样的共识:马克思、弗洛伊德和尼采被誉为三位"怀疑大师"(trois Maîtres de soupçon),法称 3M;黑格尔、胡塞尔和海德格尔这三位名字首字母为 H 的德国思想家,法称 3H;这六位德国思想大家一直是当代法国知识谱系上的"主食"。可以说,3M 和 3H 是法国知识界制造"思想"工厂的"引擎"力量。

识人历来重思想的创造，轻体系的建构。面对欧洲强大的德、英学统，法国人拒绝与其"接轨"，咀嚼、甄别、消化、筛选、创新、行动是法国人的逻辑。此可谓学也。三是与英美德相比较，法国知识人对这个世界的"追问"和"应答"，总是带有启示的力量和世俗的雅致，他们总会把人类面临的问题和思考的结果赤裸裸地摆上桌面，语惊四座。此可谓奇也。四是法国人创造的文本形态，丰富多样，语言精细，文气沁人。既有狄德罗"百科全书式"的书写传统，又有承袭自蒙田那般精巧、灵性的 Essai（随笔）文风，更有不乏卢梭那样，假托小说体、自传体，言表隐匿的思想，其文本丰富性在当今世界独树一帜，此可谓读也。

3

伏尔泰说过这样的话：思想像胡须一样，不成熟就不可能长出来。法兰西民族是一个早熟的民族——法国思想家留给这个世界的文字，总会令人想象天才的模样和疯子的影子，总会自觉或不自觉地让人联想到中国人的那些事儿，那些史记。

从某种意义上说，法国人一直在骄傲地告诉世人应当如何生活，而我们译丛的旨趣则关注他们是如何思考未来的。也许法兰西民族嫁接思想、吐故纳新、创造历史的本领可以使我们一代人领悟：恢复一个民族的元气和自信要经历分娩的阵痛，且难免腥风血雨。

是所望焉。谨序。

倪为国

2015 年 3 月

献给我亲爱的妻子
生活和哲学思想的
可贵且忠实的伴侣，

以示深深的感激。

目　录

III
历史问题

IV
哲学教学与哲学生活

V
古代思想的不同侧面

皮埃尔·阿多其人其事

一、关于皮埃尔·阿多的学术生涯

本书作者皮埃尔·阿多（Pierre Hadot），法国当代著名哲学史家、古典文献学家、历史学家。在中国，至今还没有形成专门的阿多著作的翻译和研究队伍。我在这里不可能对阿多的生平和思想作全面介绍，不过提示几点，以助读者阅读本书。

作为一名职业研究者，阿多一生大部分时间都是在研究机构中度过的。我们看看他的履历①：1922 年 2 月 21 日出生于巴黎；1949—1964 年，供职于法国国家科学研究院（Centre national de la recherche scientifique），先后任见习生、专员、研究员；1964—1985 年，任法国高等研究应用学院（l'École Pratique des Hautes Études）第五分部导师，指导希腊化–罗马时代的神学与神秘主义研究；1982—1990 年，任法兰西学院（Collège de France）教授，主持"希

---

① 关于阿多的介绍，详见法兰西学院网站（http://www.college-de-france.fr）"已故教授"栏。

腊化思想与罗马思想教席”（Chaire d'Histoire de la pensée hellénistique et romaine）；1991 年起，任法兰西学院荣誉教授；2010 年 4 月 24 日逝世，享年 88 岁。

其实从“希腊化思想与罗马思想”这个教席名上，我们即可看出阿多一生关注的两个重要历史阶段：希腊化时代与罗马时代。他之所以选择这两段历史做研究，为的是探究基督教文化与希腊文化之关系。因为希腊化-罗马时代正是欧洲历史大转折的时代，也是文明意义上的“西方”萌芽的时代。欲探究古代与中古的文明转换，不可不明白希腊化-罗马时代的思想。

再缩小点范围说，在希腊化-罗马时代的诸多哲学流派中，阿多于新柏拉图学派尤所精通，是国际上享有盛誉的普罗提诺、波菲利的研究专家。代表成果为《普罗提诺或目光之单一性》（*Plotin ou la simplicité du regard*）与《波菲利与维克多里努斯》（*Porphyre et Victorinus*）二书。前者发表于 1963 年，后者发表于 1968 年，也是阿多的博士学位论文。该文以波菲利、维克多里努斯为主线，探讨拉丁新柏拉图主义与神学之关系，考证繁密而不失大体。为表彰阿多的杰出研究，法兰西铭文与美文学术院（l'Académie des Inscriptions et Belles Lettres）于 1969 年授予该文“圣杜尔奖”（Prix Saintour），法国希腊研究促进会（l'Association pour l'encouragement des études Grecques）也于同年授予该文“德鲁索奖”（Prix Desrousseaux）。此两书的发表，标志着阿多的学术生涯正式开始。

二、关于皮埃尔·阿多的学术贡献

从大的方面说，阿多的学术贡献有三点：一是考证、翻译、评注古代哲学-历史文献；一是研究西方哲学史中的“精神修习”现象；

一是研究哲学教学与哲学生活。

（1）考证、翻译、评注古代哲学文献

阿多受过严格的文献学和历史学训练,尤其是与保罗·亨利
(Paul Henry)神甫合作编辑马里乌斯·维克多里努斯(Marius Vic-
torinus)著作的经历,使他更加注意到文献学方法和历史学方法对
于哲学史研究的重要性。作为文献学家和历史学家,阿多的每一
项研究都有深厚的文献学基础。他的研究工作往往与文献整理工
作同时进行。经他之手整理的文献,都是国际学术界所公认的权
威底本。据不完全统计,他整理、翻译、评注的重要文献有以下
几种:

1. Marius Victorinus, *Traités théologiques sur la Trinité*, I—II.,
introd. trad. et notes, Paris, Éditions du Cerf, 1960(马里乌斯·维
克多里努斯:《关于"三位一体"的神学论文》,卷 I—II,导论、翻
译、注释)。

2. Ambroise de Milan, *Apologie de David*, introd., trad. et
notes, Paris, Éditions du Cerf, 1977(安波罗修:《大卫的申辩》,导
论、翻译、注释)。

3. Plotin, *Traités* 9, 38, 50, Paris, Éditions du Cerf, 1988—
1994. Traductions commentées(普罗提诺:《九章集》,章 9、38、50,
带评注的翻译)。

4. Marc Aurèle, *Pensées*, livre I, éd., trad. et comm., Paris,
1998(马可·奥勒留:《沉思录》,卷 I,编纂、翻译、评论)。

5. Arrien, *Manuel d'Épictète*, introd., comm. et notes, Paris,
Livre de Poche, 2000(阿里安:《爱比克泰德〈道德手册〉》,评论、
注释)。

（2）研究西方哲学史的"精神修习"(Exercices spirituels)

现象

　　"精神"（spirituel）是一个逐渐被现代哲学所遗忘了的术语。相比之下，现代人更习惯使用"心灵""道德""伦理""理性""思想"等术语。而阿多所谓"精神修习"之"精神"，其含义要比这些词丰富，相当于希腊语所谓"努斯"（nous）。按亚里士多德所说，努斯尽管在人身上只是很小的部分，却是最好的部分、神圣的部分。这倒恰好相合于汉语"精""神"二字之本义："最好"谓之"精"，"神圣"谓之"神"。

　　"修习"（exercice）一词所对应的希腊文是"askêsis"，该词的基本含义一为精心制造、打扮装饰，一为锻炼、练习。我们把这两层意思合起来，译为"修习"。另外还可选择一个的译名是"工夫"，但这更像是解释而非翻译了。

　　何为"精神修习"？阿多自己有说法："我把'精神修习'定义为一种自愿的、个人的、有计划的实践，目的是改变自己①。"很明显，精神修习不只是理性或思想的事情，而是整个生存的问题。改变自己，提升自己，使自己臻于完美，迈向更高的精神境界，这一观念贯穿于整个古代，可见于柏拉图学派、漫步学派、毕达哥拉斯学派、犬儒学派、伊壁鸠鲁学派、斯多亚学派、皮浪学派、新柏拉图主义学派。较常见的精神修习有：听说、读写、默想、死亡练习、良心检查、沉思自然、对不幸的预测。请注意，身体方面的锻炼亦属精神修习，如体能锻炼、控制欲望、忍饥受冻。我们也可把这些修习划分为三个向度：与自己（含身体和灵魂）之关系、与宇宙（或世界）之关系、与他人之关系。阿多在这方面的代表作有《精神修习

---

　　① Pierre Hadot，« Mes exercices spirituels »，dans « le Nouvel Observateur » du 10 juillet 2008.

与古代哲学》(*Exercices spirituels et philosophie antique*, Paris, Études augustiniennes, 1981)、《别忘记生活:歌德与精神修习传统》(*N' oublie pas de vivre. Goethe et la tradition des exercices spirituels*, Paris, 2008)。

研究"精神修习"这一现象,不仅涉及对古代思想的理解,而且还关乎哲学本身。哲学与其他学科的最大差别在于,哲学家总是在不厌其烦地追问哲学是什么,从古至今皆如此。哲学固然离不开成体系的概念或命题,但每一位有心致力于哲学的人,尤其我们这些从事哲学教育的人,都该问问自己,哲学研究的首要任务究竟是把种种概念或命题,建筑成体系大厦,灌输给别人百科全书般的知识,还是什么别的? 海德格尔曾说,每个思想家都只思考一种唯一的思想。如果真是这样,那"什么是古代哲学"以及"今天的我们如何做哲学"便是阿多唯一的思想。他在这方面的代表作有《什么是古代哲学》(*Qu'est-ce que la philosophie antique*? Paris, Folios Essais, Gallimard, 1995)①。

(3) 研究古代的哲学生活与哲学教学

哲学之所以可以作为"精神修习",乃是因为它本质上是生活方式。阿多因此提出"作为生活方式的哲学"(*La Philosophie comme manière de vivre*, Entretiens avec J. Carlier et A. -I. Davidson, Paris, Albin Michel, 2001),研究古代的哲学生活与哲学教学。

在我们这个时代,哲学家的身份往往是大学教员兼著作家,撰写论著虽不是做哲学的唯一方式,但至少是最重要的方式。在古代却并非如此:古代的哲学家不必是教员或著作家,甚至有些既不

---

① 该书已有中译本出版(皮埃尔·阿多:《古代哲学的智慧》,张宪译,上海译文出版社,2012 年),但中译本译"Exercices spirituels"为"灵性修炼",又进而简称"灵修",并改书名为《古代哲学的智慧》。请读者注意辨识。

教学也不写作的人,如犬儒派的第欧根尼,再如皮浪,又如罗马的
从政者卡图(Caton)、鲁提利乌斯·鲁夫斯(Rutilius Rufus),他们
依然被同时代人称为哲学家,原因就在于他们选择了并践行了某
种哲学原则所代表的生活方式。因此,在古代,选择某一哲学学
派,便意味着选择某种生活方式,某种特定的日常生活举止。所以
阿多主张,对古代哲学家的理解,仅仅分析他的著作的思想结构是
远远不够的,而是要把他的著作置于它所由来的那种鲜活的 *praxis*
(实践活动)之中,进而认识哲学家所代表的某种特定生活方式或
生活风格。因此,在研究哲学家及其著作时,必须同时考虑以下三
方面①:

　　首先,考虑哲学家的学校(学派)生活。古人撰写哲学著作的
目的与今人不同:今人撰写著作,为的是把自己的理论研究成果公
之于世;而古人所撰写的许多著作,目的根本不是用于发表,而是
供本学派的门生进行修习之用。既然如此,它就得考虑所针对的
读者,比如供新手修习与供心智成熟者修习的著作就绝不相同。
更不用说供学派内的人与学派外的人之差别了。这就是为什么古
代哲学著作在形式上往往会多样化,比如:对话(如柏拉图对话)、
格言(如伊壁鸠鲁《基本要道》)、书简(如塞涅卡《书简》)、讲稿
(如亚里士多德《尼各马可伦理学》),而不是像今天只有单一的论
著。更何况,我们今天所谓的许多古代哲学著作,其实根本就不是
著作,不过是学生所记录整理的师生谈话,如爱比克泰德《论说
集》为阿里安所记录。由此我们便能理解,古代著作中的不连贯
甚至矛盾,体系化程度不高,思辨性不强,绝不是古代哲学认识水
平的问题,而是**怎么做哲学**的问题。也就是说,在古代,哲学从未

---

　　① 　详见本书第四部分,尤其是阿多为《古代哲学家辞典》所写序言。

与教育彻底分开过,在很大程度上哲学与它的教学乃是同一的。研究古代哲学家或古代哲学著作,绝不能不考虑学校(学派)生活。而在现代则不必如此。因为现代的学校生活无非是完成教学任务,申报科研项目,应付各种考核,填写各种表格;更有整天为职称评定、职务提拔而疲于奔命者,发表论文、撰写论著对他们来说,要么是被迫的无奈之举,要么是沽名钓誉的手段。"学院"一词早已成为不食人间烟火,不通人情世故的代名词。如果我们说某某人是学院派,便等于说,这个人是做纯理论研究的。学校已经没有了生活,生活恰好在学校之外。在学校与生活决裂的同时,学校与学派也脱离了关系:在古代,进入某个学校,即意味着加入某个学派,选择某种哲学原则;在现代,学校更像是个职业单位,我在某学校从事哲学教研,而持该学校之外的哲学立场,这是司空见惯的事。

其次,考虑哲学家的城邦生活。在古代哲学研究中,有种流传甚远的误解,认为晚期希腊哲学的主流变为了追求个人幸福,即所谓"伦理学转向"。追求个人幸福固然不错,但切勿忘记,古代的所有哲学学派,无论是伊壁鸠鲁学派、斯多亚学派,还是新柏拉图主义学派、皮浪学派,他们都从未放弃过对他人施加影响的理想愿望。程度可能有别,途径也可以不同,比如有的是直接行使政治权力,有的是为当权者进谏,还有的是以自己作为楷模,向别人展现什么是真正的生活、好的生活,但目标总是一样:改造、解放、拯救其他人,不仅是城邦同胞,而且是宇宙苍生。"据正义而行,以为人类共同体服务。"马可·奥勒留如是说。既然如此,在读解古代哲学著作时,就不能不考虑其政治意图。政治意图无论对著作的内容还是形式,都有直接的决定作用。因此,从柏拉图的爱情对话《会饮》,从亚里士多德的《诗学》《修辞学》,从奥勒留的《沉思录》,从爱比克泰德的《论说集》,读出政治哲学的内容来,这实在没什么可奇怪的。

再次,考虑哲学家的个人生活。这指的是古代哲学家所进行的自我修习。任何一部哲学著作,在一定程度上,都是哲学家精神修习历程的记录。而且哲学家撰写著作的过程,本身也是一种修习,因为对于古人而言,"写"乃是一种常见的精神修习方式。所以阿里安说,他对爱比克泰德《论说集》的辑录,绝不是普通的"撰写",而是为了能时时记起爱比克泰德的思想,也就是作为精神修习之用。因此,在读解古代哲学著作时,不能不考虑哲学家的精神生活或内心生活,如良心考验、思想沉思等等。此外,还得考虑哲学家的神秘主义生活,这乃是哲学家与神,也就是与最高善进行沟通的生活,在毕达哥拉斯学派或新柏拉图主义学派之中尤为重要,不可不了解,否则,在读解诸如《九章集》时难免会出现误会。

以上三点贡献是从大体说;如果从细节说,阿多在许多领域也都贡献不小。有的是针对个别现象,有的是针对个别哲学家。前者如对自然观念的研究:《伊西斯的面纱:自然的观念史随笔》(*Le voile d' Iis*),后者如对马可·奥勒留的研究:《内心的堡垒:马可·奥勒留思想导论》(*La citadelle intérieure*)。当然,还有前面所说的对普罗提诺、维克多里努斯的研究,等等,就不再一一叙说了。

三、关于本书的翻译

头回听说皮埃尔·阿多这个名字,大概是在 2005 年,那时我刚考入复旦大学哲学系攻读外国哲学专业的硕士学位。导师佘碧平教授得知我对希腊哲学有兴趣,便推荐了一些哲学史家给我,希望我效仿他们做学问。除了如伯奈特(John Burnet)、耶格尔

（Werner Jaeger）、泰勒（A. E. Taylor）等这些久负盛名的哲学史大家，佘老师特别叮嘱我阅读德国哲学家伽达默尔和法国哲学家阿多。伽达默尔的著作陪伴了我相当长的一段时间，尤其《柏拉图的辩证伦理学：〈斐勒布〉的现象学解释》与《哲学的开端》二书使我受到教益。阿多当时却没有对我产生太大影响，《作为生活方式的哲学》虽然读过，但那时的我，脑子里装满了理念论、形而上学，总感觉什么"生活方式"、"精神修习"这些东西怪怪的，对阿多思想始终没有真切体会。

硕士毕业后我继续攻读博士学位。此时福柯进入了我的思想世界，他对古代哲学的解释令我着迷，于是我开始学习法语，阅读福柯解释古代哲学的有关论著，并最终做成博士论文《"诚言"与"关心自己"：福柯的古代哲学解释研究》。在阅读福柯的过程中，我不仅看到他对阿多的著作多有利用，而且他们两位对古代哲学精神的理解也是相通的，尽管各自所关注的问题不同，所采用的术语也不同。可以说，到这个时候我才算领会了阿多思想的意义。

2011年，上海交通大学欧洲文化高等研究院姜丹丹老师给我来信，问我能否做点翻译，我回信说我的学术兴趣主要在古代哲学，希望翻译这方面的研究名作，其中便提到了阿多。我之所以推荐阿多，原因是：他的学问值得模仿，且也能够模仿。作为刚踏上学问之途的年轻人，我深感领路人之重要，也恳切希望学术界在译介外国学术成果时，尽量为青年学子着想，给我们提供能够模仿也值得模仿的大家之作。说到底，学术的长足进步，还得取决于后学的成长。

本书译自法国美文出版社（Les Belles Lettres）2010年出版的《古代哲学研究》（*Études de philosophie ancienne*）。该书属于"金驴"（L'Âne d'or）文丛之一。"金驴"是一套西方哲学史研究文丛。除了这本,阿多还有《普罗提诺、波菲利:新柏拉图主义研究》(*Plotin*,*Porphyre. Études néoplatoniciennes*)也收入其中。需要交待的是,本书所涉人名,主要采用了汪子嵩等几位先生合著、人民出版社出版的《希腊哲学史》中的译名。本书所引文献,若尚未有中译本出版者,均由我据法文译出;若已有中译本出版,我则尽量采用已出版的译文,这样既尊重其他学者的劳动成果,也更有利于学术积累,偶有改动则恕不注明。在这里,笔者对辛勤翻译的学者们、老师们谨致真诚的感谢。

好友花威博士为我解释了一些拉丁文疑难,其中《神学理性与法学理性》一文中的拉丁文长句翻译乃全出自他之手;好友洪韬博士帮忙翻译了注释中的一段德文。谢谢你们。最后,感谢姜丹丹老师的信任,感谢编辑高建红老师的前期工作,感谢编辑王莹兮老师最终为本书的校对、编辑、排版所付出的辛劳。译文的不当之处,请读者指正。

赵　灿

2013 年初稿

2016 年 7 月 13 日改定

前　言

　　我必须对米歇尔·达迪（Michel Tardieu）致以最诚挚的谢意，是他在 1988 年前后鼓励我把那些散见于各种期刊或出版物的文章集结起来；我也必须感谢雄鹿出版社（Éditions du Cerf）的主任塞德（N. D. Sed）先生，他以极高的热忱采纳了达迪的这一建议。说实话，这种事情要落实起来并不那么容易。要出版一部其时间跨度将近 50 年，内容涵盖上自赫拉克利特，中经阿兰（Alain）、马西里奥·斐齐诺（Marsile Ficin）或尼采，下迄维特根斯坦和福柯的书，究竟怎么做才恰当呢？似乎依据相同的主题把这些文章编排成不同的册子是较为可行的。举例而言，这就好比我在雄鹿社编纂出版的《普罗提诺著作集》（Les Écrits de Plotin），它汇集了我关于普罗提诺的神话和神秘主义的论述。而现在，多亏了塞共（A.-Ph. Segonds）先生的盛情以及他的卓越才能，这一旨在对古代哲学进行宏观研究的头一卷才得以出版。我们可在其中看到对教学活动中的注释的地位所进行的探讨，还可以看到对辩证法与修辞术的文学种类所进行的探讨。其中几篇通过对古代哲学作品的解释试图表明,我是如何提出哲学作为生活方式这个观念的。

　　我还要对我的同事和挚友卡尔利耶(Jeannie Carlier)表达我最诚挚地谢意,她细心校对了这些文稿,使我避免了一些错误。我同样要衷心感谢努瓦卡(S. Noica),他承担了编辑原稿这项十分繁杂的任务。

　　在组编这些文章的过程中,我更加意识到人要谦逊。因为我发现自己不时就会犯自己所批评别人的那些错误,这尤其体现在《马可·奥勒留是瘾君子吗?》这篇文章中,以至我不得不用括号在正文或注释中作些订正。

　　最后,还要感谢那些从远近不同的地方对我表达关心的人们,你们的厚爱深深感动了我,并且促成了本书的出版,谢谢你们。

皮埃尔·阿多

I
注释、哲学与神学

1

哲学、注释与误释*

我们都知道怀特海那句名言:"西方哲学只不过是柏拉图对
话的一系列脚注(*Fußnoten*)①。"这首先意味着,柏拉图所提出的
问题,以一种决定性的方式给西方哲学烙上了深深的印记,这是事
实。它还意味着,西方哲学采取了一种很具体的评注形式:无论是
对柏拉图还是别的哲学家,都采取了一种更普遍的注释方式。在
很大程度上,这也是事实。实际上,从公元前 4 世纪直至 16 世纪
末,在这将近两千年的时间里,西方哲学首先被理解为一种注释,
一种对"权威人士"的几份少数文本所进行的注释,其中又尤以对

---

    * 曾在第十四届国际哲学年会(1968 年 9 月 2 日 - 9 日)上报告,发表于:《第十
四届国际哲学年会论文集》(*Ackten des* Ⅺ Ⅴ. *Internationalen Kongress für Philosophie*),
Universität Wien, Vienne, 1968, t. Ⅰ, p. 333 - 339(注释为 1998 年所补)。

    ① 《过程与实在》(*Process and Reality*), The Mac Millan Co, 1929, p. 63。
(Fußnoten 为德文,作者在此处并没有给出法语翻译,类似情况在本书很常见,许多希
腊文、拉丁文,作者都没给出法语翻译。这在法语学术语境中是可行的,但在中文的学
术语境中则不行,所以译者把它译为中文,原文挪入括号内,如需特别强调原文之处,
则把中文置于括号内,请读者注意。——译注)

柏拉图和亚里士多德的注释为主。证明这一点，极为重要。我们自然会问，在笛卡尔的变革之后，哲学是否依然受它如此久远的历史所影响，是否在某种特定的范围内，依然保留着注释的形式，提出这种问题是合理合法的。

在很长时期里，"注释"哲学乃是与一种社会现象联系起来的，这就是哲学学校之存在。其中的人们必须严格遵从学校的思想、生活方式、先师的文章。这一现象在苏格拉底之前就已存在，不过从柏拉图开始愈加突出罢了。事实上，柏拉图学园被赋予了一种实体的、合法的稳定性。学园掌门人链条般地继承着，学园里的活动也依惯例不变地进行着，直至 529 年被查士丁尼关闭①。其余那些规模不小的学校，如漫步派的、斯多亚派的、伊壁鸠鲁派的学校也有着类似的组织结构。在每一学校，缔造者的作品被用作教学的基础。并且，为获得最好的教育效果，人们还定下了阅读这些作品的顺序。于是我们可知柏拉图学派阅读柏拉图对话的顺序，也可知亚里士多德的逻辑学作品——《工具论》（ *Organon* ）——是按确定的学术顺序来编排的，自公元 4 世纪至今未变。唯这教学本身乃是评注柏拉图或亚里士多德，为此，他们往往一方面采用前面所有的评注，另方面又不时加以新的阐释。波菲利所记述的普罗提诺的课堂就是个有趣的例证（《普罗提诺生平》，14，11）："在他的讨论会上，我们给他念塞维鲁斯（ Sévérus ）的评注、克洛尼乌斯（ Cronius ）的评注、努梅尼乌斯（ Numénius ）的评注、盖乌斯（ Gaius ）的评注，阿提库斯（ Atticus ）的评注，以及漫步学派中的阿斯帕西乌（ Aspasius ）的评注、亚历山大（ Alexandre ）的评注、阿德

---

① 有不正确的论断说，柏拉图所建立的机构结束于公元前 1 世纪，见 J. P. Lynch，《亚里士多德的学校：希腊教育机构研究》（ *Aristotle's School. A Study of Greek Education Institution* ），University of California Press，1972，p. 154 – 207。

拉斯特(Adraste)的评注,或者其他所有在场的人的评注。他从不满足于这些阅读,而是以一种个人的方式对[柏拉图或亚里士多德的]文本意义给出总体解释(theôria),它与大家所认可的观点均不相同。至于细节解释(exetasis)①,他则依据阿莫尼乌斯(Ammo-nius)的注释。"最早对柏拉图《蒂迈欧》进行评注的大概是克朗托(Crantor)(约公元前 300 年),此后,评注柏拉图的活动就一直持续到公元 6 世纪雅典学园关闭,并且,无论在阿拉伯世界还是在拉丁西方,这些活动都还将延续至文艺复兴时期(马西里奥·斐齐诺)。最早对亚里士多德进行评注的是安德罗尼珂(Andronicus)(公元前 1 世纪):他是第一人,他之后又有若干人,直至文艺复兴末的萨巴瑞拉(Zabarella)。除严格意义上的评注外,哲学学校的注释活动,或以论文的方式对某些注释要点进行教义阐述,或以教本和导论的方式对先师的作品进行导读。另外,我们发现,在古代末期,除了柏拉图和亚里士多德,那些启示性的著作同样具有权威性,如犹太人和基督徒的《圣经》和异教哲学家的《迦勒底亚神谕》(Oracles chaldaïques)。犹太主义和基督主义试图以哲学的面貌把自己呈现在希腊人面前,如同对柏拉图的传统注释一样,他们通过斐洛和奥利金开展了对《圣经》的注释。至于异教《迦勒底亚圣言》的评注者,如:波菲利、杨布里科斯、普罗克鲁斯,他们努力证明,"神"的教义是与柏拉图的教义相吻合的。一旦通过神学来理解对经典文本的理性注释,便可说,从这时起,哲学成了神学,并且,此种状况也将覆盖整个中世纪。从这一角度看,中世纪的经院

---

① 关于这一论题,参 M. -O. Goulet-Cazé,《〈普罗提诺生平〉的学校背景》(L'arrière-plan scolaire de la Vie de Plotin),载《〈波菲利:普罗提诺生平〉,卷 1,入门文献》(Porphyre. La vie de Plotin. I. Travaux préliminaires),par L. Brisson, etc., Paris, 1982, p. 263。

哲学实为古代注释传统之合法继承。如果真像余努（M. D. Chenu）所强调的，经院哲学的特质乃是"围绕某一文本之机巧所进行的辩证，而这一文本可能是固定作为再评注之用，也可能是某一思辨体系的基础和标志"，如果经院哲学"是一种推理的思考方式，它有意、故意以某一文本作为出发点，而该文本具有绝对的权威性①"，那我们便可说，经院哲学不过是重取了大多数古代哲学流派所采取的方法，或曰，古代哲学流派早已实践了经院哲学的方法。因为，在中世纪，评注文本依然是教学活动赖以存在的基本方式（如对《圣经》的评注，对亚里士多德的评注，对波埃修的评注，对隆巴德［Pierre Lombard］《格言集》［*Sentences*］的评注）。

这一系列事实对于哲学史的整体解释极为重要，尤其对笛卡尔之前的哲学史更为重要。在这一时期，哲学在一定程度上被看作一种注释，对真理的探寻与对"原典"（textes « authentiques »）意义的探寻、对被奉为权威著作的意义的探寻，是不能分开的。真理乃寓于这些典籍中，是这些典籍及其作者的所有物，因而只要人们认可这些作者和典籍的权威，那真理便也就是他们的所有物，他们自然也就成为源初真理的"承继者"。

因此，此时的哲学问题乃是以注释性的术语而提出的。例如，普罗提诺就"恶"这个问题写道："必须追究在何种意义上柏拉图说，恶不会消失，它必然存在。"（《九章集》，Ⅰ，8，6，1）他随即所进行的追究便是讨论柏拉图在《泰阿泰德》之176a5－8处所使用的术语。再如，对共相的著名诘难导致了整个中世纪思想的分裂，而这一诘难又是与对波菲利的《〈范畴篇〉导论》（*Isagôgê*）中的一句

---

① 《托马斯·阿奎那研究导引》（*Introduction à la l'étude de saint Thomas d'Aquin*），Paris，1954，p. 55。

话的注释联系起来的。我们或可就古代和中世纪所讨论的问题纂集一份文献，其中可含：柏拉图的一些章节（主要是《蒂迈欧》）、亚里士多德的一些章节、波埃修的一些章节、《创世记》之第一章、《约翰福音》之序章。

倘若原典之中有疑问，缘由却不在于原典所固有的缺陷，因为种种费解无非是先师的一种手段而已，他尽可能把"真理"隐藏在自己的箴言之中，目的是希望人们领悟出诸种不同的东西。因此，一切可能之意义，只要经我们考查，认为它与先师的教义相吻合，均可成立。杜霍（CH. Thurot）所描述的普瑞斯昂（Priscien）的注疏者，实际上适用于所有哲学家-注释家："在解释文本时，注疏者并不图深入作者的思想，而是致力于传授他认为文本本身所包含的学说。一名真正的作者，如人们常说，他既不犯错，也不误解，既不追随拙劣的纲要，也不刻意与其他作者保持歧见。注疏者往往用尽一切最有力的注释技巧来调整文本的字面含义，以便使其与他们所认为的真理相符①。"

注疏者认为，真理已"既定"于先师的文本之中，我们唯一要做的，就是对其加以阐明，使之大白于天下。普罗提诺说："我所提出的理论并不新鲜，并不是今天才有的，而是很久以前就宣布了的，只是没有得到发扬，今天的我们不过是对这些旧有学说进行注释，正是凭借柏拉图的旧学说，古代及其文化才得以证实。"（《九章集》，Ⅴ,8,6,1）这段话可见出一种关于真理的特别观念，它认为真理就暗含在"注释哲学"中。每一学校或团体，无论是哲学性质的还是宗教性质的，从一开始它就想拥有一种可供流传的真理，

---

① 《用于语法学说史的拉丁手稿摘录》(*Extraits de* [...] *manuscrits latins pour servir à l'histoire des doctrines grammaticales* [...]) ,Paris,1869,p. 103。

并因此而成为该真理的合法占有者,而该真理起先乃是由个别圣人得自神授的。从这一角度看,始自公元 2 世纪的异教徒与基督徒之间的辩论就很有教益。异教徒与基督徒,他们都看到彼此之间的学说有很多相似之处,于是互相指责对方剽窃:一方说柏拉图剽窃摩西,另一方则说摩西剽窃柏拉图。为了弄清历史上此二者孰先孰后,双方都不得不进行诸多年代学方面的查考。而在亚历山大里亚的克莱蒙看来,这种剽窃甚至在人类诞生之前就有了,那时有一个邪恶的魔鬼,由于他知晓神圣真理的只言片语,他就把他之所知如呼气一般传给了世上的圣人,对他们泄露了哲学(《杂文集》[*Strom.*, Ⅰ ,17,81,4])。尤为重要的是,尽管异教徒和基督徒之间的学说有不少类似之处,双方都各自说明了他们的分歧,这些分歧往往是由不解、误解,即由对文本的错误注释引起的。在凯尔苏斯(Celse)看来,基督徒关于人类的构想无非是对柏拉图《法律篇》之 716 a 处的误释,天国不过是对柏拉图有关万物之王的文本的误读(《书简》[*Lettre* Ⅱ ,312 a]),复活不过是误解了的转世。而在基督徒这边,查士汀(Justin)声称,从柏拉图的某些用语可看出,柏拉图并不理解摩西的文本①。

　　因此,在这一思想领域中,谬误是不恰当的注释所导致的后果,是不解和误解的后果。在近世的历史学者看来,正是这一带有注释性质的全部思想历程体现着误解或不解。我们可以大概列举一下这些误解和曲解的方式。首先,注释者武断地进行体系化。即为阐述某一内在关联的学说,注释者需要归约诸多文本,但这些注释者

---

　　① 参《理性与法律》(C. Andresen, *Logos und Nomos*),Berlin,1955,p. 146,及其以下,该书汇集了 Celse 和 Justin 的文本;关于“真理所有权”(propriété de la vérité)这一观念的含义,参 H. Blumenberg,《近代的合法性》(*Die Legitimität der Neuzeit*),Francfort sur le Main,1966,p. 47。

往往只重表面而不顾这些表达所处的语境,硬把一些表达与另一些表达凑拢来。于是乎,我们便能从柏拉图的不同对话中,抽取出一个或四级或五级的等级系统出来。更有甚者,这种有意无意的体系化不加分辨地把一些不相干的概念糅在一起,但这些概念本来是源自不同的,甚至相悖的学说。于是我们看到,亚里士多德的一些评注者却用斯多亚的、柏拉图的概念去注释亚里士多德的文本。此外,还经常可见的是,评注者总是试图阐述一些原始文本完全没有的概念,这尤见于注释译文时。例如,《圣经诗篇》(Psaume,113,16)说:“天是造物主的天”(Le ciel est le ciel du Seigneur),而奥古斯丁却依《圣经》的希腊译本理解为:“天之天是属于造物主的”(Le ciel du ciel est au Seigneur)。他因此设想并理性地证明出一种现实的宇宙,并进一步还尝试以《创世记》之首节诗歌所描述的“天”为参照物,来确定该宇宙的位置。倘我们置身于《圣经》的文本视野中,这一切构想就会完全失去依据。其实,无需走这么远我们即可看到,无数的注释家们早已用陈词滥调及误解的手法筑起了一幢解释的巨厦。新柏拉图主义对《巴门尼德》的注释便是著例。

　　近世的历史学者如果看到这种思想方式,他们一定会觉得惊奇,因为这与他们惯用的推理方式实在相去甚远。但我们不能忽略一个事实:正是这些误解和不解在哲学史上引出了一场重要的变革,造就了许多新的概念。我觉得最有趣的例子便是“无限的存在”(l'Être-infinitif)与“分有的实存”(l'Étant-participe)之分,如我在别处指出的①,这乃是波菲利为了解决柏拉图的一个文本疑难而作的设想。这一文本即《巴门尼德》(142 b):“如若一‘存

————————

　　① P. Hadot,《波菲利与维克多里努斯》(*Porphyre et Victorinus*),Paris,1968,p. 129 -132。

在'，它能不分有 ousia 吗?①"对新柏拉图主义者的波菲利而言，此处成问题的"一"是第二个"一"。因为如果第二个"一"分有 ousia，那 ousia 就必定是在先的。然而，第一个"一"，作为唯一在第二个"一"之前的东西，它绝不可能是 ousia。波菲利于是提出，这里的 ouisa 只是以一种模糊的、象征的方式表示第一个"一"：第一个"一"不是 ousia，不是从"实体"(subatance)意义上说的；而是"存在"(Être)，是从一种完完全全地活动的意义上、超越的意义上、优先于静态的实存(l'Étant)的意义上说的。在这一意义上，它体现为第一实体和第一规定性。其余一切有关"存在"(être)这个概念的历史，莫不以这一创造性的误解为基点。只要我们考查一下柏拉图的 ousia，亚里士多德的 ousia，斯多亚主义的 ousia，新柏拉图主义的 ousia，教父哲学或经院哲学的 substantia 或 essentia，考查它们的演变和糅合，我们便能发觉，"本质"(essence)实在是最模糊不清的概念之一。我在别处说过②，波埃修在"esse"(存在)与"quod est"(存在的那个事物)之间作出的区分，其实它的原始意义并不是中世纪所赋予的。

所以，为了理解古代和中世纪的哲学作品，哲学史家必定要以最为审慎的态度来运用体系概念。因为哲学的历程并不是一个康德或黑格尔意义上的体系。诚然，两千年里，哲学用了种种方法来
10　禁止那些与自身不一致的思想，在此意义上，哲学本身确实是在体系化。但是，一旦对注释性质的思想运动进行具体研究，我们即可

---

① 法文为 Si l'Un "est", se peut-il qu'il participe à l'*ousia*? 其中"存在"又译"是"。——译注

② 参《波埃修〈论七日周期〉中的"存在"与"实存"之分》(La distinction de l'être de l'étant dans le *De Hebdomadibus* de Boèce)，载 *Miscellanea Mediaevalia*，2，Berlin，1963，p. 147 – 153。

发现,思想是按一些非常多样化的方式在运作的。尤其要注意一点,作为现代人,我们已经丧失了古代修辞学所可能有的理解方式。

近代哲学明确拒绝了权威性的前提,认为真理不是既定的,而是理性自身进行构造的产物。这是哲学的一段乐观时期。在这一时期,人们虔诚地相信思想有绝对的开端,有根本的基底,有自足的位置。不过,在历经这一乐观时期后,哲学已经意识到了自身的历史局限性及语言局限性。我们可以把从近代哲学到当代哲学的转变看作一种回归,一种向注释性质的思想方式的回归;只不过,这一次的注释是与人类的全部行为联系起来的,并且,这种注释对于它自身的方法及其有限性有了明确的意识。

2

神学理性与法律理性 *

　　我这个报告的目的不是就神学理性的起源提出某种理论,而是仅对神学方法的历史学家们提出某个问题。

　　该问题的提出基于如下事实:马里乌斯·维克多里努斯(Marius Victorinus)在《驳阿里乌》(*Adv. Arium*, II,7)中的短语 *De lectis non lecta conponere*①(从已说构造未说)无疑受了西塞罗在《论开题》(*De inventione*, II,50,152)之中论述 *ratiocinatio legalis*②(法律理性)的启发:*ex eo quod scriptum pervenire*(从已写就的推出)。因此,我们首先得确定这两种表达之关系,然后再从这一事实引出问题。

---

　　* 曾在牛津圣师学会上报告(1955 年),发表于:《早期基督教文学史的文献考查》(*Texte und Untersuchungen zur Geschichte der altchristlichen Literatur*), t. 63, *Studia Patristica*, Vol. I, part I, Berlin,1957, p. 209 – 220。

　　① Marius Victorinus, *Adv. Arium*, II,7.

　　② *ratiocinatio legalis*,“理性”一词也兼“推理”之意,故又译“法律推理”。——译注

Ⅰ. 维克多里努斯和西塞罗这两种表达之关系

De lectis non lecta conponere 之所以提出，目的是回应阿里乌主
义中的相似派（homéens）或性体相似派（homéousiens）针对 *ho-
moousios*（性体同一）这个词所进行的指责，因为他们认为《圣经》
中找不到这个词①。维克多里努斯在关于 *homoousios* 的那篇论文 　14
里（该文一般被看作《驳阿里乌》的第二卷），回应了这些拉丁相似
派。据他所引，指责者说："*homoousios* 这一术语在《圣经》里没有，
但我们所认可的东西必定要在《圣经》里能找到②。"

　　维克多里努斯首先回答，他们从自身的信仰出发，实际上用了
一些《圣经》中没有的术语：

> 　　我得向你们求教，因为你们承认神是光或圣灵。你们经
> 常说："神中之神，不可见之圣灵中的圣灵，真理之光中的真
> 理之光"，所有这些称呼都是神的实体（*hupostaseis*）。那么，
> 当你们称基督为"神之神，光之光"时，你们又在哪里读到这
> 些术语？否则，为什么你们有权使用这些词语来表达 *ho-
> moousios*，而我们却无权承认 *homoousios* 本身？你们是不是
> 这样回答：说"光之光"，这是因为神在《圣经》中被称为光，
> 基督也被称为光，说"神之神"，是因为圣父是神，基督也是
> 神，这是很显然的事情，尽管"神之神"、"光之光"等字样在

---

① Hilaire, *De syn.*,11 : «quod nec in divinis scripturis contineatur».

② Marius Victorinus,《驳阿里乌》（*Adversus Arium*），Ⅱ,7（我们引用本文所据为 Hen-
ry 神父编制的批评版，而他又是按我们合编的 Corpus de Vienne 的意图而进行编制的）：
«Atenim hoc ipsum *homoousion* lectum non est. Omnia enim quae dicimus lecta sunt».

《圣经》中是找不到的,我们完全可以从《圣经》中概括出这层意思①。

维克多里努斯因此要求同样的权利:"希望我们也可以用《圣经》的术语,来构造一些《圣经》本身没有的术语②。"

这就是 *de lectis non lecta conponere* 这一短语提出的背景。以下是其应用:新术语的构造必须遵守类比法则:"你们不承认《圣经》有 *homoousios* 吗?但在《圣经》里,近似的术语往往是相互糅合在一起的,此外,还有着同这些术语一样的、近似的衍生术语,我们也必须承认它们③。"

接着,维克多里努斯举出《圣经》中的 *ousia* 的衍生词,如 *epiousios*、*periousios*。他说:

因此,我们刚才在《圣经》中读到的这些术语,所有这些术语都是 *ousia* 的衍生词。同样,也就是说从 *ousia* 衍生出了 *homoousios* 这个关于神和基督的术语。这一术语并未违背类比法则。一方面,它跟刚才的术语一样含有 *ousia*;另一方面,

---

① 同上: «Vobis dico, quia iam fatemini de deo vel quod lumen sit, vel quod spiritus. Dicitis ergo : " De deo deum, de invisibili spiritu spiritum, et verum lumen de vero lumine", quae sunt hupostaseis dei. Verum cum dicitis Christum " deum de deo, lumen de lumine" et talia, ubi sic legistis? An vobis licet sic dicere, unde magis homoousion probatur, nobis dicere homoousion non licebit? Verum si ideo dicitis " lumen de lumine", quia et deus lumen dictus et Christus lumen, et item, et pater deus et Christus deus dictus, id quidem manifestum, verum, " deum de deo" non lectum, nec " lumen de lumine". At licuit sumere. »

② 同上: «Liceat ergo de lectis non lecta conponere».

③ 同上: «*homoousion* lectum negatis ? Sed si aliqua similia, vel similiter denominata lecta sunt, iure pari et istud denominatum accipere debemus. »

它们是以同样的方式衍生的①。

维克多里努斯的论证不难理解。他肯定了《圣经》中 *homoousios* 这一术语与 *deum de deo* 这一短语之类比性,也肯定了 *homoousios* 与其他从 *ousia* 衍生出的术语之类比性,它们均属《圣经》的术语。

这一论证,以及总领这一论证的短语 *de lectis non lecta conponere* 正对应西塞罗关于 *ratiocinatio legalis*(法律推理)的术语和学说,详见《论开题》(*De inventione*, Ⅱ 50,148 - 153)。

我们先明示这两位作者之文献关系:

维克多里努斯			西塞罗	
Adv. Ar., (《驳阿里乌》)	*in Cic. Rhet.* ② (《论西塞罗修辞学》)		*De inventione* (《论开题》)	
Ⅱ 7	Ⅱ,50	Ⅱ,48,148	Ⅱ,50,148	Ⅱ,50,152
de lectis 从已有	ex eo quod scriptum est 从已经明文写就的	ex scripto 从写就的	ex eo quod uspiam est 从既有存在的	ex eo quod scriptum sit 从已经明文写就的
Non lecta 未有 写就的	id quod scriptum non est 未明文	non scriptum 未写就的 写就的	ad id quod nusquam scriptum est 未明文 写就的	ad id quod non sit scriptum 未明文
conponere 构造	colligitur 推导	inducere 引出	venitur 得到	pervenire 推出

---

① 同上:«ergo lecta sunt omnia, denominata ab *ousiai*. Hinc itaque conpositum *homoousion*, de deo et Christo, quod et ab ratione non est alienum. Habet enim *ousian* quam habent superiora nomina et eodem modo denominatum est».

② Ed. Halm,《小拉丁修辞学家》(*Rhetores latini minores*), Leipzig, 1863, p. 299, 11 -12。

西塞罗的三段文本略有不同地用了同一表达。我们已经对比了维克多里努斯在评注西塞罗的《论开题》(*De inventione*)时所进行的改写。

维克多里努斯与西塞罗的差别仅在于两个词：*lectum* 替换了西塞罗的 *scriptum*；*conponere* 替换了西塞罗的 *inducere*、*venitur*、*pervenire*。

证明 *scriptum* 与 *lectum* 的等同很容易。阿里乌主义相似派的指责几乎全是用 *scriptum* 而非 *lectum*。譬如里米尼(Rimini)大公会议致康士坦斯(Constance)大帝的公函云："*indignum deo nomen quod nusquam in legibus sanctis scriptum est*①.（指涉神的亵渎之名从来没有在神圣法中写就。）"

而勘定 *conponere* 与西塞罗用语的关系，和证明维克多里努斯的论证与西塞罗的 *ratiocinatio legalis*（法律推理）的一致性，这是同一回事。

Ratiocinatio legalis 是由希腊修辞学所规定的一种法律论辩②，也就是说，它所针对的不是事实，而是法律条款。它发生于法律未明文规定的情况下，例如，法律并未禁止犯弑杀罪的人在被判决时立遗嘱③，但如果他立了，我们则可质询它的有效性，既可依据规

---

① 里米尼大公会议致康士坦斯公函，载 Hilaire，*Opera*，t. Ⅳ，CSEL 65，Éd. A. Feder，Vienne，1916，p. 87，17.（作者在此并没有对拉丁引文进行翻译，中译文系从拉丁文译出，故置于括号内，供读者参考。下同。——译注）

② 参 W. Kroll，《修辞学》(Rhetorik)，载 *RE*，*Suppl*. Ⅶ，1940，p. 1092，24。

③ 西塞罗同样举过这个例子，见其《论开题》(*De invent*.)，Ⅱ，50，148。参 J. Stroux，《罗马法学与修辞学》(*Römische Rechtswissenschaft und Rhetorik*)，Potsdam，1949，p. 39－40，他引了 p. 40，n. 68，Julianus，*Dig*.（《文集》），1，13，12：《Non possunt omnes articuli singillatim aut legibus aut senatus consultis comprehendi sed cum in aliqua causa sententia eorum manifesta est，is qui iurisdictioni praeest，ad similia procedere atque ita ius dicere debet.》

定弑杀犯法定权的法律,亦可依据规定遗嘱的法律对其进行质询。不过,既然法律并没有对这种情况加以明文规定,我们便只有利用法律所禁止的其他行为而对其进行类比论证。如此论证意味着,法律的权威性不仅在于它所明文规定的情况,而且在于与此相似的情况。

所以,西塞罗称这种推理为 *ratiocinatio*。拉丁修辞学则习惯称之为 *collectio*,按昆体良(Quintilien)之说①,它也是鲁提留斯(Rutilius)和凯尔苏斯(Celsus)选来译希腊语 *sullogismos*(演绎)这个术语的。维克多里努斯也知道这个希腊术语,也知道它的常见译法②。以这种方式进行推理,在他看是 syllogistice tractare(三段论推导)③。他还知道,*ratiocinatio legalis* 也被称作——大概是被玛尔科玛努斯(Marcomannus)称作——*a simili* 或 *a consequenti* 或 *a maiore*,等等④,就是说,构成其特征的方式可以是论证情况的相似,可以是论证结果的关联,还可以是论证一般与个别的蕴含。因此,法律推理的方式可以有多种,诸如:

1. 相似于 A 的东西受认可了 A 的法律所认可
   而 B 相似于 A
   故 B 也受认可了 A 的法律所认可

17

---

① Quint., Ⅲ,6,43 et 46; Ⅸ,2,103 : «*collectionem*［posuerunt schema Rutilius et Celsus］qui apud illum［Gorgian］est *sullogismos*».

② Victorinus,《论西塞罗修辞学》(*In Cicer. Rhetor.*),Ⅱ,50,299,10: « ratiocinatio syllogismus dicitur»;Ⅰ,12,193,24 : «collectio sive ratiocinatio»。

③ 《论西塞罗修辞学》,Ⅱ,48,297,24。

④ 同上,Ⅱ,50,299,14。

2. A 和 B 受两项法律所认可

而从 A 和 B 可合法地演绎出 C

故 C 也受认可了 A 和 B 的两项法律所认可

所以这里的论辩既可针对 A 与 B 的相似性,也可针对演绎所得结果 C 的合法性,还可针对某项法律对相似情况加以引申的合法性。

西塞罗给那些进行 *ratiocinatio legalis* 的人着重推荐了以下公共论题(lieux communs):把正在讨论的情况与法律所确定了的情况进行比较,以显二者之相似性;接着以惊讶的口吻问,怎么会一种情况被看作是公正的,而正在讨论的这种情况却不被这样看,其实它是更公正的,至少也同样是公正的①。这般套路也见于我们前引维克多里努斯的神学论证中。一切都这样进行,似乎维克多里努斯只是重复对手的前提,而所得的结论却相反:《圣经》是规定以何种方式谈论神的法律。因此如果《圣经》认可了 A 和 B 这两种术语,而 C 又是 A 和 B 的合法结果,则 C 也是《圣经》所认可的。像西塞罗所建议的,维克多里努斯也惊讶于对手在把 *lumen de lumine*(光之光)看作合法的同时,却拒斥了正在讨论的这种情况,即 *homoousios* 这个术语。他的论证如下:你们有理由承认 *lumen de lumine*(光之光),但你们是据一种法律推理承认它的,在这种推理中你们合法构造了如下词组:神是光,基督也是光;而基督是神;故基督便是光之光。这确实不错,不过你们已经做了一番推理,由两个"合法的"词组推出了第三个法律条款中所未有,却又能从其中合法演绎出的第三个词组。所以 *homoousios* 这一术语与"光之光"这一词组相似。维克多里努斯还按西塞罗的建议,同样

———————

① *Cic.*,《论开题》,Ⅱ,50,150。

证明了 *homoousios* 与《圣经》中的 *ousia* 的派生词之间的相似性。这些衍生词的合法性可推广至 *homoousios*，因为它也是以同样方式派生的词。

但维克多里努斯所用的术语 *conponere*（构造）不同于西塞罗所用的 *inducere*（引出）或 *pervenire*（推出），这是否反映出，他关注语法重于司法？维克多里努斯所考虑的是一种构成命题的论证，还是一种纯粹语法方面的、通过给词根加前缀构成新词的手法？我们认为，这两个步骤是相同的，构造一个术语，也就是进行一个论证。"基督"这个名词是结论的表语、谓语。*Lumen de lumine*（光之光）可以只是一个词，是主语"基督"的表语，并由表语 *de*［*Deo*］与 *lumen* 的组合所阐明。看看新词的构成如何与推理步骤合在一起，将会很有趣。同样有意思的是，看看西塞罗是否用 *pervenire*（推出），维克多里努斯是否用 *conponere*（构造），来表示法律推理的逻辑步骤；以及西塞罗是否用 *adducere*（引申），维克多里努斯是否用 *coniungere*（连接），来表示一般意义上的理性。西塞罗所把握的理性定义，乃是强调精神运动的："*ratio quae ex rebus perceptis ad id quod non percipiebatur adducit*①.（理性即从被感知的事物引申出未被感知的东西。）"我们注意到，此定义与前面提到的 *ratiocinatio legalis* 的定义有相似性：只需以 *scriptum*（写就）替换 *perceptis*（感知），两处的表达就是相同的。相反，维克多里努斯所把握的理性定义，则是同一个主语的表语间的连接词："*qualitates cum sibi conveniunt faciunt argumentum*［……］*quoniam similes sibi non sunt istae qualitates, coniunctae in unum non faciunt argumentum*②.

---

① *Cic.*,《卢库鲁斯》(*Lucullus*)，8，26。
② 《论西塞罗修辞学》，Ⅰ，29，232，12 及 23。

（当彼此相符时，这些特征就会构成一个证据……如果那些特征不与其自身相似，虽然连接为一，也不能构成一个证据。)"

所以，维克多里努斯之用 *conponere*（构造）以表示从 *lectis*（已有）到 *non lecta*（未有），只是在西塞罗的表达上微微添了点色彩。维克多里努斯在《驳阿里乌》(*Adversus Arium*, II 7)中的神学论证确实是 *ratiocinatio legalis*。

II. 神学理性与法律理性

保罗·亨利（Paul Henry）神父在《圣经与神学》(La Bible et la théologie)这篇论文中说：*de lectis non lecta conponere*（从已有构造未有）这一表达乃是"全部神学之总则①"。诚然，要想得出有效的 *non lectum*（未有），神学理性必须从某个 *lectum*（已有）的大前提出发，这个 *lectum*（已有）要么以另一个 *lectum*（已有）为中介而获得，要么以一个同大前提相兼容的合理的陈述为中介而获得。但若能注意到，这一表达本身乃借于法律推理，将会更有趣味。

或许应该比较一下神学演化与法学演化，把法律推理的具体特征应该与神学推理的具体特征作比较。我们可于双方见出对持续进展的同样关注，见出一种别具一格的逻辑步骤，因为这两种推理的大前提和结论不只具有真值意义，而且还有职责意义。但这一问题超出了本研究的范围和界限。我们只满足于把一些评论作整理，以方便对此问题感兴趣的人使用。

在最近的一篇论文中，多布（D. Daube）在比较犹太主教的解释方法与希腊化时代的修辞学尤其 *ratiocinatio legalis* 的基础上，

---

① 载 *Initiation biblique*, nouv. éd., Paris, Desclée, 1954, p. 983。

提出了一个与此类似的问题①。抛开他对诠释史的兴趣不说,我
们可于他的研究中撷取以下事实。iura condere 这一词组意思是
创造、构建,在盖乌斯(Gaius)的《制度》(*Institutes*,4,30)中被用以
表示解释法律的这种行为②。在《文集》(*Digeste*,1,2,2,12):"*ius
civile quod sine scripto in sola prudentium interpretatione consistit*③*.*
(虽然没有被明文写就,公民法仍然在法学家的独特解释中占据
一席之地。)"中,*ius civile*(市民法)这一词组被用以表示这种解释
所展开的 *corpus iuris*(法典)。也许在《圣经》与神学之间,在 *lex*
(律法)与 *ius civile*(市民法)之间,也同样存在对立。

　　我们也许能够找出别的词组和概念,揭示神学理性与法律理
性这二者在逻辑形式上的亲缘性。这种形式上的亲缘性是否意味
着神学曾有或者可能有法学家的心态呢？答案显然是否定的。这
只不过是理智上的类似。不过某些迹象确实容易让我们把那些相

------

① D. Daube,《拉比的解释方法与希腊的修辞学》(Rabbinic Methods of the Inter-
pretation and Hellenistic Rhetoric),载 *Hebrew Union College Annual*,t. 22,1949,p. 239 -
264;也参见他为本研究作准备的两篇论文,载 *Law Quarterly Review*,t. 52,1936,p. 153 -
208 及 *Journal of Roman Studies*,1948,p. 113 - 117。关于这一主题,还可参 S. Lieber-
mann,《犹太巴勒斯坦中的希腊文化》(*Hellenism in Jewish Palestine*),New York,1950,
p. 47 - 82,尤其 p. 54 - 68。早在 19 世纪,M. Joël 就已经提出了这个问题,见《2 世纪初
的宗教史一瞥》(*Blicke in die Religionsgeschichte zu Anfang des zweiten Jahrhunderts*),2 vol.
Breslau-Leipzig,1880 - 1883,t. Ⅰ,p. 38 : "以那些塔木德学者的哈拉卡解释法为例,其
与亚历山大式的文本处理、找寻方法不同,却与罗马法学家处理十二铜表法的方式更
加接近。"«Will man daher für die halachissche Exegese jener Talmudlehrer eine Analogie,
so ist nicht in der alexandrinischen Art,die Texte zu behandeln,zu finden,sondern weit eher
in der Art,wie die römischen Rechtslehrer dem Zwölftafelgesetze gegenüber procedierten.»;他
还在 p. 39 n. 1 引用了 Gaius 的 *Institutes*,Ⅰ,165 : «non quia nominatim ea lege de hac tu-
tela cavetur,sed quia proinde accepta est per interpretationem atque si verbis legis introducta
esset»。

② D. Daube,《拉比的解释方法与希腊的修辞学》,p. 247,n. 27。

③ 同上,n. 29。

似派,那些维克多里努斯的对手们当作是混淆了神学与法学的例子。他们用了法学家的术语来表达他们遵循《圣经》文本的意志:*indignum deo nomen quod nusquam in legibus sanctis scriptum est*①.(指涉神的亵渎之名从来没有在神圣法中写就。)由圣·希莱尔(Saint Hilaire)所传达的君士坦丁皇帝的声明,其精神也一样:*nolo verba quae non scripta sunt dici*②.(除了明文写就的,我不愿意传达出其他东西。)说皇帝对神学教义的干预,致使圣经与罗马的 *leges*(法律)之间有一些相似性,这并非不可能。从这个角度看,《信经》(*Credo*)标明颁布日期(359 年 5 月 22 日)便可理解了。这种通过划定日期,并以行政长官的名义来订立教义主张的方式遭到了东正教的嘲讽,但对相似派而言,这只不过是一种遵守君士坦丁关于敕令效力的规定的方式:"*si qua posthac edicta sive constitutiones sine die et consule fuerint deprehensae, auctoritate careant*③.(如果之后的敕令或法令被发现没有标明日期和行政长官,它们就没有任何权威。)"或许还有别的事实可证实我们所提出的这个假设:受皇帝的影响,把法学方法用在教义内容上。

但如果回到神学的理性形式这一问题,我们会看到,神学理性与法学理性,它们用以解释法律的形式所具有的亲缘性,只不过是局部性的。更准确地说,即便在维克多里努斯之处,*ratiocinatio legalis* 只是种种论辩方式之一,而他所描述的神学推理,其适用范围则要大得多。维克多里努斯的神学方法可区分出两种思维步骤:一是 *ratio*(理性),如果可以的话我们说它确立起一种形而上

21

---

① 里米尼大公会议致康士坦斯公函(359 年),载 Hilaire, *Opera*, t. Ⅳ, CSEL 65, Éd. A. Feder, Vienne, 1916, p. 87, 17。

② Hilaire, *Contra Constant.*, 16, *PL* 10, 594 a.

③ *Cod. Theodos.*, Ⅰ, 1, *De constitut.*, 1 : «si qua posthac edita …».

学的事实,譬如 *esse*(存在)与 *agere*(生成)的同质同体;一是 *sacra scriptura*(神圣书写),即对圣经的引用和注释,比如它给我们证明,在圣经中,圣父当然是被看作 *esse*(存在),圣子当然是被看作 *agere*(生成),并且它们二者在内部是相互限定的,因此是同质同体的。换言之,*ratio*(理性)与 *sacra scriptura*(神圣书写)乃是相辅相成的。维克多里努斯明确区分了它们:"*ita enim ratio docebit et veritas adprobabit*;*oportuit persuadere illis*,*rationibus et sacris scripturis*;*rem fatetur*,*sed scripturam quaerit ad auctoritatem*①.(这样,理性将教导之,真理将肯定之,用理性和神圣书写去说服是有必要的;人承认事实,但他向书写寻求权威。)"后面这个例子把我们又带到了法律的专门术语上:维克多里努斯的对手接受了 *homoousios* 这一术语所代表的观念,但还想在《圣经》中找出它,以确立依据。接受事实,但要讨论它的正当性。这便是法律的惯用语所示:"*facta probantur*,*iura deducuntur*.(事实被认可,法律被引出。)"这种逻辑推理的双重性恰好对应于 *ratio*(理性)与 *scriptum*(写就)的修辞学区分:*ratio*(理性)这种论辩所针对的是事实,手段是论证,*scriptum*(写就)所针对的是法律条文,手段主要是但又不只是 *ratiocinatio legalis*。"昆体良写道:"*Omnes fatentur esse quaestiones*,*aut in scripto aut in non scripto. In scripto sunt de iure*,*in non scripto de re. Illud legale*,*hoc rationale genus Hermagoras atque eum secuti vocant*,*id est nomikon et logikon*②.(他们承认,所有的探究要么是关于写就的,要么是关于未写就的。关于写就的就是关于法律,关于未写就的就是关于事实。赫玛戈拉斯称前者为合法的,称后者为合理的,

---

① 《驳阿里乌》,Ⅳ,3;Ⅰ,29;Ⅱ,3。

② Quint.,Ⅲ,5,4.

他的追随者称之为既合法又合理的。)"

这种区分是所有论辩的最基本图式，在西塞罗的《论开题》中已出现，而且不会不引起古代评注者如维克多里努斯及其《论西塞罗的修辞学》(*In rhetoricam Ciceronis*)的注意①。那么 *ratio-scriptum*（理性–写就）这一区分所提供的图式是什么呢？ *Ratio*（理性）所针对的是某件有争议的事实，包括它的本质、定义、属性（*constitutio coniecturalis，constitutio definitiva，constitutio generalis*）②。在赫玛戈拉斯（Hermagoras）看来，*ratio*（理性）也可以针对哲学问题，而西塞罗则在这点上批评了他③。于是乎，*ratio*（理性）便占了论题之名，其任务在于定义本质，枚举性质。相对 *ratio*（理性），*scriptum*（写就）所针对的则是有争议的法律条文。它的论辩可采用以下方式：*scriptum et voluntas*（关于文书和意志的辩论）；*leges contrariae*（就两种相似的法律条文就行辩驳）；*ambiguitas*（法律条文本身的歧义）；*ratiocinatio legalis*（法律推理）；*definitio legalis*（成文术语的定义）④。

若我们现在再回到维克多里努斯关于 *ratio* 与 *sacra scriptura* 的划分，我们将看到由修辞学所给予的一般性图式，可应用在他的整套神学方法上，尤其法律论辩的那五种形式同样可用在《圣经》推理上。其实西塞罗提出来阐述辩论的各种形式的公共论题（lieux communs），在维克多里努斯身上就可看出线索了。

神学方法与修辞辩论之间的这种亲缘性，也存在于维克多里努斯之外的人身上吗？此问题仍然悬而未决。眼下我们且记住这

---

① 《论开题》，Ⅰ,12,17。

② 同上，Ⅰ,8,10。

③ 同上，Ⅰ,6,8。

④ 同上，Ⅰ,13,17。

句评论,并非定论,只是感受:修辞学的公共论题(lieux communs rhétoriques)在西方思想史中具有很强的重要性。这种修辞学模型,乃深深印在了西方人的意识中,传统上的所有形式皆由此出发。我们完全赞同伊莫沙恩(J. Himmelschein)的思索,他在一篇关于法学解释学的研究末尾写道:"对这些最现代的问题而言,我们今天的绝大部分人也许仍然是古代修辞学家们的学生,尽管我们未意识到。我们往往自以为是在做原创性的思考,其实不过是重复了千年来的陈词滥调(lieux communs)①。"

---

① J. Himmelschein,《古代法学解释学研究》(Studien zu der antiken Hermeneutica Iuris),*Symbolae friburgenses in honorem O. Lenel*,Leipzig,1931,p. 424. 关于欧洲思想史上修辞公共论题的重要性,需要有一种"历史论题"(topique historique)的构思,如 E. R. Curtius 所构想的,见《欧洲文学与拉丁中世纪》(*Europäische Literatur und lateinisches Mittelalter*),Berne,1948,p. 90。——在我们的研究范围之外,且让我们引近代法学家 J. Esser 在《法律解释》(Die Interpretation im Recht,载 *Studium generale*,juillet 1954,7,6,p. 372)的评论:"作为秩序核心的稳定性要求尊重文本的权威性,并将文本创作者的权威尊为人为解释的准则。此方法的考量与性质将带有神学色彩的法学与其他学科区分开来。" «Stabilität als Ordnungselemente verlangen einen anderen Respekt vor der *auctoritas* des Textes und seines Schöpfers als die *canones* künstlicher Interpretation. Diese Sorge und Eigenart der Methode teilt,wie manche andere,die Jurisprudenz mit der Theologie».

3
希腊哲学中的神学、注释、启示、圣书 *

27　　理性神学这种观念似乎在亚里士多德处就很明显了："有三种思辨性的哲学（*philosophiai*），数学、物理学、神学：如果真有神圣的事物存在，那它无疑是在我们所说的不动的、分离的自然之中①。"理性神学在此是作为哲学之一分支而出现的。亚里士多德这种"关于神圣的事物的论说"，其意在于，以理性证明的方式来论证一个或几个宇宙推动者的存在。

　　人们习惯于把这种理性神学与那种经由基督教消化过的神学——此种神学乃以神的启示及神的论说为基础——置于对立；人们还习惯于把哲学家的神和亚伯拉罕的神置于对立。启示哲学虽不排除理性的方法，但此理性的工作不过是一种注释的方法，它试图对神圣的、受神灵所启示的《圣经》论说——神的自白就蕴含于其中——作出理解和编排。

---

　　*　发表于:《解释的准则》(*Les règles de l'interprétation*),édité par M. Tardieu,Centre d'étude des religions du livre,Paris,Éditions du Cerf,p. 13 – 34。

　　①　Aristote,《形而上学》(*Métaph.*),Ⅵ,Ⅰ,1026 a 18。

然而,理性神学与启示神学之间的这种对立并不像我们所以 28
为的那样突兀。事实上,在希腊哲学家们那里的神学就已不断地
采用着注释的方法了。尤其在古代晚期,神学往往涉及启示。这
就是本研究所打算证明的内容。

I. 注释与古代哲学

我们先来考察异教神学中的注释方法的演变情况;而这一现
象又与从公元 1 世纪开始的哲学教学方法的演变分不开。

我们可以从机构组织和教学方法(这两点是相联系的)的角度
把苏格拉底之后的哲学划分为三个历史阶段。第一阶段从公元前
4 世纪至公元前 1 世纪。其特征有二:一是在雅典出现了一些常设
的哲学机构,二是此时的教学重在言谈艺术与生活艺术的塑造。那
些大规模的学校,如柏拉图主义的、亚里士多德主义的、伊壁鸠鲁主
义的、斯多亚主义的,纷纷于雅典各地建立起来。最基本的教学内
容是通过辩证训练、讨论训练、对话训练、语言训练,来进行科学指
导下的政治行为的训练(柏拉图主义)、科学生活的训练(亚里士多
德主义)、道德生活的训练(伊壁鸠鲁主义与斯多亚主义)。

第二阶段从公元前 1 世纪开始,随着苏拉(Sylla)灾难所导致
的雅典大部分哲学机构的毁灭①,随着为数众多的哲学机构在地
中海盆地的纷纷兴起,苏格拉底之后的哲学开始了它的第二个历 29
史阶段。以前的那四种主要思潮虽继续存在着,但却没有了原来
雅典的那些机构,也没有了机构缔造者的支持。要向缔造者表达

---

① 关于这一论题,参 J. P. Lynch,《亚里士多德的学校》,Berkeley, University of
California Press, 1972, p. 135 - 207; J. Glucker,《安提俄库与后期学园》(Antiochus and
the Late Academy), Göttingen, 1978 (Hypomnemata 56), p. 330 - 379。

他们的忠诚,这四所遍布东西方各个城市的哲学学校,现在既不能依赖于原先的机构,也不能以学校内部口耳相传的道统为依据,而只能唯一以学派缔造者的文本为依据。所以,他们最重要的哲学课程便是对缔造者的文本进行评注。

第三个阶段开始于公元 3 世纪,直至古代末期。注释在教学活动起着决定性的作用,而且,宗教的、仪礼的、"通神术的"(théurgiques)等各种元素交错嵌入了哲学生活和哲学教学之中。

我们首先需要考察,古代哲学史从公元前 1 世纪初至公元 3 世纪的这一注释阶段。顾名思义,这一阶段的特征便是,文本解释成为最基本的学术训练。这种训练在前一阶段的末期就已经在各个哲学学校开始了:例如,我们知道,早在公元前 110 年,克拉苏(Crassus)就在雅典的学园哲学家卡尔玛德斯(Charmadas)的指导下阅读过柏拉图的《高尔吉亚》[1]。我们还知道,注释性质的作品很早也就有了。最早的是对俄耳甫斯教的一份文本所进行的哲学注释,该注释保存在德尔维尼莎草纸文献(papyrus de Dervéni),该莎草纸可追溯到公元前 350 年[2];公元前 300 年左右,克朗托(Crantor)对柏拉图的《蒂迈欧》作了注释[3];赫拉克利特的注释者

---

① Cicéron,《论演说家》(*De Oratore*),Ⅰ,45 – 47。

② 关于这一文献,参 W. Burkert,《物与言的形成》(La genèse des choses et des mots),载 *Études Philosophiques*,oct. – déc. 1970,p. 443 – 455;P. Boyancé,《评德尔维尼莎草纸》(Remarques sur le papyrus de Dervéni),载 *Revue des Études Grecques*,t. 87,1974,p. 91 – 110;M. S. Funghi,《德尔维尼莎草纸文献中的俄耳甫斯宇宙论》(Una cosmogonia orfica nel papiro di Derveni),载 *La Parola del Passato*,t. 34,1979,p. 17 – 30;G. Riccardella Apicella,《俄耳甫斯主义与寓意解释学》(Orfismo e interpretazione allegorica),载 *Bolletino dei Classici*,3a Ser.,1(1980),p. 116 – 130;《德尔维尼莎草纸文献中的俄耳甫斯主义》,载 *Zeitschriftfür Papyrologie und Epigraphik*,t. 47,1982,p. 1* – 12*。

③ 参 H. J. Krämer,《老学园》(Die Ältere Akademie),载 *Grundriss der Geschichte der Philosophie*,begründer von F. Ueberweg,Bd. 3,hrsg. Von H. Flashar,Bâle-Stuttgart,1983,p. 161。

也不少,包括安提斯泰尼(Antisthène)、本的赫拉克利德(Héraclide
de Pont)、克里安忒(Cléanthe)、斯费卢斯(Sphairos)①。从公元前
1世纪开始,这种注释活动越来越起着决定作用。其教学方法、对
柏拉图和亚里士多德的大量注释,即是最明显的证据。我们或可
由保存下来的文本,或可由其他作者的引用见出。

30

　关于这个阶段的教学方法,我们可追溯的著例是公元2世纪
爱比克泰德和奥卢斯-该留斯(Aulu-Gelle)。斯多亚主义者爱比
克泰德证实了我们在其他作者处看到的一类专门术语,它与文本
解释的学术训练有关:*anagignôskein*②,指的是在哲学课上评注文
本,与老师对学生的解释或学生在老师面前的评注都有关;
*epanagignôskein*③,意思是监督学生所作的评注——只针对老师而
言;*sunanagignôskein*④,是指领会老师的评注。奥卢斯-该留斯还
告诉我们,柏拉图主义者陶鲁斯(Taurus)的哲学课只是以某种特
定的次序来解释柏拉图对话⑤。同样,在公元3世纪,即后苏格拉
底哲学的第三个阶段之初,这一时期的注释活动不会比前一阶段
少。我们得知⑥,普罗提诺的课主要是在解释柏拉图和亚里士多
德的文本,并且还借用之前的评注文献,如:塞维鲁斯(Sévère)、克
洛尼乌斯(Cronius)、努美尼乌斯(Numénius)、盖乌斯(Gaius)、阿
提库斯(Atticus)对柏拉图的评注;阿斯帕西乌(Aspasius)、亚历山
大(Alexandre)、阿德拉斯特(Adraste)对亚里士多德的评注。我们

---

① Diogène Laërce, IX, 15。
② Épictète,《论说集》(*Entretiens*), I, 10, 8; I, 4, 9、14。Marinus,《普罗克鲁斯生平》(*Vita Procli*), § 12, p. 157, 15 Boissonade。
③ Épictète,《论说集》, I, 10, 8;《道德手册》(*Manuel*), § 49。
④ Marinus,《普罗克鲁斯生平》, § 10, p. 155, 54。
⑤ Aulu-Gelle,《阿提卡之夜》(*Nuits attiques*), I, 9, 9-10。
⑥ Porphyre,《普罗提诺生平》(*Vie de Plotin*), § 14。

或可为公元 2、3 世纪的评注者列张清单,以一瞥这个时期繁花似锦般的评注之貌。

这种注释性质的教学在很大程度上可由机构的变化得以解释。我们说过,在这时期,缔造者的著作代替了他们所创立的学术机构。这标志着口传与书写的关系发生了大变化。前一阶段,即公元前 4 世纪到 1 世纪,哲学教学主要赖于口传,哲学教学就是师生的对话,它主要致力于辩证技艺的学习以及老师所说的话。人们学习交谈,通过学习交谈而学习生活。但到了我们现在所讲的注释阶段,学习交谈并不比学习阅读重要,毋宁说,人们往往是通过阅读而学习生活的。这是人们开始注意书写文本的一个有趣征兆。诚然,在整个古代,哲学一直保持着一个口头引导之传统。但是,从现在开始,人们进行反思所用力的方向,不再是嘴里说出的话语,而是笔下写出的文字。

教学方法的这种注释特征,并不表示苏格拉底之后的哲学丧失了我刚才说的前一阶段的特征,苏格拉底之后的哲学实在一直包含生活艺术的塑造、精神的修习、内心的提升①。

不过自这时起,这种塑造便由一种双重的方式来确保。一是老师与学生之间的讨论、会谈、对话继续在哲学教学中扮演着重要角色。例如,据奥卢斯-该留斯的记述②,柏拉图主义者陶鲁斯在每天的 *lectiones* 结束后,也就是在解释了文本后(文本解释即"*lectio*"的含义),习惯让听众挑选一个主题来进行拷问。譬如,奥卢

---

① 参 P. Hadot,《法兰西学院希腊与罗马史教席开讲辞,1983 年 2 月 18 日,星期五》(*Collège de France,chaire d'histoire de la pensée hellénistique et romaine. Leçon inaugurale faite le vendredi 18 février 1983*),p. 28 及其以下。

② Aulu-Gelle,《阿提卡之夜》,Ⅰ,26。参 Ilsetraut Hadot,《塞涅卡与希腊罗马的灵魂导引传统》(*Seneca und die griechisch-römische Tradition der Seelenleitung*),Berlin,1969,p. 57,n. 101。

斯-该留斯问,哲人是否会发怒。在他的记述中可以看到陶鲁斯是怎么回答的。而由阿里安(Arrien)辑录的爱比克泰德《论说集》根本就是师生的讨论,这是在文本解释后所进行的一种相当自由的学习方式。无论是在陶鲁斯还是爱比克泰德的谈话中,我们都可以看到老师对学生的精神生活的关心。

　　另一种塑造方式,即由对所解释的文本进行探究和思考来确保。我们说过,哲学课程是按某种顺序来研读先师的作品。不过这种顺序并不是随意选择的:它反应的其实是那个时代的哲学流派对于哲学的构想,著例便是柏拉图主义对内心的提升步骤的构想:伦理学优先确保灵魂的净化,物理学揭示世界有一个超验的原因并吸引我们在无形的知识中去实现这种超越,神学或通神术(époptique)最终致力于对神的沉思①。新柏拉图主义者专门为此设计了一套阅读程序②,以便通览这三个步骤。我们在阿尔比努斯(Albinus)的《柏拉图对话阅读导引》(*Introduction à la lecture des*

32

---

　　① 伦理学、物理学、通神术:参 P. Hadot,《古代的哲学专业划分》(Les divisions des parties de la philosophie dans l'Antiquité) ,载 *Museum Helveticum*,t. 36,1979,p. 218 - 231,该论文尤其引用 Origène,《〈雅歌〉评注》(*In Cant.*) ,Prol.,p. 75,6 Baehrens。忒翁(Théo)、普鲁塔克、亚历山大里亚的克莱蒙,也说过类似的话,而且更清楚、更明确,只需把他们同奥利金作一对比,便可证奥利金这篇文献中的 enoptikên 实为 epoptikên 之误。如 Henri Crouzel 和 Manlio Simonetti 在为奥利金的《论原则》(*Traité des principles*)(Sources chrétiennes,n°252,Paris,1978,t. Ⅰ,p. 21)所写的导论中即令人诧异地说:"奥利金在此论的头一部分,以一种较哲学、较思辨的顺序,论述了在他这里与希腊人所说的'物理学'(physique)相应的东西,就是说,依奥利金《〈雅歌〉评注》的'神圣哲学'纲要而言,而与'物理学'(physique)和'光学'(énoptique)相应的东西。"但其实应该是这么说:"奥利金在此论的头一部分,以一种较哲学、较思辨的顺序,论述了在他这里与希腊人所说的'通神术'(époptique)与'物理学'(physique)相应的东西(因为他所涉及的是神、理性的自然、以及宇宙),'通神术'与'物理学'见于《〈雅歌〉评注》的'神圣哲学'纲要。"

　　② 参 P. Hadot,前揭,p. 221。

dialogues de Platon)①中已可见这份修习草图。他为通向最终的物理学和神学规定了相当长的伦理塑造阶段：首先从《阿尔西比亚德》开始，这是为了转向自身，逐渐认识自己；而后阅读《斐多》，这是为了弄清楚何为哲学生活；接下来是《理想国》，这是为了发现获得德性所需要的教养（*paideia*）；最后读《蒂迈欧》，通过研究自然，得以沉思神圣的事物。

基督教主义恰好于希腊哲学的注释时期发展起来，这并非无关紧要。首先，基督教教义是以文本——圣经和福音书——作为基础的，基督教神学必定需要注释，这一事实与其他哲学没什么两样。基督教主义也包含对缔造者的文本进行注释。因此，基督教的教学方式与哲学教学大致是相同的，基督教学校和哲学学校表面上看是一样的；基督教主义有着综合及完善其他所有哲学流派之野心。

其次，基督教主义是生活的一种训练，它想对生活的每一时刻提供指导②，就这点而言，它与希腊哲学也是一致的。基督教主义也正是从此角度而把自己定位为、体现为哲学的。基督教的注释并不仅仅是一种神学反思的方式，而且也是一种提升精神的方式。在基督教的精神生活中，对神圣文本进行沉思起着首要作用，这可在奥利金那里清楚地见到；这种沉思经常带有一种神秘特征，因为，精神性地领悟文本，即意味着与文本中的神圣逻各斯融为一体③。亚历山大里亚的克莱蒙、奥利金、以及稍后的俄瓦格

---

① Albinus,《导引》（*Eisagôgê*），éd. C. F. Hermann, *Platonis Opera*, t. Ⅵ, Leipzig, Teubner, p. 149 – 150；由 R. Le Corre 译为法语，《阿尔比努斯的〈导引〉》（Le prologue d'Albinus），载 *Revue Philosophique*, t. 81, 1956, p. 36。

② 参 P. Hadot,《精神修习与古代哲学》（*Exercices spirituels et la philosophie antique*）, Paris, 1981, p. 61 – 63。

③ 参 Origène, *Hom.*《〈雅歌〉评注》, Ⅰ, 7, p. 75 Rousseau。

(Évagre le Pontique)①采纳了柏拉图对哲学的划分,他们视伦理学、物理学、通神术或神学为精神提升之步骤。如哲学家一样,他们也为这些步骤规定了阅读程序。例如,在奥利金处,《箴言》(Proverbes)对应着伦理学,《传道书》(Ecclésiaste)对应着物理学,《雅歌》(Cantique)对应着通神术(époptique)②。

所以如此,乃因为公元头两个世纪的希腊哲学既是注释,也是精神塑造之方法,等于说,此时的希腊哲学乃是一种注释性质的精神塑造方法;而基督教主义采纳了这种哲学方式,它给基督教主义的外部演进带来了极为重大的后果。

因此,从公元前 1 世纪开始的哲学,其思想进程主要是注释性质的。这意味着神学不再是——如在亚里士多德处的——反思运动的可能性条件了,而是解释亚里士多德《形而上学》卷十二或柏拉图《蒂迈欧》的内容。神学问题成了解释问题。人们会针对《蒂迈欧》中的"理智(Intellect)在生命体(Vivant)所存在的型式(Formes)进行沉思③",从而提出诸如生命体、型式、理智三者之关系这类问题。神学家所进行的反思,不是直接针对他们自己的问题,而是针对亚里士多德或柏拉图论述过的问题。

在哲学家采取注释方法之前,语法学家——尤其是荷马的评注者——和修辞学家就用过这种方法④。这种古老传统对哲学文本的解释者来说也不是无用的。拿到文本,从语法的角度开始,通过句读准确勘定文本内容,甚为有效。亚里士多德就说,要理解赫 34

---

① Évagre,《论修行》或《论修道士》(Traité pratique ou Le moine),§ 1;Clément,《杂文集》(Strom.),Ⅰ,28,176,1 - 3。

② Origène,《〈雅歌〉评注》,prol.,p. 75,6 及其以下 Baehrens。

③ Platon,《蒂迈欧》(Timée),39 e。

④ 关于古代的注释学,参 H. Schreckenberg,《注释Ⅰ》(Exegese Ⅰ),载 Reallexikon für Antike und Christentum,t. Ⅵ,col. 1174 - 1194。

拉克利特很困难，因为我们不知道他的句读①。在亚里士多德和
柏拉图的评注中，经常可见对文本的真实内容进行探讨。波菲利
听了阿美里乌斯讲解《蒂迈欧》37 a 3－8，就告诉阿美利乌斯，其
解释乃源自一种文本误读，应该以"epsilon"之音读 legei（意即"灵
魂说"），而非以"êta"之音来读（意即"灵魂终止"）②。

　　并且，修辞学还针对解释权制定了相应的文本注释法。有四
个问题涉及这种解释权：是否必须遵循写作者的文本或意图？若
有两种相对立的文本，该如何择取？能否通过思考这两种文本，得
出一个不含在文本里的结论？如何解释有歧义的文本③？这类问
题显然也是哲学文本解释中常见的问题。

　　依靠这些语法学的规则传统，诠释家们逐渐拟定了解释学法
规。例如，阅读柏拉图对话的法规是：

　　　　首先必须准确解释作者所使用的每一术语的含义，然后
再解释作者是在何种意义上使用这一术语的：是在固有意义
上，还是在比喻意义上；是为断言自己的学说，还是为反驳对
方观点④。

　　或许我们应该举一个哲学注释家可能遇到的具体困难，以及
他试图解决该困难的途径来作例子。且以新柏拉图主义者波菲利
为例吧。柏拉图曾在《巴门尼德》中写道："如若一'存在'，它能不

　　①　Aristote，《修辞学》（Rhét.），Ⅲ，5，1407 b 14。
　　②　Proclus，《〈蒂迈欧〉评注》（In Tim.），Ⅱ，p. 300，24 Diehl。
　　③　Quintilien，《演说术教程》（Inst. Orat.），Ⅶ，5，1－10，4。
　　④　Diogène Laërce，Ⅲ，65。

分有 *ousia* 吗①?"这么一句话就对诸如波菲利这样的新柏拉图主义者造成了极大的解释困难②。在他看来,《巴门尼德》的那些假设所对应的是不同的本体(hypostases),第一条假设所对应的是第一个"一",第二条假设所对应的是第二个"一"。当柏拉图说"如若一存在[……]",这里的"一",新柏拉图主义者认为只是第二个"一",即"存在者的一"(l'Un-Étant)。而据柏拉图的文本,这第二个"一"又必定要"分有 *ousia*"。既言"分有",就意味着还有一个更高的、超越的"理型"。如若苏格拉底是正义的,苏格拉底就分有那个超越苏格拉底的正义本身。因此,分有 *ousia*,即是分有一个超越分有者主体之 *ousia* 本身。然而,据新柏拉图主义的看法,在第二个"一"之前存在的唯有第一个"一",但这第一个"一"绝不可能是一个 *ousia*,因为第一个 *ousia* 正是第二个"一"。因此,柏拉图怎么能说先于第二个"一"的 *ousia* 呢?

我们来看注释家的这般困难是如何产生的。受学园注释传统的影响,对波菲利来说,柏拉图的文字全是一些不可更动的体系,文本往往很难与波菲利心目中的柏拉图的意图取得一致。就此处的问题来说,波菲利的回答是,柏拉图不确切地用了 *ousia* 这个词,来代替另一个与 *ousia* 意义相近的词 *einai*(存在)。如果柏拉图说到第二个"一"所分有的那个 *ousia*,这是因为他想告诉我们,第二个"一"从第一个"一"那里获得了是"存在者"(étant)的属性和是"*ousia*"的属性,因为第一个"一"即是"存在"(*einai*)本身,但这不是主体意义上说的存在,而是活动意义上说的存在。一旦把它看作纯粹

---

① Platon,《巴门尼德》,142 b。

② 我在下文引了某位匿名者对《巴门尼德》的评注,我认为该作者即波菲利;参 P. Hadot,《波菲利与维克多里努斯》,Paris,1968,t. Ⅰ,p. 102 – 143,及 t. Ⅱ,p. 61 – 113。

的存在、无主体的存在,那它自己就是自己的主体①。于是,神学本
体论的历史中便有了"无限的存在"(l'Être-infinitif)与"分有的存在
者"(l'Étant-participe)之著名区分。这是作为活动的存在与作为分
有这种纯粹活动的主体之区分。波菲利的解释无疑是误解,但这是
创造性的误解,是由注释方法本身的困难带来的误解。

　　在波菲利为亚里士多德《范畴篇》所作的评注中也可见类似
注释。亚里士多德说,若干同名异义的事物只有一个共通的名称,
但用以表述这些同名异义的事物所对应的 ousiai(实体)之论说
(logoi)却各不相同。因此,波菲利认为,原因在于亚里士多德在
一种不确切的意义上使用了 ousia 这个词。在波菲利看来,用以表
述 ousiai 之论说(logoi)可能有两类:一是确切的特指定义(horis-
moi),用以实际表述某事物的 ousia;一是描述(hupographai),只用
以表述一些特性,只有在谈论最高种或者个体时才可用,并且描述
与描述彼此间没有差别②。"表述 ousia 之论说"之说,同时可指定
义与描述两种情况。在指定义时,它所涉及的论说,针对的是某个
确切的特指 ousia;在指描述时,波菲利说"它所涉及的论述,针对
的是本质特性以及系列属性(huparxis),这些系列属性是确切的特
指 ousia 与其他实在所共有的③。"在此我们又见到了与《〈巴门尼

----

　　①　Porphyre,《〈巴门尼德〉评注》(In Parm.),Ⅻ,25－28(Hadot,《波菲利与维克
多里努斯》,t.Ⅱ.p.104)。

　　②　Porphyre,见 Simplicius,《〈范畴篇〉评注》(In Categ.),p.30,13－15 Kalb-
fleisch;比较 Simplicius,《〈范畴篇〉评注》,p.29,16－20 Kalbfleisch。

　　③　Porphyre,见 Simplicius,〈范畴篇〉评注》,p.30,13－15 Kalbfleisch。有人这样评
论 huparxis 的意义:huparxis 即是 huparchein 在逻辑意义上——即在归属于某个主语的意
义上——的名词。把这一文本中的 huparxis 理解为"存在"(existence),我认为没任何意
义。这里的叙述没有提到任何"存在",而是说事物的特性、属性。[但我承认做一个更简
单的解释是可以的(huparxis = être en general[一般意义上的"存在"或"是"。——译
注]),参 Simplicius,〈范畴篇〉评注》,trad. commentée sous la direction de I. Hadot,fasc.
Ⅲ,commentaire et notes par C. Luna,Leyde,Brill,1990,p.20,n.53. Addition de 1998。]

德〉评注》(*Commentaire sur le Parménide*)相同的手法。这个注释
传统在解释同名异义观念时,必须承认除定义外还有描述。但亚
里士多德所用的 *ousia* 一词并不指描述,描述是一种不表述 *ousia*
本身之论说,而仅是表述有待定义的对象的某些方面。因此,他们
的解释方案意味着,亚里士多德既用 *ousia* 指确切的特指 *ousia*,是
为定义所表述;也指 *huparxis*,亦即附着在 *ousia* 上的种种属性,是
为描述所表述。换言之,他们试图证明,亚里士多德把 *ousia* 用作
了 *huparxis* 的同义词。

　　这种注释也见于基督教神学家与阿里乌斯教徒所进行的争论
中。一些神学家拒绝对圣父和圣子使用 *ousia* 一词,理由是《圣
经》不见用,遑论 *homoousios*。另一些神学家,如马里乌斯·维克
多里努斯,则竭力证明,尽管 *ousia* 一词不见于《圣经》,但 *huposta-*
sis 见于《圣经》,*hupostasis* 是作为 *ousia* 的同义词而被使用的①。
至于 *homoousios*,即使《圣经》中没有这个词,我们亦可合法地从
《圣经》中演绎出来②。从有关 *homoousios* 的推理中,可见出我们
刚说过的 *ratiocinatio legalis*(法律推理)原则,即通过对数个文本
的推理,得出文本里没有的结论。西塞罗把该原则表述为:"*Ex eo*
*quod scriptum sit ad id quod non sit scriptum pervenire*③." 维克多里努
斯换种方式重述了这层意思:"*De lectis non lecta conponere*④." 指的

---

　　① Marius Victorinus,《驳阿里乌斯》,Ⅱ,3 - 6,p. 398 - 412 Henry-Hadot,亦可参
Source chrétiennes,n°69,p. 902 的评注。

　　② Marius Victorinus,《驳阿里乌斯》,Ⅱ,7 - 8。

　　③ Cicéron,《论开题》,Ⅱ,50,152。

　　④ Marius Victorinus,《驳阿里乌斯》,Ⅱ,7,12。参 P. Hadot,《从已说构造未说:
神学理性与法学理性》(*De lectis non lecta conponere* … Raisonnement théologique et rai-
sonnement juridique),*Studia patristica*,Ⅰ(TU 63),Berlin,Akademie Verlag,1957,p. 209 -
220。

是,在司法活动中,从法律文本中得到某个术语的结论,但该术语本未见于任何法律条款。昆体良有一例:"弑母罪犯将与弑父罪犯同等处置①。"我们能否认为法律中也含 *matricidium*(弑母罪)一词? *parricidium*(弑父罪)一词能否引申至弑母罪? 这往往牵扯到对概念的理解和引申。

我们已注意到,对波菲利以及主张性体同一(*homoousios*)的神学家们来说,注释技艺便在于使文本的字面意思,与解释者所以为的真理、内容、文本背后的隐微含义取得一致。换言之,注释哲学的特征,即一方面坚信"真理"存在于学派缔造者、学派先师的文本中,另方面又要懂得让文本中的真理呈现出来,即便它不明显。

真理既存在于先师的文本,问题便在于使之大白于天下,并且解释它:

> [普罗提诺说:]我所提出的教义并不新鲜,它们不是今天才有的。它们在很久之前就已被宣布了,但未得到阐发,我们不过是对这些古老的学说进行注释,柏拉图早已用文字证实了它们的悠久性②。

普罗提诺的意思是,柏拉图本人在论及这些学说时,曾称之为"古时候的说法"(*palaios logos*)③。

我们应重新考虑关于赋予或启示人类祖先真理之论题。但眼

---

① Quintilien,《演说术教程》,Ⅶ,8,6。
② Plotin,《九章集》(*Enn.*),Ⅴ,1,8,10。
③ 如,Platon,《斐多》(*Phédon*),70 c。

下只需注意,对注释哲学而言,哲学家从不是离群索居的思想者,从不以自足的方式创造并构建他的体系和真理。哲学家必定在某种传统中进行思考。真理乃建立在这种权威传统之基础上,并存在于该传统的缔造者的文本之中。从公元前 1 世纪开始,只有六种可能存在的哲学,即四个大学派:柏拉图主义(与毕达哥拉斯主义相联)、亚里士多德主义、斯多亚主义、伊壁鸠鲁主义,以及犬儒主义(源自苏格拉底和第欧根尼)和怀疑主义(源自皮浪)。从公元 3 世纪开始,柏拉图主义与亚里士多德主义走向融合,形成了一个共同的体系,并吸收了斯多亚主义的某些元素;而其余学派,除犬儒主义之外,逐渐几近完全消失。

哲学家必定在某种传统中进行思考,并在这种传统本身的视野内从事文本的解释工作。更确切地说,他在每个哲学学派之内,缔造一些解释传统,如我们在前面所看到的对《巴门尼德》的解释,其实也就是术语和学说的一种系统化,而后来的解释者便认可这些传统,认可这种系统化,把它们认作一切解释的先决公设。解释者的任务就在于赋予文本一种与这些公设所相容的含义。文本因此成了前文本(prétexte),成了在文本中挖掘本学派传统学说的前文本。人们借文本而陈述本传统的学说。这种现象同样见于基督教的注释和神学:评注家和神学家在神圣的文本中挖掘教会的传统学说,哪怕是任何细枝末节也不放过。

在传统所限定的范围内,注释者可以有一定创造。在普罗提诺时代,人们公认他这个哲学家对柏拉图文本的解释方式是独到且恰当的①,原因大概就是他很会折中注释技艺与他自己的内在体验。

———————————

① Porphyre,《普罗提诺生平》,§ 14,15 及 § 20,71。

正是在这些带有原创性注释家们的影响下,注释哲学发生了演进。它只能越来越为传统学说所推动,而朝着系统化的方向发展,因为注释家们一直不懈努力,以最大限度地减少奠基者文本中的前后矛盾、结构松散。

Ⅱ. 神学、启示、灵感

基督教主义乃建立于文本,以及对文本的注释之基础上,我们说了,这一事实在希腊哲学家看来并没什么可怪的。我们还可补充说,基督教主义表现为一种启示,这一事实在那个时代的哲学家看来也没什么可恶的。启示和灵感观念在希腊哲学中扮演着极为重要的角色。首先,柏拉图和亚里士多德提出了一个原则性的问题:神所具有的知识——亦即神学与智慧——是某种超越于人类的事物,它只显露给神[1],因此,只有神才知晓其奥秘。并且希腊的神从来就不是荷尔德林所说的"沉默的神"[2],依希腊人看,这些神以种种不同的方式在言说。

首先,在古代希腊作品中,诗的灵感即体现为神的启示。赫西尔德在《神谱》开篇写道:"噢,奥林匹斯山的缪斯,请为我讲述这些事情吧。"如果巴门尼德选择诗歌形式表达自己的学说,原因正在于他有意把自己的训言作为神的启示而加以传递。

其次,在前苏格拉底哲学家、柏拉图、亚里士多德、斯多亚主义者的教学中,古代传统或者古时候的说法(*palaios logos*),亦即神

---

[1]   Platon,《会饮》(*Banquet*),204 a;亚里士多德,《形而上学》,Ⅰ,2,983 a。

[2]   Hölderlin,《美诺哀悼第俄提玛》(*Menons Klagen um Diotima*),7°strophe。参 K. Schneider,《沉默的神》(*Die schweigenden Götter*),Hildesheim,1966,该书表明,Winckelmann 所设想的神的沉默,不适于希腊人的情况。

给人的原始启示,被赋予了崇高地位,以证明这样那样的主张。例 40
如,在《蒂迈欧》中①,由雅典娜所定的法规就给雅典的先民们启示
了神圣的科学、占卜术、医学。而在注释哲学时代,人们认为学派
缔造者的那些文本所具有的权威性,归根结底乃基于那些近乎神
的人物,后来的哲学家所要做的便只是对启示进行解释。柏拉图
基于毕达哥拉斯,毕达哥拉斯又基于俄耳甫斯。在公元 2、3 世纪,
"*palaios logos*",即"古代传统",变成了"*alêthês logos*",即"真理论
说"(*Discours de Vérité*)——在此我借用了督教主义的论敌凯尔苏
斯的标题——这是一种启示给最早的人的永恒哲学(*philosophia
perennis*),为希腊哲学家所保存②。不仅是希腊哲学家,而且"蛮
族"哲学家也是古代启示的见证者。柏拉图就在《蒂迈欧》中安排
了一位埃及祭司来教导梭伦人类的真正传统为何③。希腊化时代
的哲学家们,沿着亚历山大的足迹探寻这些古老的希腊传统。克
雷阿科(Cléarque de Soloi),这位亚里士多德的学生,曾穿越整个
亚洲,至少到达阿姆河(Oxus),有铭文足证其行程,为的便是拜访
"蛮族"哲学家,包括犹太哲学家、波斯祆教祭司、婆罗门僧侣等原
始传统的见证者④。对 2、3 世纪的注释哲学来说,"蛮族"哲学在

---

①　Platon,《蒂迈欧》,24 a – c。亚历山大里亚的克莱蒙在《杂文集》所暗指的大概
即是这种"法律"(见 Clément, *Strom.*, Ⅰ,29,181,4),因为他在这章开头即引《蒂迈欧》
22 b。对斯多亚主义而言,语言本身便是一种自然的启示,我们可借语源学对其进行解
释(尤其关于众神之名的语源学),参 A. Le Boulluec,《斯多亚主义的寓意》(L'allégorie
chez les stoïciens),载 *Poétique*, t. 23,1975,p. 301 – 321。

②　参 C. Andresen,《理性与法律:凯尔苏斯与基督教的论战》(*Logos und Nomos.
Die Polemik des Kelsos wider das Christentum*),Berlin,1955,p. 108 – 145。

③　Platon,《蒂迈欧》,22 b。

④　参 L. Robert,《从德尔菲到阿姆河:巴克特里亚的新铭文》(De Delphes à
l'Oxus. Inscriptions nouvelles de la Bactriane),载 *Comptes rendus de l'Académie des inscrip-
tions et belles lettres*,1968,p. 450 及其以下。

古代传统(*palaios logos*)之中是享有一席之地的:

> [凯尔苏斯写道:]有一种非常古老的学说(*logos*),最智慧的人民、城邦、有智慧的人们都专注于它。[……"智慧的人民",凯尔苏斯指的是]埃及人、亚述人、印度人、波斯人、色雷斯人、萨莫色雷斯人、厄琉西斯人①。

努美尼乌斯(Numénius)同样写道②:

> 在引述柏拉图的证据并对其进行确证之后,必须把它们追溯得更远,与毕达哥拉斯的教导联在一起。但接下来还得想想那些名人,即婆罗门僧侣、犹太人、波斯祆教祭司、埃及人,他们与柏拉图也是一致的,我们要回顾他们的奥义、他们的教义、他们的崇拜基础、他们所确立的一切。

此外,还有基督教徒也是这么看的,他们把自己的启示看作"古代的真理学说"(*palaion alêtheias mathêma*)③。亚历山大里亚的克莱蒙不忘提醒希腊哲学家④,《蒂迈欧》中的埃及祭司所说的话:"对于你们灵魂中的古代学说,你们丝毫不关注,这是由一种远古的教诲传下来的⑤。"犹太-基督教的启示于是被看作希腊人所忽视的这种古代教诲,被看作来自神的"法"。相反,异教徒则

---

① Celse,见 Origène,《驳凯尔苏斯》(*Contre Celse*),Ⅰ,14。

② Numénius,fr. 1 des Places(Paris,Les Belles Lettres,1973,p. 42)。

③ Grégoire de Thaumaturge,《向奥利金致谢》(*Remerciements à Origène*),§ 182,在这里,"古代的真理学说"指的是整合了"蛮族逻各斯与希腊逻各斯"的基督教学说。

④ Clément,《杂文集》,Ⅰ,29,180,4,对参《蒂迈欧》,22 b。

⑤ Platon,《蒂迈欧》,22 b。

向那些最早的人们呼吁一种神圣的灵感,因为他们从神那里接受了启示:

　　[凯尔苏斯说:]如果你们相信,圣灵(Esprit)出自最高神(Dieu),为的是宣告神圣的教诲,那么,圣灵宣告神圣教诲所必需的原则肯定是古代人所有的,他们正是凭借它而宣告了那么多的卓越学说①。

　　启示和灵感的第三种形式可见于神谕活动,比如,在德尔菲、克拉鲁斯(Claros,位于科洛封)、第都姆(Didymes,位于米利都)所举行的神谕活动。从这些活动中可见出,颁布神谕的乃是人的生存,而人的生存是受灵感支配的,甚至就是一种神圣的迷狂。对柏拉图来说,像诗歌、爱情这样的预卜,其实是由神所引起的迷狂②。普鲁塔克尝试限定这种灵感活动中的代理人角色及其手段③:

　　这腔调,这声音,这诗律,用来鼓舞女人还差不多,对神一点都不适合。而所谓"狂热"(enthousiasme),乃是在内心唤　42起表象,在灵魂产生光芒——照亮前程的光芒。

　　诚然,这些神谕主要回答的是个人或城邦在宗教实践、政治活动、日常生活中所遇到的问题。但在某些神谕中心,如德尔菲,几乎在整个古代世界都起了传播道德的作用。我们在前面说到的克

---

　　①　Celse,见 Origène,《驳凯尔苏斯》,Ⅶ,45,对参 C. Andresen,《理性与法律》,p. 138–141。

　　②　Platon,《斐德若》(*Phèdre*),244–245。

　　③　Plutarque,《皮提娅的神谕》(*De Pyth. orac.*),397 c。

雷阿科①,他曾于阿姆河岸边镌刻下"过去的人们在神圣的皮托
(Pytho)进行祝祷所用的智慧语言"。皮托亦即德尔菲,七贤的格
言便铭刻于此,所以这些格言与这个高级而威严的神谕地点是联
系在一起的。尤其到了公元 2、3 世纪,在第都姆和克拉鲁斯可见
一些纯粹神学特点的神谕答案,它们提出有关神的定义,有关灵魂
不朽的论断,以及一些规定——不是规定牺牲品,而是规定净化过
的宗教仪礼,如朝向东边祈祷之类②。哲学渗入神谕,神谕也渗入
哲学。波菲利或曾著下《从神谕粹取的哲学》(*Philosophie tirée des
oracles*),在序中他以如下方式阐释了自己的意图:

> 这本集子是诸多哲学教理的大荟萃,既然诸神已经在他
> 们的神谕中说明了真理。若说这本集子有些用处,那它主要
> 是对那些艰辛致力于创造真理的人们,他们期望某一天,经过
> 一场可信的教诲,获得一种神圣的启示(*epiphaneia*),而使自
> 己对启示的言说者[=诸神]不再犹豫徘徊③。

很清楚,这里有一种对详尽启示之需要,有一种对建立关于众
神话语的神学之需要。

----

① 参 L. Robert,《从德尔菲到阿姆河:巴克特里亚的新铭文》),前揭,p. 438 –
442。

② 参 L. Robert,《镌刻于奥依诺安达的一段神谕》(Un oracle gravé à Oinoanda),
载 *Comptes rendus de l'Académie des inscriptions et belles lettres*,1971,p. 602 –619;《神智学
的三段神谕与阿波罗的一个先知》(Trois orcles de la Théosophie et un prophète
d'Apollon),同上,1968,p. 589。

③ Porphyre,见 Eusèbe de Césarée,《福音的准备》(*Prép. év.*),Ⅳ,7,2,(trad. O.
Zink,dans la coll. Sources Chrétiennes,n° 262,p. 122 –123)[= fragment 303 éd. Smith,
Teubner,1993]。

创作于公元 2、3 世纪的《迦勒底神谕》(*Oracles* 43
chaldaïques)①,正符合这种反对基督教徒《圣经》——作为启示文字的《圣经》——之需要或愿望。我们所以知道这份文献,乃由于新柏拉图主义者,从波菲利至普塞鲁斯(Psellus)及普雷通(Pléthon)的引述,但片段的、散乱的引述也使我们难以对之概括出一个集中的想法来②。

与公元前 2、3 世纪第都姆和克拉鲁斯的某些神谕类似③,《迦勒底神谕》有一种相当精致的神学内容,而且也提出了一种相当典型的柏拉图式的学说。超验神即圣父(Père),自身就含有理智(Intellect)和意愿(Volonté),理智和意愿与它本来就是合在一起的。理智和意愿参与创造理性世界的活动,并在此过程中征服独立的现实。由圣父所生的普遍性的灵魂(Âme universelle),则在感知世界中散发出生命之流。物质(Matière)也是圣父所生④。可见,这里的图式既不严格对应于努美尼乌斯,也不严格对应于柏拉图,这还真给新柏拉图主义的注释家们带来了不少解释困难。

《迦勒底神谕》还描述了比超验神低级,也就是比它的理智和意愿低级的实体:开端(*principes*)、转换(iynges)、持存(assembleurs)、完成(télétarques)、宇宙发动(meneurs du monde)、不可抗

---

① 参 H. Lewy,《迦勒底神谕与通神术》(*Chaldaean Oracles and Theurgy*),nouvelle éd. par M. Tardieu,Paris,1978。

② Fragments rassemblés par E. des Places,《迦勒底神谕》(*Oracles chaldaïques*),Paris,Les Belles Lettres,1971 et par R. Majercik,《迦勒底神谕》(*The Chaldaean Oracles*),Leyde,Brill,1989。

③ 参 L. Robert,《镌刻于奥依诺安达的一段神谕》(Un oracle gravé à Oinoanda),p.614,该页涉及克拉鲁德神谕的精神特点。

④ *Patrogenês hulê*,Psellus,*Hypotyp.*,27(des Places,《迦勒底神谕》),p.201);J. Lydus,《论月份》(*De mens.*),Ⅱ,11,p.32,3:得识读为 *patrogenên hulên*,参 Lydus,《论月份》,Ⅳ,159,p.175,9。

拒(implacables)、归源(sources)。在这里我们遇见了类似于诺提斯主义的理智手法:对支配天体世界与宇宙高等区域的那些力量进行描述。

最后,类似于那个时代的其他神谕①,《迦勒底神谕》不仅包括理论方面的神谕答案,其内容如我们刚才所见,大致对应于柏拉图神学;而且还提出了若干宗教礼拜仪礼法则,也可以说是与神进行沟通的神圣方式。因此,在这些《神谕》中有一种彻底的宗教,既含教义也含圣礼,它整合了柏拉图主义与通神术(théurgie)——通神术是由神亲自启示的一门技术,为的是人能够与他们进行沟通②。

尽管这些文献已有许多优秀研究成果③,但它们在意图、内容、来源诸方面仍是隐秘的。把它们称作神谕,亦即神所给出的答案,作者显然想同时赋予其所论述的柏拉图体系与所规定的通神术仪礼一种神圣的权威。依普罗克鲁斯和普塞鲁斯的提示,人们普遍认为该神谕乃迦勒底人尤里安(Julien le Chaldéen)之子,即通神师尤里安(Julien le Théurge)所作,并且,此二人皆被认为是活跃于马可·奥勒留时期的魔法师和通神师④。

---

① 参 L. Robert,《镌刻于奥依诺安达的一段神谕》,p. 614-619;《神智学的三段神谕与阿波罗的一个先知》,pp. 591,597。

② J. Bidze,《新柏拉图主义的神秘礼仪》(La liturgie des mystères chez les néoplatoniciens),载 *Bulletin de l'Académie royale de Belgique*,1919,p. 415 及其以下,该文在这方面整理出了一套完整的操作程序。

③ 最新研究状况,参 H.-D. Saffrey,《新柏拉图主义与迦勒底神谕》(Les néoplatoniciens et les oracles chaldaïques),载 *Revue des Études Augustiniennes*,t. 27,1981,p. 209-225。也见我的论文:《迦勒底神谕的研究视野及其成果》(Bilan et perspectives sur les Oracles chaldaïques),载 H. Lewy,《迦勒底神谕与通神术》;nouvelle éd. par M. Tardieu,Paris,1978,p. 703-720。

④ 参 H.-D. Saffrey,《新柏拉图主义与迦勒底神谕》),p. 210 及其以下。

若这些神谕果为通神师尤里安所作，则他无疑是一位优秀的柏拉图主义哲学家，因为我们已看到，这些神谕所论之体系确实有某种独创性。如此推断是完全可能的。但我并不认为，新柏拉图主义者在描绘理智世界时，有意把《迦勒底神谕》归结为只是一种以神谕形式表达的柏拉图主义体系，我尤为不能同意萨夫瑞（H.-D. Saffrey），他说①，新柏拉图主义者把《神谕》解释为由柏拉图的灵魂经通灵者通神师尤里安所作的回答。诚然，据普塞鲁斯说（他可能也是本于普罗克鲁斯），迦勒底人尤里安确实引导其子通神师尤里安的灵魂去与柏拉图的灵魂进行沟通，这样，他便能以儿子为中介向柏拉图询问他所想问的事情。于是萨夫瑞即说："以通神师尤里安为中介，父亲迦勒底人尤里安即可问讯柏拉图本人，并把柏拉图借儿子之口说的话作为神谕记下来。[……]因此我们能对某些《迦勒底神谕》作出带有柏拉图特征的解释，[它们是]对柏拉图学说的启示[……]是一种柏拉图式的启示，是一种由《蒂迈欧》改编的神谕风格的六音步诗②。"

但事实上，没有任何普塞鲁斯或普罗克鲁斯的文字，可证明这些回答是由柏拉图的灵魂经通灵者迦勒底人尤里安或经《迦勒底神谕》所作的。甚至相反，首先，虽然普罗克鲁斯表面上叙述了这段通灵者的故事，但对他而言，《神谕》肯定不是"对柏拉图学说的启示"。其实，他认为《神谕》所记载的众神的话要早于柏拉图："柏拉图与他之前的众神混一起，时而称灵魂为'流露'（*libada*），时而称灵魂为所有生命生产的'一种根源'（*pêgên tina*）③。"普罗克鲁斯显然是把众神在《神谕》中的启示与柏拉图本人区分开的。此外，

45

---

① 同上，p. 218 – 219。

② 同上。

③ 参 Proclus，《〈蒂迈欧〉评注》，Ⅲ，p. 257，3 – 5 Diehl。

既然普罗克鲁斯知道通神师尤里安的通灵者身份,倘若他真认为《神谕》是"对柏拉图学说的启示",那他不可能在自己的著作中从头至尾中对此只字不提。既然他讲述了这个通灵者故事,那他应该会急于说,迦勒底人尤里安告诉我们,人性是受柏拉图本人灵魂的启示所支配的。但通神师尤里安或迦勒底人尤里安都并未告诉我们,他们的《神谕》是柏拉图的启示。如果他们真这么做了,那后面的新柏拉图主义者肯定会声明,使我们悉知柏拉图真实学说的,乃是柏拉图本人的灵魂或者更普遍的众神。但神谕集的作者,无论是谁,并未说他的学说属于柏拉图,而是让人们相信他的学说乃受教于众神,以便赋予他的学说权威性,也就是说,他没有任何兴趣把自己的学说说成是关于柏拉图学说的启示。总之,要在《神谕》中找出他们所以为的柏拉图的真实学说,真要付出曲折的解释才行。因为《神谕》的柏拉图学说相当于前普罗提诺的柏拉图主义,即 2 世纪的柏拉图主义①,对所有新柏拉图主义者而言,最大的困难便是折中《神谕》的学说与他们的新柏拉图主义,亦即他们所认为的真正的柏拉图主义。由此给他们引来的注释问题将会相当难解②。

46

总之,无论作者是谁,《迦勒底神谕》对新柏拉图主义的演进是起着重要作用的。在上述的后苏格拉底哲学阶段,哲学的目标首先在于灵魂的精神提升,方法是精神的沉思与修习,而新柏拉图主义者受《迦勒底神谕》影响,认为精神提升只有借助通神仪礼与神本身进行沟通,方可实现。新柏拉图主义哲学家希望成为通神师,原因是他们希望学会使用众神启示给某些人的种种符号和仪礼,以便与神进行连接,或者目睹神的现身。甚至灵魂的净化,也

① 参 P. Hadot,《波菲利与维克多里努斯》,t. Ⅰ,p. 482 – 485 及 p. 95 – 98。

② 同上,p. 95 – 98。

就是灵魂与身体之"哲学的"分离，作为新柏拉图主义的典型精神修习，也采用了仪礼的形式。普罗克鲁斯的传记作者马里努斯（Marinus）告诉我们①，普罗克鲁斯为实现灵魂净化，不分日夜践行净体礼，以及其他俄耳甫斯、迦勒底文献所规定的全部净化礼。可见，哲学确实留下了一种生活方式，一种精神提升方法。不过，与他们的前辈所不同的是，新柏拉图主义者不相信通过自己的努力能够达到精神生活的制高点②。要达到精神生活的制高点，需要神的援手、神的目光，而这可由神在《神谕》中所定下的那些方式而得到。"理论哲学"无力实现与神的连接③。若无圣事生活，即无精神生活④。我们一笔带过的这种精神生活观念，与基督教主义的精神生活观念非常类似。因此，我们在这段希腊哲学史上遭遇了一种全新的哲学观念：哲学成了宗教，哲学论说在其中逐渐 47 沦为启示神学和通神术的婢女。

对新柏拉图主义者而言，《迦勒底神谕》是一种既定启示：它们是神所作的回答，不过不像传统神谕那样是关于人类事务的，而是关于神的事情。"用一种神灵启示的方式，""按神的直接运动"来写作，"它们启示关于神的真理本身⑤。"它们是"*theoparadotos theologia*⑥"，

---

① Marinus，《普罗克鲁斯生平》（*Vita Procli.*），18，p.160，32 - 36 Boissonade。

② 在杨布里科斯之后的新柏拉图主义者看，原因或许是，灵魂的原初堕落，使它丧失了同神的原初连接，参 Proclus，《〈蒂迈欧〉评注》，Ⅲ，p.333，及其以下 Diehl。

③ Jamblique，《论秘仪》（*De mysteriis*），Ⅱ，11，p.96，15 des Places。

④ 关于通神术的 *ex opere operato*，参 Jamblique，《论秘仪》，Ⅱ，11，p.97，4 des Places："如果我们不进行思想，那些标记（*sunthemata*）自身，并且只由它们自身，便进行它们的专门工作，发挥难以形容的神力；这些标记，它们由自身即可辨认哪些是自身所独有的复制品，而无需由我们的思想活动来加以唤醒。"

⑤ Proclus，《柏拉图神学》（*Théol. plat.*），Ⅰ，4，p.20，13 - 14 Saffrey-Westerink。

⑥ Marinus，《普罗克鲁斯生平》，§ 26，p.164，11 Boissonade；Proclus，《〈蒂迈欧〉评注》，Ⅰ，pp.318，22 及 408，12 Diehl。

亦即"由神所启示的神学"。在这种启示中,神用断然的方式言
说①,就是说,不用神话、象征、形象的手法,而是明确地报告神圣
世界的现实,以及成就这些现实所需要的仪礼。

出于这个原因,普罗克鲁斯在对神学的论述方式或文学种类
进行划分时,把神谕放到了不加掩饰地表达这一类。在他看,谈论
神的方式或是暗示的(*di'endeixeôs*),或是直接的(*aparakaluptôs*):

> 那些用暗示语言谈论神圣事物的人,要么采取象征和神
> 话的方式,要么利用形象(*eikones*);而在那些不加掩饰地报告
> 他们思想的人当中,有的采取科学的方式组织他们的论说,有
> 的采取神的灵感方式。

> 以象征手法揭示神圣事物的论述方式,属于俄耳甫斯以
> 及那些专门写作"有关神的传说"(théomythies)的人。

> 利用形象的方式,属于毕达哥拉斯,因为数学科学是由毕
> 达哥拉斯主义者为忆起神圣原理而创造的,通过科学的亦即
> 形象的方式,他们竭力攀登那些神圣事物,因此他们致力于神
> 一般的数和几何图形。[……]

48
> 以神的灵感展现关于神的真理本身的方式的人,很显然
> 属于最高级别的传授者;他们认为不应当躲在某些面具之后
> 来对门徒陈述神的秩序以及该秩序的特性,而应在神自身的
> 鼓动下,明确透露神自身之内的权能和数目。

> 最后,科学的论述方式则专属于柏拉图。因为在我看来,

---

① Proclus,《柏拉图神学》,Ⅰ,2,p.9,24 Saffrey-Westerink,这段本文与我们在下
面的注释中所引Ⅰ,4,p.20,6-25类似,有助于我们在 *apophantikôteron* 中了解谈论《迦
勒底神谕》众神的方式。

我们所知道的那些人中,唯有柏拉图系统地分析了神圣种类的常规进程,他们彼此的差异,整个等级的共同特性,以及各自独有的特性,并将这些分门别类①。

这四种论述方式同时也是神学的四种源头和四种启示,但在周密考虑的注释家看,却只有一种,因为它们其实是神本身通过四种言辞来说同一种东西。

因此第一种方式为俄耳甫斯作品之方式,以及更一般地说,为关于神之神话的言辞方式。此种方式是由神所启发和启示的。诚然,新柏拉图主义者似乎从未把他们用来形容《迦勒底神谕》的 *theoparadotos*② 一词用在俄耳甫斯文献上。但普罗克鲁斯认为,俄耳甫斯接受了母亲卡利俄帕这位缪斯女神的启示③。此外,在普罗克鲁斯这里,与俄耳甫斯作品并列的 *theomuthia* 即包括所有的神话言辞,荷马的也在内,它代表着我们所说的这些古老传统,并见证神对人所作的原初启示。此种启示以象征方式来进行,例如在俄耳甫斯的文献中有原始卵④、法那斯的动物头⑤,要从神学上

---

①　Proclus,《柏拉图神学》,Ⅰ,4,p.20,1－25 Saffrey-Westerink。(中译文借鉴了普洛克罗:《柏拉图的神学》,石敏敏译,中国社会科学出版社,2007 年,第 11 页,少数词句按法文作了改动。——译注)

②　在关于《迦勒底神谕》与杨布里科斯《论神仪》的大作的一条注释中,F. W. Cremer 说(《〈迦勒底神谕〉与杨布里科斯的〈论神仪〉》[*Die chaldaïschen Orakel und Jamblich De mysteriis*],Meisenheim am Glan,1969,p.10,n.22),达玛修斯(Damascius)把俄耳甫斯文献称为"神所启示的智慧"(Damascius,《论原理》[*De Princ.*],t.Ⅱ,p.177,21 Ruelle)。但其实,涉及《迦勒底神谕》的短语是在第 22 行(= *Oracle* n°8 *des Places*),并且其用意乃在于用《迦勒底神谕》反对俄耳甫斯文献。

③　Proclus,《〈蒂迈欧〉评注》,Ⅲ,p.168,14 Diehl。

④　Proclus,《〈蒂迈欧〉评注》,Ⅰ,p.427,25 Diehl。

⑤　Proclus,《〈蒂迈欧〉评注》,Ⅰ,p.427,24。

49　对之有所理解，必须寓意解释①，荷马、赫西尔德也同样需要寓意解释。

　　第二种论述方式，即毕达哥拉斯的"形象"（*eikones*）。数和几何图形为形象，因为它们在理智（*dianoia*）层面模仿了理智模型②。在对欧几里得卷一的评注序言中，普罗克鲁斯通过解释数学对神学的用途，明确指出"毕达哥拉斯的哲学藏在'这些面具'之后③"，即在数和几何图形之后，在神圣教理的奥义传授之后，"因为整部《神圣论说》（*Discours Sacré*）、以及费洛劳斯（Philolaos）在《巴克斯》（*Bacchai*）中所说，就是毕达哥拉斯关于神的教学方法④。"波菲利在《毕达哥拉斯生平》（*Vie de Pythagore*）中写道："毕达哥拉斯主义者终不能以言辞解释非物质型式（les formes immatérielles）和最初原则，故不得已选择数作表现⑤。"归于杨布里科斯名下的著作《算数神学》（*Theologoumena arithmeticae*）即建立在数与神相对应之基础上，该书对数的神学含义作了诠释。

　　毕达哥拉斯的这种神学论述方式也是由神所启发和启示的。普罗克鲁斯转述了杨布里科斯在《毕达哥拉斯生平》中论述毕达哥拉斯的话：

　　　　若想知道这些毕达哥拉斯主义者是从哪里继承来这般虔诚的，那不能不说，毕达哥拉斯主义的数的神学，其模型显然

---

　　①　最早对一首俄耳甫斯诗进行寓意解释的，可追溯至公元前4世纪，见德尔维尼莎草纸文献。

　　②　参 Proclus，《欧几里得〈几何原理〉评注》（*In Eucl.*），p. 11, 5 及其以下 Friedlein。

　　③　Proclus，《欧几里得〈几何原理〉评注》，p. 22, 11 及其以下 Friedlein。

　　④　Proclus，《欧几里得〈几何原理〉评注》，p. 22, 14-16。

　　⑤　Porphyre，《毕达哥拉斯生平》（*Vie de Pythagore*），49，p. 59, 19 及其以下 des Places。

是在俄耳甫斯中。因此,毫无疑问,毕达哥拉斯乃是通过继承俄耳甫斯传统而创造他们的关于神的论说的,并由此称之为《神圣论说》(*Hieros logos*)[……]。他确实说:"我,毕达哥拉斯,涅萨尔科之子,这便是我所了解到的关于神的事情,当我在色雷斯的利贝忒瑞斯接受奥义传授时,阿戈劳法莫斯(Aglaophamos)给我启示了奥秘,说的是,卡利沃贝之子俄耳甫斯在潘热山峰接受了母亲的教导,从而宣称,数的永恒本质乃是一切苍穹、大地及存在于它们之中的自然之智慧原则,而且还是神圣事物、众神、及精灵之根。"由此可见,他继承了俄耳甫斯的理念:神的本质乃是由数来界定的①。

50

这种理念亦见于杨布里科斯名下的著作《算数神学》:"毕达哥拉斯主义者跟着俄耳甫斯命名所有六的组合[作为成分之整合]"或"俄耳甫斯和毕达哥拉斯命名九的组合[作为成分之整合]②。"

第三种神学论述方式为柏拉图的辩证法,如普罗克鲁斯在《〈巴门尼德〉评注》中所云,它采用了诸如一、存在、整体、部分、同、异、相似、不相似等术语,这是"一些辩证法所惯用的习语,为

---

①　Jamblique,《毕达哥拉斯生平》,§ 145 - 147。关于毕达哥拉斯与俄耳甫斯的关系,参 W. Burkert,《智慧与科学:毕达哥拉斯、费洛劳斯、柏拉图研究》(*Weisheit und Wissenschaft. Studien zu Pythagoras, Philolaos und Platon*),Nuremberg,1962,p. 103 及其以下,[英译:《古毕达哥拉斯学派中的学识与科学》(*Lore and Science in Ancient Pythagoreanism*),1972,p. 125 - 132。];亦参 F. Graf,《古希腊时期雅典的厄流西斯与俄耳甫斯诗歌》(*Eleusis und die orphische Dichtung Athens in vorhellenistischer Zeit*),Berlin,1974,p. 92 -94,及 H. -D. Saffrey-L. G. Westerink,《普罗克鲁斯及柏拉图神学》(*Proclus, Théologie platonicienne*),livre Ⅰ,p. 138 - 139。

②　[Jamblique],《算术神学》(*Theologoumena arithmeticae*),pp. 48,7 及 78,7 de Falco.

的是表达神圣的事物①"，柏拉图尤其在《巴门尼德》中用了它们。尽管这种方式是科学的和哲学的，但也仍然是由神所启发的。首先，柏拉图的哲学是 *entheos*②，是神圣的灵感。其次，柏拉图的哲学身处俄耳甫斯传统：

> 希腊的一切神学皆是俄耳甫斯秘传之女：先是毕达哥拉斯跟阿戈劳法莫斯学习了有关神的奥秘，接下来是柏拉图从毕达哥拉斯和俄耳甫斯的文字中继承了关于神的完美科学③。

于是在神学底部，有一条启示之流的历史。首先是俄耳甫斯主义中的神秘象征形式，其说话对象为想象；其次是毕达哥拉斯主义的数学形象形式，其说话对象为推论理性；再次是柏拉图主义的辩证法的种（genres）和观念（notions）形式，其说话对象为理性。

第四种神学论述的方式，即《迦勒底神谕》的方式，说的是，在《神谕》中进行言说的诸神，他们不加任何掩饰而启示关于自身的真理。《神谕》事实上所采用的是断言形式，没有论证，没有象征，这些断言与圣父（Père）、理性（Intellect）、意愿（Volonté）、灵魂（Âme）相关，还与统治世界的诸神的等级制度相关：转换（iynges）、持存（assembleurs）、完成（télétarques）、宇宙发动（meneurs du monde）、不可抗拒（implacables）、归源（sources）。因此，注释家既不能针对《神谕》使用寓意之法，也不能使用数学之法、辩证之法，

51

---

① 　Proclus，《〈巴门尼德〉评注》，col. 646，32 – 647，1 Cousin。
② 　Proclus，《柏拉图神学》，Ⅰ，2，p. 8，22 Saffrey-Westerink。
③ 　Proclus，《柏拉图神学》），Ⅰ，5，p. 25，26 及其以下 Saffrey-Westerink。

而只能把其中的断言与对应的俄耳甫斯主义、柏拉图主义、毕达哥拉斯主义观念相比较,进而作出解释。

从一般意义上说,新柏拉图主义神学的任务乃在于,证明俄耳甫斯启示——含毕达哥拉斯及柏拉图的教义——与迦勒底启示之间的一致性(*sumphonia*)①。这种一致性是不言而喻的,因为在这两种启示中进行言说的都是神,而神不会自相矛盾。他们不过是以不同形式——象征的、数学的、辩证的、断然的——来言说同样的事情。因此,新柏拉图主义者将尽最大努力而对所有这些既定启示加以系统化:神话、俄耳甫斯主义、毕达哥拉斯主义、柏拉图主义(已和亚里士多德主义一起被系统化)、迦勒底主义。于是,新柏拉图主义的注释方法能在任何文献中——神话的、迦勒底的、哲学的(哪怕是前苏格拉底的)——找出柏拉图主义,而且反过来,通过一种几乎不可思议的、难以置信的努力,也能在例如柏拉图《巴门尼德》的辩证论证的每一环节,找出《迦勒底神谕》的诸神等级。

发端于注释哲学前一阶段的系统化倾向,此时达到了极致。不但分散于柏拉图不同对话中的不同观念被勉力安排在同一个等级系统中,并且俄耳甫斯的、迦勒底的观念也将依次整合进这个柏拉图体系内②,从而失去了它们在原来的语境中所可能有的意义。　52

从本研究的框架出发,可对注释所带来的危险、迷惑、害处或好处进行反思。就是说,不仅考虑新柏拉图主义者的注释对待文

---

① 参 *Suda*(t. Ⅳ, p. 479, 1 - 2, Adler),它赋予了普罗克鲁斯的老师西里亚努斯(Syrianus),与俄耳甫斯、毕达哥拉斯、柏拉图、迦勒底神谕之间以一致性。见 H. -D. Saffrey-L. G. Westerink,《普罗克鲁斯及柏拉图神学》,livre Ⅰ, p. 138(n. 2 de la p. 25)。

② 在《迦勒底神谕与通神术》p. 481 - 485,作者 H. Lewy 依据普罗克鲁斯的看法,制作了一份表格,以示柏拉图神学体系、俄耳甫斯神学体系、迦勒底神谕神学体系之间的对应关系。

本的暴力,而且还要考虑某些基督教的注释者,或者某些当代的诠释学追随者施于文本的暴力,我们想起了柏拉图在《斐德若》中对文字之书的命运的忧伤描述:勉强写下的文字,它将"无处不传①",遭遇所有可能的解释,无力为自己辩护,因为它没法回答人们给它提的问题:

　　[柏拉图说:]自以为留下文字就留下科学的人,以及接受了这文字便以为它是确凿可靠的人,都太幼稚了②。

---

①　Platon,《斐德若》,275 e。

②　Platon,《斐德若》,275 c。(中译文参考过朱光潜先生的《柏拉图文艺对话集》,商务印书馆,2013 年,第 157 页,词句有改动。——译注)

II
术语问题

4

希腊哲学传统中的"*pragma*"的多重意义 *

在希腊语辞典中,*pragma* 这一词条很长,往往释义为:若为单数, ⁶¹则指行为的结果、行为本身、事务(尤指法律意义上的)、讨论的主题、具体事实;若为复数,则指情况、政事、烦扰和麻烦。但是,在哲学文献中,*pragma* 这个词经常具有一些非常精确的技术性质的含义,对这些意义,辞典未能顾及。而译者一旦碰到这类困难,往往求助于"事物"(chose)或"事实"(fait),以这两个词的概括性和模糊性来掩盖他们的困难。本研究想要盘点 *pragma* 这个词所具有的一些技术性含义,进而管窥这个词所置身于其中的修辞学背景和哲学背景。

I. *Pragma* = 人们所谈论的东西,讨论中的问题   62

辞典注明了这种含义,但阅读哲学文献的读者未必能辨识出。

---

* 发表于:《古代思想中的概念与范畴》(*Concepts et catégories dans la pensée antique*),sous la direction de Pierre Aubenque,Paris,Éditions Vrin,1980,p. 309 - 320。

首先得明确，这种含义最初是用在法律和修辞上的。*Pragma* 所指的"事实"（fait）必定是经由诉讼所判定的。这种有别于修辞技艺的诉讼，它对应着如下可能的问题。有这回事吗（= *an sit*）？怎样确定这一事实（= *quid sit*）？这一事实的法律性质如何（= *quale sit*）？如此，"事实"（fait）便与指称事实的"名称"（nom）相对照，与揭示事实的"迹象"（signes）相对照，与陈述事实的"论说"（discours）相对照①。不过，法律视野下的这种 *pragma*，它并不是与思想和话语全然无干的天然事实。恰好相反，既然它是提交讨论的，既然它是人们所商讨的问题，它必定是"在论说中的"。因而这"事实"就是"人们所谈论的东西"，是"讨论中的问题"。

这层意思在亚里士多德《修辞学》（Ⅲ，14，1415 b 4）中体现得很明显："必须注意，所有这一切［引言中的］考虑均与论说（*logos*）无关。因为它只是用来对付低素质的听众的，这些听众的耳朵只爱听论题（*pragma*）之外的东西；如果听众素质不低，引言也就用不着，除非为了把所要讨论的主题（*pragma*）扼要地介绍一下。"这段话里，*logos* 与 *pragma* 是并列加以使用的：与论说无关的也就与论题无关。

其他著作也可见这层意思。第欧根尼·拉尔修《名哲言行录》（Ⅸ，51）的一段话告诉我们，普罗泰戈拉最先主张，"对于每一 *pragma*，都有着两种自相矛盾的说法。"*Pragma* 指讨论的"主题"、"疑难"、"问题"。同样，在《形而上学》（Ⅰ，3，984 a 17）中，当亚里士多德谈到前苏格拉底哲学家把质料看作唯一的原因时，他评价道，这个 *pragma* 本身把他们引向了更精深的探究，即该疑难或

---

① 有关修辞学文献的参考资料，见 H. Lausberg，《文学修辞手册》（*Handbuch der literarischen Rhetorik*），Munich，1960，§ § 79－139。尤见 Hermogène，*De statibus*，载 *Rhetores graeci*，t. Ⅵ，Teubner，1913，p. 36，10。

该问题所牵扯的全部问题。依然是同一角度，*pragma* 所指为科学的对象，即科学所探讨的东西，科学对自身所提的问题（《形而上学》，XⅡ，9，1075 a 1）：“科学，在某些情况下，难道不就是与它自己的 *pragma* 相混同的么？”

Ⅱ. *Pragma* = 意义，“与 *onoma* 和 *lexis* 相对”

上面我们看到，*pragma* 表示一种概括性很强的“人们所谈论的东西”，如主题、疑难或问题。但这个词还有一种非常狭义的含义，仅能以一单词或熟语示之，即“意义”（sens）。

Pragma 与 *onoma* 的对立，即“意义”与“名称”的对立，这在亚里士多德处很明显。尤见于《辩谬篇》，如 175 a 8：“对诡辩的研究有助于我们明白，每个术语是在多少种含义上使用的，其意义（*pragma*）与名称（*onoma*）这二者间有何异同。”又（177 a 31）：人们在论证中必定说，“对方并没有否认掉意义（*pragma*），而只是否认了名称（*onoma*）。”同样意思也见于《论题篇》（*Topiques*）（Ⅰ，18，108 a 21）：“考察每个术语是在多少种含义上使用的，这对于澄清起点，确保关于意义（*pragma*）本身的推论而非词语的推论，都是有作用的。”*Pragma* 在这里指词语的精准意义，谈话者必须对此意义达成一致意见，以免玩弄文字游戏。在我刚才所引述的三种场合，人们可能会把 *pragma* 译为“事物（chose）”（即众所周知的语词与事物之分），但我们必须注意，在这种语境中，“事物”实际是指“意义”（sens），是指语词所力求表达的观念。

于是我们便理解，当亚里士多德在《辩谬篇》（165 a 6 - 16）指　64
出，在论辩中，我们不可能把“事物本身”（choses elles-mêmes）给出来，而只能给出它们的名称，这些名称乃是一些符号。这并不代表亚里士多德主张另有一些完全超验的、不依赖于语言的"事物"、"自在的事物",而是指语词所表达的"意义"。关于这一点,维兰德(W. Wieland)①和杜林(I. Düring)②尤为强调。

　　Pragma 与 *onoma* 之对立,这在整个希腊哲学传统中皆可见。所以亚历山大里亚的斐洛③,其所作注释之要旨便在于揭示那些同名异义的术语,即辨别隐藏在同一词语之后的不同意义(*pragmata*),正如他自己在《论更名》(*De mutatione nominum*, § 201)所说:"为数不少的人都被这些同名异义的词所具有的不同意义(*pragmata*)弄糊涂了。"又如在《论基路伯》(*De Cherubim*, § 129)中:"对那些不能识别意义(*pragmata*)的人,要引导他们重新学习,就像对无知者;而一旦碰到有辩论癖的人,就赶快逃之夭夭,因为他们经常在争辩中改变词义(*sêmainomena*)。"优秀的注释者懂得区分意义。如果有人不理解,例如,"lot"(份额、命运)这个词也可以表示完全与凡间的所有物不同的那些实存,这是因为"他尚未以一种笃信的情感而从事对意义(*pragmata*)的注释(*theôria*)④"(《论种植》[*De plantatione*], § 71)。

---

　　① W. Wieland,《亚里士多德〈物理学〉》(*Die aristotelische Physik*), Göttingen, 1962, p. 159: «Die Sache selbst(*auto to pragma*, z. B. *Top*., Ⅰ, 18, 108 a 21) ist immer nur etwas, worum es in der Rede geht, was verschiedenen Ausdrucksformen (*onomasi*) als Gemeintes zugrunde liegt». 同参 p. 170 及 p. 196。W. Wieland 有理由坚信 *pragma* 一词源自修辞学。

　　② I. Düring,《亚里士多德》(*Aristoteles*), Heidelberg, 1966, p. 86, n. 245: «*auto to pragma* bedeutet natürlich weder "das Ding an sich", noch die Idee im Sinne Platons, noch "das konkrete Ding", sondern die Frage, das Sachverhältnis selbst».

　　③ 斐洛的译文借自 Éditions du Cerf 的集子,但大多作了修改,因为不同译者对 *pragma* 的译法不同。

　　④ 其他例子如,《论耕作》(*De agricultura*), § 2:"摩西,他对意义(*pragmata*)的科学很在行,用词往往确切而有表达力。"《论梦》(*De somniis*), Ⅰ, § 65:"同一个词可能会包含两种不同意义。"

斐洛于是轻而易举地从作为意义的 *pragma* 转到了作为精神观念的 *pragma*,这作为精神概念的 *pragma* 乃是产生意义的:"语言最重要的是把我们心中的观念(*pragmata*)以清晰、明白的方式传达给其他人;因为我们无法用外部事物(*ta ekta*)来表明在我们灵魂中所发生的状况[……]所以我们不得不求助于语音符号。"(《寓意解经》[*Legum allegoriae*],Ⅲ,§ 120)又:"自然赋予女人子宫,以作生产生命之用;同样,自然也给灵魂规定了一种能力产 65 生观念(*pragmata*)之能力。这一切均端赖于自然有受孕、诞生、分娩之理性(*dianoia*)"(《论亚伯的牺牲》[*De sacrificio Abelis*],§ 102)。

在修辞学传统中亦有 *pragma-onoma* 对立的著例。我们仅需指出古代晚期的评注者的用法足矣。他们把 *pragma*(意义)与 *lex-is*(字词)对立起来。例如,辛普里丘(Simplicius)把字词(*lexis*)的形式与意义(*pragma*)对立起来,他认为有些动词的形式是被动的,而意义却可能是主动的(〈范畴篇〉评注[*In Categ.*],p. 312,28 Kalbfleisch)。

此外,从个别词的意义可以过度到整个文本的普遍意义。因此普罗克鲁斯区分了意义的普遍解释(*pragma*)和词组或单字的解释(*lexis*)①。

Ⅲ. *Pragma* = 概念/项词,"与命题相对"

我们接下来所研究的 *pragma* 的用法,不再是它的语音所表达

---

① 参 A. -J. Festugière,《普罗克鲁斯作评注的构思方式》(Modes de composition des Commentaires de Proclus),载 *Museum Helveticum*,t. 20,1963,p. 77 - 100,尤其 p. 85。

出的意义,而是我们称之为概念—项词的东西,即项词乃是作为概念加以使用的,而对概念的理解又赖于项词的表达。此情况下,*pragma* 指的是命题的项词:主项或谓项,与命题本身或者动词"是"相对。

这类用法的一个著例见于亚里士多德《解释篇》(17 a 38):"在那些 *pragmata* 中,有些是普遍的,有些是特殊的。"这里的 *pragma* 显然不可能是指实际的东西,因为在亚里士多德看来,凡实际的东西都是个别性的。在这里,凡所谓普遍或特殊,只可能是相应的概念或项词。

同样,在《范畴篇》(12 b 5 – 15),针对矛盾命题,亚里士多德把 *logos* 与 *pragma* 作为命题与概念/项词对立起来:"断言肯定或否定,其实都不是肯定或否定本身,因为'肯定'只是一种肯定性的论说(*logos*),'否定'也只是一种否定性的论说(*logos*);而真正构成肯定或否定本身的并不是论说(*logos*)。不过,断言的肯定与断言的否定二者是相互对立的,如同肯定本身与否定本身二者相互对立[……];实际上,肯定本身与否定本身相互对立,断言的肯定与断言的否定也相互对立,这两种对立并无不同。如'他是坐着的-他不是坐着的'之状态,与我们用来断言他'是坐着-不是坐着'之 *pragma*,并无不同。"对亚里士多德而言,在肯定与否定之间,就仅有一种专门意义上的对立,这就是肯定命题与否定命题之间的对立。原则上,在"没有连接词"的观念之间,也就是在那些充当命题的主项或谓项的概念本身之间,是不存在对立的。不过,若有必要,我们还是可以说,被断言为肯定或否定的 *pragma*,即"是坐着的"这一观念是可以接受一个矛盾的对立面的,只需给它加上一个否定词。我们看到,亚里士多德在此处对比了直陈式与不定式。直陈式"他是坐着的"(il est assis)暗含有词项的连接:

"他"(il)和"是坐着的"(est assis);而不定式可以说是对直陈式进行名词化而得到概念内涵的,这样的概念内涵能接受一个矛盾的对立面,只需给它加上一个否定词。不过这种否定词与否定命题并不是一回事,因为不定式是没有主项的,如"是坐着的"(être assis)。因此我们在此处可以把 *pragma* 译为"词项"(terme)或者"概念"(concept),正像阿梅朗(O. Hamelin)的做法一样①。

在《解释篇》21 b 28 处,当谈到"白人存在"这个命题时②,亚里士多德把他所称 *prosthesis*(述词)的动词"存在"(être),与作为 *hupokeimena pragmata* 的"人"及"白"对立起来。我们可以把它译为"主体词项"(termes sujets)。

Ⅳ. *Pragma* = 斯多亚派的"*lekton*"

斯多亚派的 *lekton*,即话语中"所说出的"(ce qui est dit)。它不是实际的东西本身,不是我们心灵所构造的观念,不是我们用来表达这些观念的字词或句子,而是表达所具有的意指内容。

关于斯多亚派 *lekton* 与 *pragma* 之等同③,人们很早就认识到了④。不过在这里回顾一下它的主要线索还是有必要的。我们先

---

① O. Hamelin,《亚里士多德的体系》(*Le systèm d'Aristotle*),Paris,1931,p. 140:"肯定性论说(*discours*)中的词项(*termes*)或事物,与否定性论说中的词项或事物,唯有通过派生才会有对立,也就是我们可以在其中断言肯定与否定的概念之间的对立。"

② 只要对照《解释篇》21 b 4 处,我们就必须如此组织亚里士多德所说的命题:"树林是非白人。"*hupokeimena pragmata*,这一词组更进一步证明了我们这种解释。

③ H. Steinthal,《语言学史》(*Geschichte der Sprachwissenschaft*),Berlin,1890,t. Ⅰ,p. 288。

④ 参 H. Von Arnim,《斯多亚文献残篇》(*SVF*),t. Ⅱ,p. 38,n. 1(*SVF* 是 *Stoicorum Veterum Fragmenta* 的缩写。——译注);p. 50,n. 11。B. Mates,《斯多亚的逻辑学》(*Stoic Logic*),Berkeley,1961,p. 11,p. 12,n. 8(它援引了 H. Steinthal,《语言学史》,Berlin,1890,t. Ⅰ,p. 288),p. 28,n. 8。

对比奥卢斯-该留斯与第欧根尼·拉尔修的定义。奥卢斯-该留斯："命题就是一个完整的 *lekton*，仅凭其自身就能断定其真假。"（《阿提卡之夜》，ⅩⅥ，8，1；《斯多亚文献残篇》，t. Ⅱ，194）第欧根尼·拉尔修："命题就是一个完整的 *pragma*，仅凭其自身就能断定其真假。"（《名哲言行录》，Ⅶ，65；《斯多亚文献残篇》，t. Ⅱ，193）

类似之等同在其他斯多亚派的文本中也可见到，例如（《名哲言行录》，Ⅶ，64；《斯多亚文献残篇》，t. Ⅱ，183），谓项被相继定义为"与某事物相一致的 *pragma*"，或"与某种直接情况不完全一致的 *lekton*"。在对非判断性的、不是真正的命题的 *lekta* 进行全面定义时，我们同样可看到 *pragma* 的这种使用，即用以表示质询、命令、宣誓、疑问①。

在第欧根尼·拉尔修为斯多亚派的逻辑学进行理论划分时，*pragma* 一词一直是以这种意义出现的（《名哲言行录》，Ⅶ，63）。他把斯多亚派的逻辑理论区分为语音（*phônê*）、命题（*axiômata*）、论证（*logoi*）三种理论。而为描述命题（*axiômata*）理论，第欧根尼·拉尔修告诉我们，在对 *pragmata* 与 *sêmainomena*（意指）的探讨中，首先是完全的 *lekta*、非完全的 *lekta* 与三段论，然后是非完全的 *lekta* 与直接谓项、间接谓项。同样，在第欧根尼·拉尔修所提供的克律斯波（Chrysippe）的逻辑学作品目录中（《名哲言行录》，Ⅶ，190），逻辑学也分为三领域。第一领域涉及 *pragmata*，第二领域涉及语音（*lexeis*），第三领域涉及论证（*logoi*）。从涉及 *pragmata* 的标题上，我们又一次看到关于完全的 *lekta* 与非完全的 *lekta* 之讨论。

所以说，*pragmata* 与 *lekta*，二者之等同是确凿无疑的。但斯多亚学派又用了两个不同的词，这两个词肯定有某种意义上的差

---

① Diogène Laërce，Ⅶ，66。《斯多亚文献残篇》，t. Ⅱ，§ 186。

别,这种差别正说明术语的多义性。怎样翻译 *pragma* 呢？梅特
(B. Mates)建议译为"entity"(实体)①,里斯特(J. M. Rist)坚持译
为"thing"(事物)②,朗(A. A. Long)则更多地译为"state of af-
fairs"(事物的状态)③。凡此种种译文均不能完全切合于斯多亚
派逻辑学的 *pragma* 的用法。例如,究竟如何准确地翻译谓项的定
义:"与某事物协调的 *pragma*"？我们先前对 *pragma* 在亚里士多
德处的含义所作的研究能告诉我们准确答案。尽管如此,我们仍
然要避免用"概念"(concept)或"项词"(terme)来译解斯多亚派的
pragma,因为在斯多亚派的逻辑学中,*pragma* 可能是指完全命题。
这时,*pragma* 译为"意义"(sens)较为合适。我们还要避免用"所
指"(signifié)来译解斯多亚派的 *pragma*,因为他们在 *pragma* 和 *le-
kta* 的概念群中用了另一个词 *sêmainomenon*。鉴于斯多亚派词汇
的技术性,也许可以把它冒昧地译为"意义之统一体"(unité de
sens),它既适合命题——这是一个完整的意义统一体;也适合谓
项——这是非完整的意义统一体(它与其他东西一致)。而在某
些情况下,我们仅译之为"意义"即可,如在巴比洛的第欧根尼
(Diogène de Babylone)的文献中有:"声音(*phônê*)有别于语音
(*lexis*),因为噪音也是声音,而只有说话才算语音。语音有别于论
说,因为论说都是有所指的,它不可能无所指,而语音却可以是无
所指的,如 *blituri* 一词。必须区分'说话'与'发音',因为声音是
发出的,而意义(*pragmata*)则是说出的,意义存在于'所说'(*lek-*　　69

---

①　B. Mates,《斯多亚的逻辑学》,p. 11,n. 3。

②　J. M. Rist,《范畴及其使用》(Categories and its Uses),载《斯多亚主义诸问题》
(*Problems in Stoicism*),ed. by A. A. Long,Londres,1971,p. 56,n. 11。

③　A. A. Long,《斯多亚主义的语言与思想》(Langue and Thought in Stoicism),载
同一集子,p. 107,n. 10。

ta）之中。"（《斯多亚文献残篇》，t. Ⅲ，Diog. §20）

在赫库拉农莎草纸文献（Papyrus d'Herculanum）中，有人们所公认的克律西波的残篇，我们看到 *pragma* 被用来表示命题（《斯多亚文献残篇》，t. Ⅱ，p. 108，23）。

或许，在塞克斯都·恩披里柯（Sextus Empiricus）告诉我们的外部对象（l'objet extérieur）、能指（signifant）、所指（signifié）这三者的著名区分中①，也必须译 *pragma* 为"意义"（sens）："能指是文字的语音，如'迪翁'；所指（signifié）是文字所揭示的意义本身（*pragma*），这种意义只存在于我们的思想中，只有我们能理解，蛮族人就不能理解，尽管他们也能听到该文字的语音；最后乃是实存（ce qui est），即外部对象，如迪翁本人。在上述三者中，有二者是有形的，即语音与外部存在；一者是无形的，即所指的意义（*pragma*），或者说是有可能真也有可能假的言语内容（*lekton*）。"（《驳理论家》[*Adv. Math.*]，Ⅷ，11；《斯多亚文献残篇》，t. Ⅱ，166）

亚历山大里亚的克莱蒙（Clément d'Alexandrie）有段话很好地总结了 *pragma* 所整合起来的整个概念结构："'embryon'这一文字符号（*onoma*），其所指（*sémainomenon*）本身并不是一种有生命的存在，毋宁说是一种无形体的东西（*asômaton*），一种言语内容（*lekton*），一种意义（*pragma*），一种概念（*noêma*），以及除有生命的东西之外的，我们所能设想的一切。"（《文集》[*Strom.*]，Ⅷ，4，13，1）

V. *Pragma* = 无形的，"与 *sôma* 相对"

在斯多亚派处，*asômaton* 与 *pragma* 这两个术语间有较为狭义

---

① 参 B. Mates，《斯多亚的逻辑学》，p. 11。

的联系,因此语法学家也用 *pragma* 来表示某种无形的实存(réalité incorporelle),相对于那些有形的实存(réalités corporelles)。公元前 2 世纪末的狄俄尼索斯(Denys de Thrace)所著《语法技艺》(*Ars grammatica*)有一例:"名称,这是一种有性数格变化的话语,既可表示有形的东西,也可表示无形的(*pragma*):有形的如'石头',无形的如'教养'(*paideia*);既可是通名,如'人'、'马',也可是专名,如'苏格拉底'。"(p. 24,3 Uhlig)这个定义一直被后来的语法学家所主张和注解①,他们把 *pragma* 界定为一种心智或观念的实存(*ennoêmatikê*),唯有精神才能感知它。在这种情况下,我们无奈地把 *pragma* 译为"无形的"(incorporel),这个译名在词源学上显然与 *pragma* 无关,但似乎也没有其他更好的译法了。有人可能会提出译为"观念"(notion),但我们不能说"教养"是观念,相对 *sôma* 来说,它是一种无形的实存。这种有形与无形之间的对立,是与斯多亚体系的一种基本结构相对应的。我们在西塞罗处可见这种对应,他并没有指涉诸如 *pragma* 或 *res* 之词:"凡我称之为'存在'的,皆是可见可触的:土壤、房子、墙壁[……]凡我称之为'非存在'的,皆是不可触不可见的,如规范、监督、抽象的人[……]即所有那些不具任何形体的东西,这是植根于心智中的,印在心智中的某种理念,我称其为观念。"(《论题篇》[*Topiques*], §§ 26 - 27)因此,在狄俄尼索斯和西塞罗处,无形的东西对应的是那些只存在于人的精神中,只有通过人的精神才能存在的实存:

①　它在 Donat 的著作中(*Grammatici latini*,t. Ⅳ,p. 355,5 Keil)译为拉丁语:«Pars orationis cum casu corpus aut rem proprie communiterve significans »;在 Dosithée 的著作中(*Grammatici latini*,t. Ⅶ,p. 389,13 Keil)也译为拉丁语:«pars orationis cum casu sine tempore significans rem corporalem aut *incorporalem* proprie communiterve.»在诸如 *Scholia marciana*(*Grammatici graeci*,*Pars prima*,t. Ⅲ,p. 360,5 及其以下)及 *Scholia dinensia*(*Grammatici graeci*,*Pars prima*,t. Ⅲ,p. 524,8 及其以下 Hilgard)等著作中有对它的评注。

艺术、知识、司法协议、法律,总之,即所有文化领域。但斯多亚派并未称诸如教养、艺术、德性等实存为"无形的"。对他们而言,这些实存,作为人的主体的"存在方式"①,本身就是一些形体。我们所谓的"无形",是不顾斯多亚派的想法,而把非存在或准存在的实存说成"无形",是扩大了"无形"这一观念的含义。这正是亚历山大里亚的斐洛(Philon d'Alexandrie)所做的事情,在他身上,斯多亚主义和柏拉图主义影响的痕迹清晰可见。

71　　　事实上,斐洛也区分了 pragmata 与 sômata,如《谁是圣事的继承者》(Quis rerum divinarum heres, § 114):"真正地讲,那些原则,有形的(sômata)和无形的(pragmata),我们都必须把它们看作神的相关物,对其进行考究。"正如阿尔勒(M. Harl)在其评注中所指出②,依下文看,sômata 对应于植物、动物,pragmata 对应于艺术、知识。《论梦》(De somniis, Ⅱ, § 134)也同样有 pragmata 与 sômata 的对立,当谈起约瑟的梦,太阳被比作苦行者,月亮被比作教养(paideia),其他星体被比作理性(logoi),而这样的理性乃出自致力于苦行及教养的灵魂:"我们领悟于这个展现智慧(phronêsis)的太阳,因为人世之太阳照耀着有形体的东西(sômata);而[精神的]太阳照耀着无形体的(pragmata)实存,这些实存只能在灵魂里才能找到。"下文表明,这些无形体的实存就是教养(paideia)和理性(logoi)。对这些实存的认识,感觉是无能为力的,只有心智才能认识它们:"视觉、听觉,以及任一其他感觉都不可能汲取到教义,因为它们根本不能理解 pragmata;造物主只赋予感觉以识别形体(sômata)的能力。"(《寓意解经》[Legum al-

---

① 《斯多亚文献残篇》,t. Ⅱ, § 848。

② M. Harl,《斐洛:〈谁是神事的继承者〉》(Philon, Qius rerum ...),Paris,Éditions du Cerf,1966,p. 330,附注 4。

legoriae]，Ⅲ，§ 50）又：“我们唯有以理性之能力方能把握 *prag-mata*，而不能由感觉；因为，由感觉，我们只能得到一些关于形体（*sômata*）的感性表象。”（《寓意解经》，Ⅲ，§ 108）

　　Pragmata 与 *sômata* 的对举在斐洛处很是常见①。我们所引几段文本已经很好地体现了斐洛对 *pragmata* 的理解，与狄俄尼索斯（Denys de Thrace）一样，他们都把 *pragmata* 理解为灵魂内部的实存：德性、艺术、知识、善行、妙理，它们只能由灵魂本身来认识，并无感觉之中介。由这些文本，我们注意到，相比于斯多亚派，他们更倾向于在存在之等级系列中，设置一个高于形体实存的领域。我在别处论述过②，新柏拉图主义如何对斯多亚主义进行一种柏拉图式的改造，尤其是，斯多亚主义的“无形”如何被提升为柏拉图主义的“无形”，本体论上的准存在（quai-existence）如何转化为理智的、超越的实存。本文的研究使我又认识到，上述转化已经在斐洛之处发生了。对于斯多亚派，*pragma* 是无形体的（如上引亚历山大里亚的克莱蒙所强调的，“除有生命的东西之外的，我们所能设想的一切。”）斐洛也用 *pragma* 之词，也有作为无形体之说，但这乃是在柏拉图式之视野中而言的。于是 *pragma* 成了一种实在的实存，甚至比形体还实在，按柏拉图在《会饮》（210c-d）中所阐述的阶梯：从美的形体上升到美的话语、美的操持、美的知识。同理，“*ti*”，即“某物”（quelque chose），对于斯多亚派而言，乃是最为不定的抽象，因为它是存在与非存在所共有的最高种。在斐洛

──────────

　　① De opificio，§ 150；Quod deterius，§ § 68 及 67；De ebrietate，§ 167；De fuga，§ 153；Quis rerum，§ § 1，72，130，143，161，235，242，312；De mutatione，§ § 60，173，179；De somniis，Ⅱ，§ 101；De special. legibus，Ⅱ，§ 249；Quod deus sit immutabilis，§ 45。

　　② P. Hadot，《波菲利与维克多里努斯》，Paris，1968，t. Ⅰ，p. 485－490。

处,这个"*ti*"是以柏拉图式的含义来加以诠释的。最高种于是成了最高的实存,成了最充实的存在:这就是神自身(《寓意解经》,Ⅱ,§ 86)。我最近研究了新柏拉图主义对斯多亚的"*ti*"所作的类比性诠释①。须注意,这种诠释在亚历山大里亚的斐洛之处已然有了雏形。从斯多亚的"无形"过度到柏拉图主义的"无形",始于公元前 1 世纪。

VI. *Pragma* = 超验的实存

在斐洛处,*pragmata* 是寓于灵魂内部的一些无形的实存。到古代晚期,*pragmata* 所表示的实存便不再是灵魂内部的,而是神的、超验的。在其他基督教作者手里,我们也能看到此一用法,例 73 如在拿先斯的格列高利(Grégoire de Nazianze)著作中②。我不认为这种用法是对斐洛与 *sôma* 相应的用法所进行的扩展和偏离。以柏拉图式的思维看,神的实存与世俗的实存不全吻合,乃是非常自然的。例如,在柏拉图的《斐多》66 d 处,对 *pragmata* 的使用就表明了所有的这一切关联:"我们必须以灵魂来观照 *pragmata* 自身。"对柏拉图主义者而言,这些 *pragmata* 只可能是神的实存、超验的实存。这种用法频见于普罗克鲁斯(Proclus)对柏拉图对话的评注中,如《〈蒂迈欧〉评注》(*Commentaire sur le Timée*)(t. Ⅰ,p. 71,27 Diehl),当谈及对话的某人物含义时,普罗克鲁斯写道:"至于我们,我们把它排在这个位置[第三个德穆革的位置],这是为了那些人物能与那些较高的实存(*pragmata*)一一对应。"这种把人

---

① 同上,p. 175。

② 参 Plagnieux,《神学家圣拿先斯的格列高利》(*Saint Grégoire de Nazianze théologien*),Paris,1951,p. 146。

的东西与 *pragmata*，即与超验的实存作类比，在普罗克鲁斯的释义中很是常见①。但如同费斯蒂吉埃（A. -J. Festugière）所指出②，我们不能把这种用法与另一种用法相混，我们在其他地方已作了证明和暗示，在那种用法下，*pragmata* 表示本文的整体含义，与作为本文字面含义的 *lexis* 相对。例如，在《〈蒂迈欧〉评注》（*Commentaire sur le Timée*）（t. Ⅲ, p. 107, 31 - 108, 6 Diehl）中，普罗克鲁斯把局限于本文 *lexis* 的人们，与"考虑本文 *pragmata* 的人们"对立起来。而在我们当前的讨论中，*pragmata* 不可能是指文本的"意义"，因为普罗克鲁斯在后文中明确地拒绝了这类注释家（其中大概就有杨布里科斯）的诠释，他"喜欢考虑 *pragmata*"，他更愿取其师西里亚努斯（Syrianus）所作的诠释。那些"考虑 *pragmata* 的人们"，通过寻觅超验实存、神圣实存所留下的踪迹，致力于理解柏拉图的本文，尽管他们也有可能弄错本文的深层含义。

我们研究了 *pragma* 在希腊哲学语境中的六种不同用法，这些 74 用法通常是紧密联系在一起的。从"人们所谈论的东西"，很自然就过度到"意义"，过度到"概念内涵"，过度到"意义之统一体"，过度到"无形的"。在所有这些含义中，*pragma* 又紧密地同论说与思想联系着，因而，把 *pragma* 译为"事物"（chose）是很不妥当的，因为我们习惯于把"事物"理解为语言之外的、独立的、与思想和论说无干的实存，其实，*pragma* 却常常包含着一种与论说和思想的关系。或许，我们得彻底修正传统的"事物"观念。愿本研究能对哲学传统中最为混杂，也最为核心的观念的反思尽一点绵薄之力。

---

① 见 A. -J. Festugière，《普罗克鲁斯：〈蒂迈欧〉评注》（*Proclus, Commentaire sur le Timée*），Paris, t. Ⅰ, 1966, p. 107, n. 3 以及见 n. 2 所引文章。

② A. -J. Festugière，《普罗克鲁斯作评注的构思方式》（*Modes de composition des Commentaires de Proclus*），p. 82, n. 7, p. 94 - 98。

5

评"*phusis*"和"*nature*"的观念 *

　　布封(Buffon)曾把"自然"(*phusis*)一词的各种意义和用法归结为两端,他写道:"自然一词有两种不同意义:一是主动的、一般性的意义;如果我们只是纯粹地、简单地称呼自然,我们其实是把它当作一类理想中的存在物,进而把它当作一切恒常结果、一切现象之原因。另一种意义则是被动的、特殊的,比如我们说人的自然、动物的自然,指的是自然——第一种意义上的自然——所赋予人的、动物的总体特性,或说特性之总和①。"

　　其实,不管是独立使用还是附上所有格使用,"自然"(*phusis*)一词的意义都会有相当大的差别。本研究所探讨的只限于同 *phu-*

---

　　* 发表于:《解释学与本体论》(*Herméneutique et ontologie*)。Pierre Aubenque 的纪念文集,由 Rémi Brague 和 Jean-François Courtine 负责出版,Paris,Presses Universitaires de France,1990,p. 1 – 15。

　　① Buffon,《鸟的自然史:论鸟的自然》(*Histoire naturelle des oiseaux. Discours sur la nature des oiseaux*),大罗贝尔词典(*Le Grand Robert*)的"自然"(Nature)词条引用了它。

sis 一词的独立用法相关的某些问题①。它并不企图勘定 *phusis* 的独立用法所处的精确时代，以及与之相关的种种含义，而是通过探讨某几个确切要点，以对 *phusis* 一词的独立用法史的研究尽一分绵薄之力。

Ⅰ. *Peri phuseôs* 作为标题

人们习惯上认为，恩培多克勒的诗作，以及更一般地说，前苏格拉底的大部分作品均冠以了 *Peri phuseôs*（论自然）这一标题。但这种看法只能建立在公元前 5 世纪的文献基础上，并且这些文献只能给前苏格拉底思想标明一个大致方向，而不能精确地证明此类标题之存在。

举个例子，《论古代医学》（*De l'ancicenne médecine*）②这篇论文（其年代约为公元前 5 世纪末）抨击某些医生，因他们受了 *peri phuseôs* 的那些作者的影响："某些医师和学者宣称，如果连人是什么都搞不懂，那是不可能懂医学的……但这是哲学的说法，如恩培多克勒等人，他们曾针对 *phusis*，写过什么是人类的原始构造。而我的看法是，学者或医师们所说或所写的那些关于自然的东西，既不属于医学也不属于语法（*graphikê*）的技艺③。并且我还认为，要

---

① 在《大百科全书》（*Encyclopaedia Universalis*）的一个著名词条中，P. Aubenque 从方方面面出色地论述了 *phusis* 这一希腊概念的含义。

② Hippocrate，《论古代医学》（*De l'ancicenne médecine*），éd.，trad.，comme. par A. -J. Festugière（coll. «Études et commentaire»，4），Paris，Klincksieck，1948（réimp.，New York，Arno Press，1079）。

③ 如 A. -. J. Festugière（前揭，p. 60 - 61）所指出，这篇论文的作者批评了自然学家的方法，他们试图以某种细小的简单原则来解释一切（如颜色的组合即绘图方面的 *graphikê*，字母的组合即书写方面的 *graphikê*）。

得到关于自然的精确知识,绝对没有比医学再好的来源了。唯一的方式是准确地把握医学整个自身……但即便如此,要从根本上理解这种东西仍然是不可能的,我指的是这类科学(*historia*),其旨在于准确地弄清人是什么,缘什么因而诞生,如此种种。既然这在我看来至少是和医学知识一样必不可少的,就须尽一切努力来认识 *phusis*……跟吃、喝以及一般性的体能锻炼有关的人究竟是什么,每种营养物质在每个人身上会产生什么影响。"我不认为我们可以对这段文本中的"自然"加上大写以示强调,如费斯蒂吉埃便是这么做的。我的理由在于,"自然"一词在这里并不表示宇宙整体或者创生性能量。事实上,作者告诉我们,依他所见,医学乃自然知识的唯一来源,因为它使我们得以确切知晓人的种种不同构造(*phusies*),以及各种营养和锻炼施予这些构造之影响。如此这般知识显然不是关于宇宙整体或创生能量,而只是一种原因与后果之间的联系,一种因果分析。因此,如果《论古代医学》的作者说恩培多克勒写了 *peri phuseôs*,其所指不是:论宇宙或者关于宇宙之自然,而是:论一般性的构造,既理解主动意义上的,也理解被动意义上的"构造"(constitution),比如事物所经由的诞生、成长、消亡之过程及其结果。"构造"一词与其说是某种实在对象或领域,不如说是一种方法论纲领。研究某种"构造",即是研究事物的生成;即是力图准确地查考各种原因,因为这些原因揭示出如此这般现象的生成;即是查考各种确定的过程,因为它们导致了如此这般机体的构造。这意味着确切提出了各种现象的起源问题①。亚里士多德一面修改 *phusis* 的观念,一面拒绝还原物质的因果关

①　如 P. Aubenque 出色地说:"*Phusis* 乃是某一问题的标题:事物源于何处? 它们如何诞生,如何成长?"(前揭,p. 8)。

系，在此基础上重新采纳这种研究方法。在《政治学》开篇（1252 a 24），他直截了当地描述了这一方法："最好的方法便是，观察事物的诞生和成长（*ta pragmata phuomena blepein*），在这个领域如此，在其他领域亦然。"

在《斐多》（96 a）中，*historia peri phuseôs*（对自然的探究）采取了与《论古代医学》一样的定义方式："了解每样事物的原因，它因何而生，因何而灭，因何而存。"但该叙述并未断言前苏格拉底的作品，尤其是苏格拉底接下来所提及的阿那克萨哥拉的作品标题究竟为何。它仅仅意味着，在公元前 5 世纪末和 4 世纪初，人们对前苏格拉底思想的界定是："对 *phusis* 之探究"。以上所言，意在表明，*phusis* 一词成为哲学的、反思的、明确的概念，成为哲学之确定部分，尤其成为柏拉图《法律篇》第十卷所指的解释原则，这乃是公元前 5 世纪末的事。

犹如施迈兹里特（E. Schmalzriedt）所指出①——我在此归纳一下他的分析——公元前 5 世纪的哲学作品，其实并没有所谓的标题。*Peri phuseôs* 这一标题乃是后来者赋予前苏格拉底作品的称谓，相当于图书馆内部的分类，好比我们想把这堆卷帙归为一类，就给它在莎草纸卷筒上贴一个"*epigramma*"（铭文）的标签。

更一般地说，在整个古代，作者完成作品后，并不急于给它加一个标题（我们这个商业时代则相反，标题往往要重于内容）。公元 2 世纪，盖伦说②，他把自己的文字转托给了朋友或学生，却没

①　E. Schmalzriedt，《"论自然"：关于古代早期著作的标题名》（《*Peri Phuseôs*》，*Zur Frühgeschichte der Buchtitel*），Munich，1970。

②　Galien，《关于他自己的书》（*Sur ses propres livres*）（p. 92，13 Müller），载 Paul Moraux，《帕加玛的盖伦：一位医生的回忆》（*Galien de Pergame. Souvenirs d'un médecin*），Paris，1985，p. 153 - 154。

有给它们加上标题，因为它们不是发表用的，但人们在私下抄写流传的过程中，给它们加了些五花八门的标题。公元 3 世纪，波菲利写道①："普罗提诺的文字仅转托给了非常少数的几个人，而且没有加任何标题，于是各人即以不同方式为之冠名。"

为作品冠名，并予以发表，相对而言是较晚的事情，可能始自公元前 5 世纪。例如，希罗多德明确提及《伊利亚特》、《奥德赛》、阿里斯特（Aristée de Proconnèse）的《独目人》（Arimaspea）；而对萨福（Sappho）和阿尔塞（Alcée）的作品，他引述时却只用"在一首诗中"这类模糊的表达；同样，阿尔克洛科（Archiloque）则说："在一首抑扬格的亚历山大体诗歌中"，梭伦则说："在一首史诗体诗歌中"，赫卡泰（Hécatée）则说："在他的论说（logois）中"。

散文作品的最早标题，据我们所知，大概是普罗泰戈拉的《真理》（Alêtheia），可追溯至公元前 5 世纪中叶。

公元前 5 世纪以前，作者们会在文本的第一行申明他对该作品的所有权；提供他的姓名、出身；该作品所献为何人，以及关于方法或主题的简要说明。例如："克洛通的阿尔克迈翁（Alcméon de Crotone），皮里托斯（Pirithos）之子，写了以下文字，献给布隆提诺（Brotinos）、雷昂（Léon）、巴图洛斯（Bathyllos），想对他们说：'无论是无形的事物还是凡间的事物，神都一样确实地精通它们，但对人而言，只可能有一些建立在各种迹象基础上的臆测②。'"

这番叙述，可说是"sphragis"（火漆、印章），类似于艺术家在坛罐或绘画上的签名，就如忒奥格尼斯（Théognis，公元前 6 世纪）

① Porphyre,《普罗提诺生平》,4,10。

② Alcméon de Crotone,24 B 1 Diels,见《前苏格拉底哲学》（Les Présocratique），trad. Et comme. par J.-P. Dumont,Paris,Gallimard（Bibl. de la Pléiade），1988,p. 225。

诗歌的开篇："居尔诺斯（Cyrnos），我在对你谈智慧的这些诗句上，加了火漆；既没有人能够悄悄盗走它们，也没有人能够曲解其中之妙；于是每个人都会说：这是大名鼎鼎的、麦加拉的忒奥格尼斯的诗作。这些格言是我儿时从好人们那里听来的，现在我原封不动地写下来，目的是为了你的好。"

这种 *sphragis* 的做法，早在公元前 7 世纪的赫西尔德的序诗中就已初见端倪。他在其中说了作者名字、可勘定的位置、创作诗歌的灵机："曾经有一天，当赫西尔德正在神圣的赫利孔山下放牧羊群时，缪斯教给他一支光荣的歌①。"

到公元前 5 世纪，人们依然使用 *sphragis*，方式往往是，说明该作品所属之文学类别及其所适之领域，如希罗多德在《历史》开篇所说："在这里发表出来的，乃是哈利卡尔那索斯人希罗多德的研究（*historiê*），他所以要把这些研究成果发表出来，是为了保存人类的功业，使之不致由于年深日久而被人们遗忘，为了使希腊人和异邦人的那些值得赞叹的丰功伟绩不致失去它们的光采，特别是为了把他们发生纷争的原因给记载下来②。"

还得补充一点，在哲学创作的发轫期，作品相对较少，一位作者大多时候就只写一部书。而且著作首先是用于朗读及当众讨论。因此标题并不是必须的，反正就是这么一本书，就是这么一些书。

例如，在《斐多》（97 b），苏格拉底无需指明他所说阿那克萨哥拉的那本书名，而只说："我有一天听某人说，他读了某本书中

---

① 中译文取自赫西尔德：《神谱》，张竹明、蒋平译，商务印书馆，2006 年，第 26 页。——译注

② 中译文取自希罗多德：《历史》（上册），王以铸译，2005 年，商务印书馆，第 1 页。——译注

的某段话,这本书是阿那克萨哥拉的……"同样,在《申辩》(26 d-c)中,苏格拉底说,年轻人可在剧场里以一个德拉马克之价购得阿那克萨哥拉的书,他也没说书名,而这些书显然已流通于市场了。

因此,人们为书冠以标题,尤其为前苏格拉底作品冠以 *Peri phuseôs* 的标题,这是往后的事情了,目的乃在于对书架上、图书馆里的书籍进行分类,而标题往往是可变的。赫拉克利特的书时而题为《缪斯诗》(*Les Muses*),时而题为《论自然》(*De la nature*)①,即可作例。

II. 柏拉图的 *En phusei*

在《斐多》(103b)、《巴门尼德》(132c),以及《理想国》(597c)中,柏拉图多次采用 *en phusei* 或 *en têi phusei* 之词,以示事物的理念实存(la réalité idéal)。是否可藉此推出,柏拉图在《法律篇》卷十,否认了 *phusis* 的唯物词义,而如罗班(L. Robin)所说②,认可"理智本质的世界"(le monde des essences intelligibles)方是"真实的自然"(la vraie Nature)呢? 柏拉图的意思是否是,事物的理想实存乃在于 *en phusei*,在于自然,真实的自然中?

若就柏拉图的三段文本详加考察,即可发觉 *en phusei* 另有他义。

在《斐多》(103b)中,苏格拉底云:"我们说相反者绝不会变成它本身的相反者,不管是我们身上的,还是 *en têi phusei*。"例如,大

---

① Diogène Laërce, IX,12.

② L. Robin,《柏拉图全集》(Platon, *Œuvres Complètes*), t. I, Paris, Gallimard (Bibl. de la Pléiade),1959,p. 1370。

作为大不可能是小，小作为小不可能是大。变大变小的乃是主体 **83**
（句子的主语所指示的具体主体）。苏格拉底所设定"我们身上的"
与"*phusei*（自然的）"二者之对立，可由前面的论述得以阐明（102 a
及其以下）。我们身上的大，这是属于某个主体的大。假如我说
"西米是大的"，我不能同时说他是小的。西米可能变小，但系于西
米的"大"这一属性不可能变"小"。与"我们身上"的属性相对，苏
格拉底提出了非从属性的"大"与"小"，就其概念而言，它们与主体
没有任何关系。因此这就愈加明显了，"大"不可能变成"作为大"、
"作为小"。如后文所显示的，柏拉图在此处所思索的只是"就其自
身而言的大"（grandeur en soi）这一观念，而并没有明确地置之于作
为自然的理念世界之中："现在说的是那些相反者本身，其内在性
质使事物得到名称。我们说这些相反者绝不能彼此相生。"

在《理想国》（596 b - 598 e），柏拉图区分了三类床：*en têi phu-
sei* 之床、木匠所造之床、画家所作之床。人们往往奇怪于柏拉图
在这里把制造之物当作理念之实例，而他似乎只承认自然之物而
非人造之物的理念。于是，人们读到"*klinên en têi phusei*"的译文
"自然之床"（lit naturel）①，顿时就糊涂了。

看来，如同维兰德（W. Wiedland）所认为的②，这个段落是对
柏拉图的理念论所进行的反讽。此处所说的神，更多地是人所不
是、人所不能为的象征。木匠能造床，却不能造造床所需之本质。
下文（601 c），柏拉图以缰绳和嚼子为例，说，皮匠和铜匠只依骑士
所需之样品而进行制造。神在这里完全不见了，样品乃是在骑士

---

① Platon，《理想国》（*République*），Ⅹ，597 b，trad. L. Robin，Paris，Gallimard（Bibl.
de la Pléiade），p. 86。

② W. Wieland，《柏拉图与知识的理型》（*Platon und die Formen des Wissens*），
Göttingen，1982。

84　的心里。总之,没有任何东西可保证 en phusei 之床作为真实自然
之中的床(况且对柏拉图而言,神并不制造理念)。这里的问题只
在于"就其自身而言"的床(lit《en soi》),其在木匠的心里,正如缰
绳和嚼子在骑士的心里。

　　同类型的表达亦见于《巴门尼德》(132 c),而这次所论乃为
理念论本身:"至少在我看来,情形是如此:这些理念作为一些模
型,它们 en têi phusei 乃是不朽的,其他事物则像它们,是一些摹
本。"若依罗班译 en têi phusei 为"在自然之永恒中",则十分费解。
而应该像上述两段文本一样,明确以"就其自身而言"(en soi)来
译 en phusei,即是:"这些理型就其自身而言乃是不朽的⋯⋯"

　　En phusis 的这种意义或用于解释与 phusis 的迂回用法有关的
表达("某物的自然"即等于"某物本身"),这一用法可见于柏拉
图本人①,亦可见于伊索克拉底②和亚里士多德③;或用于勾勒柏
拉图把 phusis 与 ousia 相等同的一种思想倾向。此外再来说《法律
篇》,在卷十中,phusis 之观念是紧密地与原初、首位之义联系着
的。事实上,在 891 c 处,柏拉图说,他的对手们把火、水、土、气看
作万物之开初,并称它们为 phusis(因为它们是开初)。在 892 c
处,phusis 被定义作 genesin tên peri ta prôta,这与 892 a 处的表达相
似:geneseàs hôs en prôtois esti。后一种表达是说,灵魂自产生始就
处于万物之开初。因此必须把 892 c 处的定义理解为:"phusis",
即"产生(genesis)于开初之万物"。当柏拉图在 892 c 处说:灵魂
天然地(phusei)存在,其义乃指:灵魂是"原初性地""首位性地",

_____

① Platon,《会饮》,191 a 6。
② Isocrate,《泛雅典娜节演说辞》(Panath.),Ⅻ,§ 228;《致尼各克勒》(À Nicoclès),Ⅱ,§ 12。
③ 参 H. Bonitz,《亚里士多德索引》(Index aristotelicus),col. 838 a 8 及其以下。

因为它产生于火、水、气以及其他事物之先。所以，*phusei* 在《法律篇》卷十中的意义有别于我们前面所研究的三段文本。

总之，我们可认为，柏拉图并未把理念理解为真实的自然之构 85
成成分，以相对于感官的"走样了的"自然。

Ⅲ. *Phusis kruptesthai philei*（自然喜欢躲藏起来）

对赫拉克利特的第 123（Diels）条残篇，人们提出过非常多的译法，这些译法把 *phusis* 理解为本质（l'essence）、存在（l'être）、本性（la nature）、某物的实际构造（la constitution réelle d'une chose）或者反之，实存的构造过程（le processus de constitution de la réalité）。

人们可能认为，赫拉克利特说，每一事物所固有的对立构造，通常（*philei*）都拒绝显露自身。因此，第 123 条残篇与赫拉克利特自己在第 1 条残篇中所论述的方法有些冲突，因为残篇 1 说："依自然进行划分"（*diairein kata phusin*）。

但我们也可试着在这条箴言中勘破一种对立的表达，它所要表达的正是事物的对立构造。赫拉克利特喜爱这种表达方式，比如："海水，有益于鱼类，却有害于人类。""冰冷的东西焚烧着。""弓（*bios*）之名是生，其作用则是死。"

其实，我们尽可识破由 *phusis* 与 *kruptesthai* 所构成的这对反命题。"*phusis*"一词，尤其是在赫拉克利特时代往往指的是："生长"、"诞生"、"显现"、"构造过程"。而"*kruptesthai*"之义则正相反，属于死亡一类的词汇①。它既使人想到覆盖尸体的土，亦使人

---

① R. B. Onians，《欧洲思想的起源》（*The Origins of European Thought*），Cambridge，1954，pp. 423 及 427。

想到包裹死人头的面纱。此两义均见于欧里庇得斯的《希波吕托斯》(*Hippolyte*)之第 245－250 行。淮德拉,因羞愧于对希波吕托斯的激情,便叫乳母遮上她的头。乳母照做了,并说:"我给你遮上。——可是什么时候呵,死将遮盖(*kalupsei*)了我的身体呢①?"可见死亡乃被视为面纱,视为阴暗,视为乌云。

86　　　　因此,若研究 *phusis* 与 *kruptesthai* 所构成的这对反命题,所涉便是生与死、显与隐之对立。

1)若把 *phusis* 理解为事物的显现、诞生这一过程之结果,则可译为:"已经产生的形态在渐渐消亡"(La forme qui est née tend à disparaître)。如此,箴言意在使人领悟事物的永恒变形,领悟生命的过程乃是一个不断产生和毁坏的过程,死亡注定是每一事物的必然。

2)若把 *phusis* 理解为一种活动的名称,亦即产生出如此这般特殊事物的那个过程,则可译为:"使事物产生的过程也逐渐在使事物消亡"(Le processus qui fait apparaître tend à disparaître)(即在方式之意义上理解 *kruptesthai*)。如此,箴言的意思便是,产生生命与产生死亡的原则是同一个,非常近于索福克勒斯《埃阿斯》(*Ajax*)中的诗句(646 及其以下),它包含一种或称为掩饰话语的详述,其开头如下:"嗯,那无尽的时间,不可度量的时间,让那些未曾显现(*adêla*)之物显现(*phuei*),让那些已显现之物消失(*kruptetai*)。因此没有任何事物我们可以预见。"可见,赫拉克利特和索福克勒斯皆对 *phusis-kruptesthai* 采用了平行对照的用法。不过在索福克勒斯处,这种双重性的行为被归于时间,而赫拉克利

---

① 中译文取自《欧里庇得斯悲剧集》(中册),周作人译,中国对外翻译出版公司,2003 年,第 727 页。——译注

特则未授予时间这种遮盖和揭开的权力。对他而言，乃是显现本身，即 *phusis*，在进行遮盖。

赫拉克利特的这条残篇有着极为丰厚的诠释史，我们稍后再详说，目前仅提示一点，最先把这一文句理解为——采用康德的表达①——"准则"（maxime），理解为律令（sentence），以描述自然的行为，当属斯多亚主义。这句箴言于是成了某一类箴言的先例，乃至今日，这类箴言于哲学史仍有着巨大影响。

87

Ⅳ."自然准则"（maximes de la nature）

这些箴言是依同一模式创作的，其主语是"自然"，动词和补语则描述属于该自然的某种行为，而这里的自然既可以是某物的个体自然，被抽象地看待，亦可以是稍晚见于斯多亚主义及其之后的普遍自然。

在这类语句中，自然未必是人格化的自然。比如《希波克拉底著作集》（*Corpus hippocraticum*）中有篇《论技艺》（*Sur l'art*, Ⅻ, 3），写作年代约为公元前 5 世纪末，其中有几句话这么说："如果自然打从心底拒绝交出疾病所表现的症状，技艺将采取一些强制手段，迫使自然丝毫无损地透露各种症状；接着，自然便对那些熟悉技艺之事的人进行透露，教他们该怎么做。"

此处的 *phusis* 便不是实体化的自然、普遍化的自然，而是作为人体的一种构造、机体的一种功能，被加以抽象地看待。这段文本首次尝试提出，对自然施加强力，以使它显露秘密，而此处所指的秘密，即是位于身体内部的、我们所无法观测到的

---

① Kant，《判断力批判》（*Critique du jugement*），Introduction，Ⅴ。

疾病。

在这段论述中，自然"拒绝交出"秘密，并且还"判决死亡"①。关于这后一个比喻，我们同样可说，没有任何东西可确保这个判决死亡的 phusis 是一个普遍的 phusis。这句箴言无非是又一次说：我们之生、我们作为凡人之境况，注定了我们之死。

但从语法上作主语的 phusis 向人格化的 phusis 转变的过程已初见端倪。至康德提出"针对自然之判断力准则"（其大部分已为亚里士多德所说出），标志着这一神秘的人格化进程迈向了一个新阶段。

88

而这些准则中最著名者当属《论天》（271 a 32）："神与自然的任何作为都不会徒劳。"亚里士多德在此之论神，似乎是影射《蒂迈欧》中的那个神话人物德穆革（Démiurge）；而神与自然之并列，赋予了自然本身一种人身化的、神秘化的特征——尽管在亚里士多德思想中，要理解自然如何能作为一种不依赖于诸个体自然之存在而存在着，是有些困难的。

从一般意义上说，亚里士多德的诸自然准则可理解为，诸个体自然的发展过程采用了能工巧匠的方法；但，正如普罗提诺所言②，这乃是完善的、自然的一次性作品。事后，我们的推理理性可以说，所有一切这样发生，好像经过了自然的推理，但其实自然并未进行过推理。最根本的程式③乃是目的论：自然往往要寻求一个目的。亚里士多德如此说，并不意味着自然性的存在所寻求

---

① Gorgias，《残篇》(*fr.*)，11 a，ligne 2 Diels(Éloge de Palamède)；Xénophon，《苏格拉底的申辩》(*Aplo. Socr.*)，27。

② Plotin，《九章集》，Ⅴ，8，7，36 - 47；Ⅵ，7，1，29 - 32(参 P. Hadot，《普罗提诺之论文 38》(*Plotin*，*traité* 38)，Paris，1988，p. 198。

③ 相关格言集锦可见 H. Bonitz，《亚里士多德索引》，col. 836 b。

的是一个外在于它自身的目的,而是寻求它自身的实现,寻求某种方式的完善。所以自然的任何作为都不会徒劳,因为自然的整个运动过程对于该过程的完全实现甚为重要。自然犹如一位经验丰富的管家,它懂得如何避免太多或太少。因此自然使同一个机体服务于几个不同目的。既然它只给予存在唯一可加利用的机体,就得损有余而补不足,因为它不能同时将过剩赋予几个部分。这便是补偿原则或者平衡原则:"如果自然没有给动物装上角,它也会给动物以别的方式来保护自己,比如给马以速度①。"有趣的是,普罗提诺重复了这个观点②:"由于动物没有足够的生存技能,便生出了蹄子、爪子、利齿。"不过在普罗提诺这里,这种补偿或平衡发生于精神(Ésprit)之中,也就是发生于容纳了动物种类的理型(Formes)世界之中。补偿的理由在于,每个理型都在自身的结构 89 中反映出了精神的结构,亦即诸理型之总体。理型的个数越是增殖,越是细分,它们身上的精神力量就越是减弱,但它们会以其他领域之有余来补偿这种不足。换言之,补偿原则乃是对精神的体系化特征的表达,乃是对从精神到全体理型的内在性特征的表达。每一个理型都以它自己的方式反映精神之总体,可以说它就是精神的象征。亚里士多德当然不曾有过这种表述,但他有类似观点:所有机体必定都是整体性的、全体性的、自足性的,所有理型必定都是确定的。

因此,自然根据情况而尽力实现最好。在种种或然性面前,它总是竭力实现最好。

我们称这一系列的表达(自然的任何作为都不会徒劳、损有

---

① Aristote,《论动物的生成》(*Gén. anim.*),750 a 4。
② Plotin,《九章集》,Ⅵ,7,9,40。

余而补不足)为:"经济原则"。这种经济原则带来了连续性原则,亚里士多德的表述是:"自然以一种不间断的系列从无生命物过渡到动物,中间有一种是生命但不是动物的存在,两个近邻的类之间由于紧密相连,以致于差别显得很小①。"可以说,这是自然对过度和不及的拒绝;既没有无用的重复,也没有脱节的链环:它所要实现的乃是一个最为完善的实存系列。这种自然之观念似乎超越了诸个体自然之间的界限,牵涉到了自然的整体图景。

亚里士多德在这些"准则"中所描绘的自然,似乎像是一个管着各种资源的管家,而且是一个有分寸、有技巧、懂节俭的管家。

而斯多亚主义的自然,作为一种宇宙力量,表现得更慷慨、更任意、更带有游戏性。克律西波在《论自然》(Sur la nature)中针对孔雀那不实用的、艳丽的屏写道②:"自然创造出了许多漂亮的动物,因为自然乃美之友,它喜爱形形色色。"普林尼在其《自然史》(Histoire naturelle)中对此作了热烈呼应,他说贝之五彩是由于"爱玩的自然喜爱形形色色③",花之鲜艳是"自然在夸耀它那巨大的生育力,因为它爱玩些形形色色的游戏④。"这就是 lascivia naturae(爱玩的自然)。以游戏的方式,自然先尝试着创造一些半成品出来,例如先创造作一些牵牛花玩玩,然后再进一步琢磨创造百合花⑤。

若论述自然之人格化历史并分析其含义,那将会太冗长。只

---

① Aristote,《论动物的构造》(Parties des animaux),681 a 12。(中译文取自苗力田主编:《亚里士多德全集》,第五卷,中国人民大学出版社,第116页。——译注)

② 《斯多亚文献残篇》,II,§ 1163。

③ Pline l'Ancienne,《自然史》(Hist. nat.),IX,102:«Magna ludentis naturae varietas.»

④ Pline l'Ancienne,《自然史》,X XI,1:«Lascivienti praesertim et in magno gaudio fertilitatis tam varie ludenti.»

⑤ Pline l'Ancienne,《自然史》,X XI,23:«Convolvulus tyrocinium naturae lilium formare discentis.»

需注意,当代学者仍然看重这种比喻,有雅各布(F. Jacob)的话为证①:"雅克·莫诺(Jaques Monod)指望逻辑性,纯粹的逻辑性,甚至……而且他不满足于他本人的逻辑性,他认为自然也该如此,得按照严谨的规则运转。一旦发现某'问题'的'答案',他从此以后就会抓住不放,到处利用它,不论什么情况,什么形势,只要是有生命的存在者。总之,对雅克而言,大自然的抉择已经雕刻好了每一个有机体,每一粒细胞,每一个分子,哪怕是最小的细节。完美到如此程度,以致看起来与神的意志特征并无二致。雅克从他那独一无二的答案风格出发,赋予自然以笛卡尔主义和精致主义。而在我看,我并不认为世界如此严谨,如此理性。所令我惊讶者,既非其精致,亦非其完美,毋宁说就是其状态,曾经的状态,现在的状态,此外再也没别的什么。自然,我视其为一位十足的好姑娘,慷慨而又略带点儿拖拉,带点儿糊涂。做事不讲逻辑,东一榔头西一斧头,碰见什么她能做的事她就去做。"

---

① F. Jacob,《内心的雕像》(*La statue intérieure*),Paris,1987,p. 356。

Ⅲ
历史问题

6

马可·奥勒留是瘾君子吗？[*]

　　20 年前,阿弗瑞卡(T. W. Africa)在一篇短文中说①,奥勒留乃是一名瘾君子,《沉思录》的某些章节所反映的便是滥用鸦片所致的心理幻象和心理状态。阿弗瑞卡先提示我们,古代君王,从米忒瑞达特(Mithridate)开始,皆有服用抗毒剂的习惯;而且尼禄的医生安德洛玛克(Andromaque)又在"米忒瑞达特抗毒剂"(mithridatium)中添加了蝰蛇肉,制成一种名为"忒瑞阿科"(thériaque)的抗毒合剂。阿弗瑞卡随后推断,盖伦(Galien)和狄翁·卡西乌斯(Dion Cassius)的某些文本所记述的便是奥勒留服用忒瑞阿科的情形:"他每天都服

---

　　*　发表于:《纪念 André-Jean Festugière:异教古代与基督教古代》(*Mémorial André-Jean Festugière,Antiquité païenne et chrétienne*). Vingt-cinq études réunies et pubiées par E. Lucchesi et H. D. Saffrey,Genève,Éditions Paul Cramer,1984,p. 33 – 41. 我在此只节选了这篇研究论文的第一部分,第二部分已被概述进我的著作:《内心的堡垒:马可·奥勒留思想导论》(*La citadelle intérieure. Introduction aux Pensées de Marc Aurèle*),Paris,Fayard,1992,p. 270 – 275。

　　①　T. W. Africa, «The Opium Addiction of Marcus Aurelius»(《马可·奥勒留的鸦片瘾》),载 *Journal of History of Ideas*,1961,p. 97 – 102。

用忒瑞阿科，量约与一粒埃及豆相当，或辅以酒，或辅以水，亦或酒水皆不用。倘在公干时因服药而感嗜睡，他便在合剂中减去罂粟汁。但这又令他彻夜失眠……（盖伦解释此乃他的燥液占了上风之故）。于是他不得不又求助于含有罂粟汁的合剂，因为他已经习惯了。"

96　　　　盖伦所归因之燥液，有位近代医生认为这是身体"缺乏"鸦片所致的严重紊乱。在奥勒留远征多瑙河期间，盖伦瞅准时机，企图让他戒掉鸦片，但似乎这位皇帝反而加大剂量，以御严寒及战争的疲倦。狄翁·卡西乌斯也证实了忒瑞阿科对奥勒留所起的镇痛之效："皇帝无法忍受严寒，甚至只有把部队召集在一起时才作发言，食量也非常小，并且只有晚上才进食。在那些日子，除了原来在用的忒瑞阿科，他未服其他药物；而所以服用忒瑞阿科，倒不是因为害怕（毒素），而是为了舒缓肠胃和胸腔。据说这种习惯使他有可能忍受严寒及其他事情①。"

在更为专注地读解盖伦和狄翁·卡西乌斯的这些文本并验证阿弗瑞卡给我们所作的断章取义、断章取义之前，请注意那么一点，那位近代医生认为失眠是"'缺乏'鸦片所致的严重紊乱"，这未免有些夸大。失眠并不是一种特异的紊乱，它并非只是"缺乏"鸦片所专有的特征。撤除任何催眠性质的药物，皆能引起失眠，哪怕是对并没有严重上瘾的人而言。

且让我们来全面阅读盖伦的文本。从其《论抗毒剂》（Sur les antidotes）之序开始。在开头几行②，盖伦有益地提示到，抗毒剂作为一种内服药，可分为三类：一类用以抵御致命毒药（后文说人们把"米忒瑞达特抗毒剂"［mithridatium］一名留给了这种药③）；一

---

① T. W. Africa, p. 98 - 99.
② Galien,《论抗毒剂》(De antidotis)，Ⅰ,1,t. ⅩⅣ,p. 1 - 2 Kuehn。
③ Galien,《论抗毒剂》，Ⅰ,1,t. ⅩⅣ,p. 1 - 2 Kuehn；Ⅱ,1,t. ⅩⅣ,p. 106。

类用以免疫或治疗为野兽所啮之伤（人们习惯称这类药为"忒
瑞阿科"［thériaque］解毒剂①）；最后一类用以医治因饮食不良
所致之疾（后文会开出少许药方②）。盖伦从一开始就明确指
出，忒瑞阿科（thériaque），尤其是尼禄的医生安德洛玛克所配、
我们唤作伽雷内（Galéné）的③，所抗者有三④：毒药、毒啮、疾 97
病。而我们在下文可见⑤，"米忒瑞达特抗毒剂"（mithridatium）
所针对者仅有毒药和疾病二者。米忒瑞达特抗毒剂和忒瑞阿
科抗毒剂的用量必定有所不同⑥。最好是像马可·奥勒留和
米忒瑞达特一样，持续服用。盖伦在下文一直以笼统的方式谈
论"抗毒剂"，因为他在前文就已把米忒瑞达特抗毒剂和忒瑞
阿科抗毒剂合在一起指涉了。既然此处所涉为奥勒留，并且通
过盖伦的其他文本⑦，以及狄翁·卡西乌斯所提供的证明⑧，又
可知奥勒留习惯服用忒瑞阿科，似乎便可推测，此处所指为忒
瑞阿科，甚至可能就是安德洛玛克的伽雷内。但这却不是绝对
肯定的：

如果每天都服这些药，就像我们时代的马可·奥勒留皇

---

① 公元前3世纪末的作家 Nicandre 曾赋诗一首，题曰：《忒瑞阿科》（Theriaca），其中论及毒兽啮伤之类型，及其治疗之药。

② Galien，《论抗毒剂》，Ⅱ，10，p. 158 – 167。

③ Galien，《论抗毒剂》，Ⅰ，1，p. 2；Ⅰ，6，p. 32；《与皮索论忒瑞阿科》（Ad Pisonem de theriaca），15，t. ⅩⅣ，p. 270 – 271 Kuehn。

④ Galien，《论抗毒剂》，Ⅰ，1，p. 1。

⑤ Galien，《论抗毒剂》，Ⅱ，1，p. 106；Ⅱ，2，p. 115。

⑥ Galien，《论抗毒剂》，Ⅰ，1，p. 3。

⑦ 《与皮索论忒瑞阿科》（Ad Pisonem de theriaca），2，t. ⅩⅣ，p. 216；《论抗毒剂》（De antidotis），Ⅰ，13，p. 13，p. 64。

⑧ Dion Cassius，《罗马史》（Rom. Hist.），72，6，3 – 4。

帝,或者之前的米忒瑞达特本人,我们将完全能免疫那些我们称之为"毒素"(délétères)的致命毒药。我们所讲述的米忒瑞达特,他宁死于致命毒药,也不愿死于罗马人之手,但他竟找不到可以毒死他的药。米忒瑞达特的这个故事我们也仅是听说而已。但关于安东尼①的事,我们则是亲自了解到的②。这首先③为的是安心,他每天服用一粒埃及豆大小的抗毒剂,有时单独饮用而不需水或酒,有时用液体加以稀释。但服药致使他在大白日工作时也嗜睡,于是他便从合剂中拿掉罂粟汁。而结果却相反,由于他早先的习惯,他的身体从本性上就处于燥性④,加之长期服用这种燥药⑤,导致夜里的大部分时间都毫无睡意。无奈之下,他不得不又服用含有罂粟汁的抗毒剂,只是这下所服用的乃是久贮了的,原因我已说过多次,这种药存放时间愈久,药性就愈温和⑥。他到了多

98

---

①　"奥勒留"全名即"马可·奥勒留·安东尼"。——译注

②　盖伦在此强调(在《与皮索论忒瑞阿科》也如此),事实才是最重要的证据。

③　"首先"这一短语在盖伦心中也许有双重意义:对比这个句子与它后面的句子,后面的句子所叙述的是马可·奥勒留服药的后果——嗜睡;但同时,我相信盖伦还对比了马可·奥勒留服用忒瑞阿科的两种态度,第一种是为了安全,第二种态度盖伦知道,但这里却未明说:马可·奥勒留服用忒瑞阿科,目的是为了健康,此时的忒瑞阿科便不再是抗毒剂,而是药物。

④　在《与皮索论忒瑞阿科》中,盖伦指出,马可·奥勒留仔细观察了自己的体质(2,t. ⅩⅣ,p. 216,Kuehn)。关于干燥引起失眠,参 Galien,《希波克拉底〈论急性病的养生〉评注》(In Hipp. de victu acut. comment),Ⅲ,4,t. ⅩⅤ,p. 74;《希波克拉底〈体质论〉评注》(In Hipp. de hum.),Ⅱ,2,t. ⅩⅥ,221 Kuehn。

⑤　忒瑞阿科作为燥药,见 Galien,《与皮索论忒瑞阿科》,15,t. ⅩⅣ,p. 275 Kuehn:忒瑞阿科使剩余的体液变得干燥。

⑥　Galien,《论治疗法》(De methodo medendi),Ⅴ,13,t. Ⅹ,p. 370:"我所给他的是大约四月前制成的忒瑞阿科。其实,它仍然含有较烈性的罂粟汁,倘放置得更久些,罂粟汁的力量便会消失。新制成的忒瑞阿科等于是催眠剂,并且它在使流液干燥的同时,还会慢慢地使其凝固起来。"

瑙河流域，参加反日耳曼人的战争①，我却没有随他参加这次
远征②；不过，他对德梅特里乌斯（Démétrius）③这位首席医生
所配制的抗毒剂很是欣赏，因此，在德梅特里乌斯垂危之际，
他写信给尤发拉特（Euphrate）④，希望有谁给他提供忒瑞阿
科配方的必要成分，以便给吃皇饷的人看。在他得知到我一
直帮助德梅特里乌斯配药后，即命我配制抗毒剂。他对我的
独家配方甚是满意，待回到罗马，便问我的抗毒剂是依何种
比例成分制成的。我如实告诉他，我所依的便是宫廷医生们
的配制惯例，无丝毫增减⑤。我对他解释了我的配方何以令
他如此满意。既然我现在打算说说这个配方，所以便回忆了
一下过去所发生的事。因为安东尼每天都服用它，并佐以大
量蜂蜜，他自己已经能够非常精细地辨别这种药之利与
弊了。

前面我们已见阿弗瑞卡所转述盖伦的句子："于是他不得不
再次求助于含有罂粟汁的合剂，因为他已经习惯了。"而我们上面
所引则是："无奈之下，他不得不又服用含有罂粟汁的抗毒剂，只
是这下所服用的是存放了许久的，原因我已说过多次，这种药存放
时间愈久，药性就愈温和。"依阿弗瑞卡所见，奥勒留并未找到解

---

　　① 可以推测这是公元 167－168 年的第一次出征，参《罗马帝国人物志》（*Proso-pographia Imperii Romani*），t. Ⅲ，Berlin，1943，p. 10 及 p. 92。

　　② 参 Galien，《关于相应的著作》（*De libris propriis*），2，t. ⅪⅩ，p. 8－19。

　　③ 参 Galien，《与皮索论忒瑞阿科》，12，p. 261。《罗马帝国人物志》，t. Ⅲ，1943，p. 10。

　　④ 《罗马帝国人物志》，t. Ⅲ，1943，p. 92。

　　⑤ 盖伦称他配置 *Galéné* 所依据的是安德洛玛克（Andromaque）定下的方子，参《与皮索论忒瑞阿科》，12，t. ⅩⅣ，p. 262。

决办法。而依盖伦则相反,奥勒留找到了。此外,我们必须理解
这句话所嵌入的上下文背景,而阿弗瑞卡对此未有任何涉及。该
句乃见于《论抗毒剂》(*Des antidotes*)之序。盖伦的目的在于表明
他自己是这个行当的权威人士,必须听从他的告诫,况且制造抗
毒剂亦非易事。他在著作中列举了所有可能出现的困难,如比
例、质量、年龄、成分;且成分极为杂多:可达 64 种甚至 100 种之
多。因制造者有好有坏,故抗毒剂也有好坏之分。盖伦所以对我
们讲述奥勒留的故事,讲述他因服抗毒剂所受嗜睡之苦,或失眠
之苦,意在说明奥勒留皇帝"能够非常精细地辨别这种药之利与
弊"。委托盖伦给他制造抗毒剂的人,即是奥勒留本人这么一位
大行家①,且他独独对盖伦所配制的抗毒剂感到满意。这段叙述
使我们明白,在盖伦实施治疗前,奥勒留所处的两难,而这些暂
时的意外自盖伦接手后便再也不会出现了。或问,是谁建议奥勒
留皇帝服用久贮的抗毒剂,以减轻罂粟汁副作用的?是在世时的
德梅特里乌斯,还是盖伦本人?盖伦并未明言,不过他极为强调
一个事实,即他一直主张以久贮来减弱罂粟汁的效力。我们所读
到的这份叙述似乎是要说明,在久贮抗毒剂之方法,与盖伦之得
以负责为皇帝制造抗毒剂,这二者之间有着密切联系。不过这只
是该叙述的次要问题。其首要问题乃是如下这一串事实:首先是
暂时的意外即嗜睡,紧跟着便是失眠;解决之道是服用久贮的抗
毒剂;盖伦作为德梅特里乌斯的继承者而实施治疗;最终是盖伦
博得了奥勒留对他的绝对满意,并为奥勒留制造抗毒剂,而方法

------

① 盖伦多次强调这个特权,见《论抗毒剂》,Ⅰ,4,t. ⅩⅣ,p. 25;Ⅰ,8,47;Ⅰ,10,
p. 52 - 53;Ⅰ,13,p. 64;Ⅰ,14,p. 71. 73. 79;Ⅱ,9,p. 155;《与皮索论忒瑞阿科》,12,
p. 262。

是严格遵守御医们所沿袭下来的传统比例①。这也意味着德梅 100
特里乌斯并未如此②。

盖伦完全同意奥勒留对抗毒剂的常规用量：一粒埃及豆大
小③。此剂量至少在一定阶段里也是盖伦所建议的④。

狄翁·卡西乌斯在阿弗瑞卡所引本文中，也提到奥勒留皇帝
每日服用抗毒剂的事实，并且指明所服为忒瑞阿科。如下是对这
段本文的贴切翻译：

> 而他的身体［在远征多瑙河期间］十分脆弱，开始几乎难
> 以忍受严寒天气，甚至在士兵照他的命令集合等待他讲话这
> 么小段时间里，也得躲避起来；他食量极小，并且总是晚上进
> 食。其实，除了一种叫忒瑞阿科的药品之外，他并没有白天吃
> 东西的习惯。而他所以服用忒瑞阿科，也不是因为害怕什么，

---

① J. Ilberg 概述了我们所研读的盖伦著作的这一页（《盖伦的实践》［《Aus Galens Praxis》］，载 *Antike Medizin*, recueil édité par H. Flashar, Darmstadt, 1971, p. 394）：
«Mark Aurel pflegte davon täglich zur Prophylaxe zu nehmen in bestimmter, seiner Konstitution angepasster Zusammensetzung und ernannte nach dem Tode des Archiatros Demetrios, der damit betraut gewesen war, bereits von der Donau her aus dem Markomannenkriege den Galenos zu dessen Nachfolger, der dann auch in Rom, während der Kaiser daselbst weilte, Rechenschaft über das sehr komplizierte Rezept geben musste.» 亦参 G. Watson, *Theriac and Mithridatium*（《忒瑞阿科与米忒瑞达特》），Londres, 1966, p. 88: "盖伦说，奥勒留每天服用抗毒剂，同时掺着足够量的蜂蜜，对他而言，这几乎成了食物。抗毒剂使他足以承担公共事务，使他夜里能入眠。假如出现昼寐夜醒这种情况，那就得调整鸦片含量，以适其需。"

② 盖伦提到，德梅特里乌斯（Démétrius）对传统配方做了一点细微改动，见《与皮索论忒瑞阿科》，12, p. 261－262：他减轻了绵枣丸的重量（从 48 德拉马克变为 46 德拉马克）。他还讲到"那些在我之前为皇帝配置抗毒剂的人"，说他们以不同于他的方式来配置"忒瑞阿科丸"，见《论抗毒剂》，Ⅰ, 8, p. 47。

③ 《论抗毒剂》，Ⅰ, 1, p. 3, 及《与皮索论忒瑞阿科》，2, p. 216。

④ 《与皮索论忒瑞阿科》，17, p. 285。

而是因为他的胸胃状况很糟。可以说，多亏了这种药，他才得以抵御其他疾病以及这种疾病①。

狄翁·卡西乌斯并未像阿弗瑞卡所转述的那样说，忒瑞阿科"平息"（calmait）奥勒留胸胃的痛楚。阿弗瑞卡的理解是，忒瑞阿科所含鸦片起了镇痛剂作用。而狄翁的确切说法是，忒瑞阿科使奥勒留可"抵御"（résister）疾病。对于他，正如对于盖伦，忒瑞阿科乃是一种治疗"内科病"的药。盖伦明确建议，在患有胸胃之疾时可服忒瑞阿科②，有趣的是，盖伦还说在严冬外出时亦可服用它③；他也和狄翁一样提到，由忒瑞阿科对皇帝④的神奇疗效所引起的传言⑤：

101　　　　有些人天天服用这种药，希望对身体有好处，就跟我们都认识的神圣的马可⑥一般：他按尊贵的法律进行统治，并关注自身，密切注意自己的体质；他大量服用这种药，就像是吃某种食品。因了他，忒瑞阿科变得人人皆知，其疗效之强举世公认。确切地说，皇帝身体变好这一事实，极大增强了人们对用

---

① Dion Cassius，《罗马史》，72，6，3 - 4。
② 《与皮索论忒瑞阿科》，15，p. 271 - 275。
③ 《与皮索论忒瑞阿科》，16，p. 283。
④ 指马可·奥勒留皇帝。——译注
⑤ 《与皮索论忒瑞阿科》，2，t. XIV, p. 216 - 217。该著成于塞维鲁（Septime Sévère）和卡拉卡拉（Caracalla）联合执政期间，亦即 198 - 212 年间，至少是马可·奥勒留逝世后20年。正由于它晚出于奥勒留逝世后这么多年，有学者便对其真实性产生了怀疑，尤见 J. Ilberg，《关于盖伦的著作》（《Ueber die Schriftstellerei des Klaudios Galenos》），载 Rheinisches Museum，N. F.，t. 91，1986，p. 193. 不过，现在主张其为盖伦真作的意见占了上风，参 Pauly-Wissowa，t. XX，2，art.《皮索》（Piso），col. 1802；W. Schmid et O. Staehlin，《希腊文学史》（Geschichte der griechischen Literatur），t. II，2，p. 918。
⑥ 指马可·奥勒留。——译注

药的信心。当然,在这个皇帝的时代,也唯有内行人才了解这种抗毒剂的功效。不过,在我们这些伟大皇帝所统治的这个时代里①,对忒瑞阿科的使用确实在民众之中传播开了。

在这段材料中,关于马可·奥勒留行为的描述甚是有趣。奥勒留皇帝被描述为一位总是对自己充满了意识、不断关注自己的人,这也符合于我们所知的斯多亚的理念②。这种关注、这种意识显然首先是针对灵魂,如《沉思录》所言:"那些不关注他们灵魂运动的人,注定是不幸的③。"但它同时也要延伸至身体,依盖伦之言,确切说是延伸至灵魂习性所依赖的个人体质。奥勒留在这方面很像他的养父安东尼,他就此写道:"他以一种合适的方式关心他的身体……因为有这种方式,因为有这种对自己的关心,他极少需要求助于医疗技艺,极少需要求助于药品或药膏,不管是内服还是外用④。"奥勒留认为可通过严格的饮食控制和对忒瑞阿科的常规服用达到这种效果。因此,在盖伦看,奥勒留服用忒瑞阿科乃是一种深思熟虑的决定,乃是一种对他自己的体质的确切认知。

盖伦十分强调这种做法的好处。他告诉我们,马可·奥勒留 102 时代,忒瑞阿科在上层社会流行开,是因人们看到它在皇帝身体上取得了良好效果。盖伦的见证与我们所见的狄翁的见证相符,狄

---

① 塞维鲁(Septime Sévère)和卡拉卡拉(Caracalla)时代,参前页注释④。

② P. Hadot,《精神修习与古代哲学》(*Exercices spirituels et philosophie antique*),Paris,1981,p. 31。

③ Marc Aurèle,《沉思录》(*Pensées*),Ⅱ,8。本文所用的希腊文底本通常为 W. Theiler 本,收于 *Die Bibliothek der alten Welt*,Zürich,1974. 我尽量自己翻译,偶尔也采纳 A. I. Trannoy 的译文,收于 *Collection des Universités de France*,sous le patronage de l'Association Guillaume Budé,Paris,première édition,1925。

④ Marc Aurèle,《沉思录》,Ⅰ,16,20。

翁把忒瑞阿科对奥勒留皇帝的作用归结为增强对疾病的"抵御"。我们注意到马可·奥勒留在《沉思录》中用了一种与此相类的表达①,他说,感谢神让"他的身体耐受得了这样一种生活"。

若把这段文献看作是忒瑞阿科在 2 世纪取得成功的体现,也很有趣。在马可·奥勒留之前,忒瑞阿科专属于君王,其中某些稀有的保密成分乃取自世界各地②。马可·奥勒留每日服用忒瑞阿科,这种高密度的疗程所取得的成功,对朝廷以及上层社会不乏是一种鼓舞。如盖伦所言:

> 在安东尼统治时期,有人专门制造忒瑞阿科以供达官贵人,因为如此,他们便在制造的过程中省去了许多难以弄到的成分。那么多达官贵人纷纷仿效皇帝,至少是在表面上仿效,这种景象看起来也够离奇的③。

盖伦论抗毒剂的卷帙向我们披露了诸多有趣的细节④:有关于

① Marc Aurèle,《沉思录》,Ⅰ,17,12。
② 盖伦,《论抗毒剂》,Ⅰ,13,t. XIV,p. 64,及Ⅰ,2,p. 5 - 13。
③ 盖伦,《论抗毒剂》,Ⅰ,4,p. 12。
④ 这篇文章在 Festugière 的纪念文集中,这段话之前还有如下几行字,收入本书时我把它们删除了,因为其中至少可找出两个错误:"也许,在那个时代,忒瑞阿科的盛行,是上层社会里的一种更为更普遍的现象的一部分。G. W. Bowersock 已注意到(《罗马时代的希腊智者们》[Greek Sophists in the Roman Empire],Oxford,1969,p. 71 - 75):在这个过分敏感的时代里,人们都以一种几乎是病态的方式来关心自己,甚至患上疑心病,总怀疑自己有健康问题。阿里斯底德(Aelius Aristide)即这一心态之典型,马可·奥勒留本人当然也难免,他与弗罗顿(Fronton)的通信便是证据,并且他自儿时起健康状况就一直不好。这就可以解释他迷恋抗毒剂的原因了。盖伦及其他医生给他服用的抗毒剂,乃是一种治疗药剂,它几乎可以完全减轻病痛之扰。"首先一点,正如我们将在后面 p. 115 - 121 那篇文章看到的,绝不可断言公元 2 世纪是一个疑心病的世纪;其次,马可·奥勒留也不是从儿时就有健康问题。如 Dion Cassius(72,36,2)所说,使他患病的,乃是权力带来的操心和疲惫,以及哲学上的修习。作者 1998 年附。

合剂制造的,有关于各种成分的,有关于收集成分的困难并辨别其真伪的。就着这个话头,他给我们讲述了一件有趣的轶事,说的是马可·奥勒留在盖伦的一个新配方里发现肉桂美味时的激动心情:

> 一次,有人从蛮族之地带来一个箱子,长四肘半,里面装有一整棵极品肉桂树。于是我便依马可·安东尼皇帝的意愿用肉桂配了个方,我发现含有肉桂的抗毒剂整个儿要比其他抗毒剂好许多。皇帝迫不及待地品尝了它。跟其他配方一样,合剂本需一段时间发酵,可皇帝等不及,两个月的等待期尚未过,他便立即开始使用了①。

103

何其生动的场面:自豪于新发明的盖伦,有幸让皇帝品尝他的绝妙产品,而皇帝竟无法抵抗美味的诱惑。若冠之以名,不妨曰:《马可·奥勒留的任性》(Un caprice de Marc Aurèle)。

通过阅读这一文本,我们更理解了为何不可能精确计算皇帝日服药剂中的罂粟汁含量,何况汁液的提取,还受不同密度、浓度的影响。盖伦在书中列举了一长串药方,他明确告诉我们,马可·奥勒留服了其中的两个,甚至是三个药方。他所服的第一种抗毒剂是一种忒瑞阿科,这种忒瑞阿科可以说非常典型,名为伽雷内(Galéné)②;该方的组成已为老安德洛玛克(Andromaque l'ancien)以诗句写下,后又为其儿小安德洛玛克(Andromaque le jeune)以

---

① 盖伦,《论抗毒剂》,Ⅰ,13,p. 64。
② 盖伦,《与皮索论忒瑞阿科》,15,p. 270-271。安德洛玛克(Andromaque)就曾称它为"*Galéné*",因为它在疾病发作的狂风暴雨之后,带来"宁静的海面",即健康的身体。

散文写下①。盖伦三番五次说,最为他所喜并一直为皇帝们配制的忒瑞阿科便是这种伽雷内②。他视其为一种治病良药,既治身体,也治灵魂,因为它的燥性作用于精神更为严格,作用于灵魂更为自觉③。伽雷内由 64 种成分组成,而在两代安德洛玛克的方子中,罂粟汁的用量均为 24 德拉马克(drachmes)④。我们估量整副合剂约重 2.38kg,其中罂粟汁约占 81.80gr⑤。盖伦说马可·奥勒留日服抗毒剂之量约相当于一粒埃及豆。而埃及豆乃尺寸而非数量,很难算出它的准确剂量⑥。我们仅能说,这是一种相对较轻的用量。其次,盖伦还说马可皇帝服用埃拉斯(Héras)的忒瑞阿科⑦。我们可能奇怪为何盖伦谈论埃拉斯的抗毒剂忒瑞阿科,因为埃拉斯是安德洛玛的前任,并且其抗毒剂中未含蝰蛇肉。"忒瑞阿科"一词在此是从广义上表示抵抗毒啮的一类抗毒剂。至少可以肯定,赫拉斯的"忒瑞阿科"绝不含罂粟汁,而含比例相同的沥青三叶草、圆根马兜铃、野芸香、野豌豆粉⑧。第三,盖伦谈到一种抗毒剂,其成分达百种之多,乃他"为皇帝"(pour César)而造⑨。

₁₀₄

---

① 盖伦,《论抗毒剂》,Ⅰ,6-7,p.32-45。

② 《与皮索论忒瑞阿科》,12,p.262。

③ 《与皮索论忒瑞阿科》,16,p.283。

④ 《论抗毒剂》,Ⅰ,p.7,42;《与皮索论忒瑞阿科》,12,p.259(对参《论抗毒剂》,Ⅰ,11,p.54。)

⑤ 在认可 1 德拉马克等于 3.41g 这个问题上,我要感谢 M. Grmek 教授的宽厚和亲切。

⑥ 感谢我的同事 M. Grmek 教授,他使我注意到这点。如果考虑伪盖伦在《论剂量的测定》(*De mensuris et ponderibus*,载 F. Hultsch, *Metrologici Scriptores*, t. Ⅰ, Leipzig, 1864, p.243,11)一文中的提示,一粒埃及豆约合 1.5obole(obole 为古希腊重量单位,约合 0.72g。——译注),则可推测罂粟汁的日服量为 0.030g。

⑦ 《论抗毒剂》,Ⅱ,p.201。

⑧ 这些成分传统上用来解毒兽所啮之伤。

⑨ 《论抗毒剂》,Ⅱ,9,p.155。

"皇帝"这词很不明确,但正如盖伦在别处所特别强调马可·奥勒留对他在这个领域的信任一样,我们可推测所指系他。这里所涉及的便不再是忒瑞阿科,而是 *mithridatium*(米忒瑞达特),一种解毒剂。在这种合剂中,有罂粟汁 6 德拉马克,也就是说,在约 1.70kg 的合剂中,罂粟汁约为 20g,其所占比例比伽雷内的还小。

此外还得补充说一点,在制造罂粟汁时,对其生物碱的提取,也差别甚大;不同的抗毒剂,其成分的比例也会不同。甚至在两代安德洛玛克的处方里,也不完全一致,尽管盖伦声称要严格与他们一致①。盖伦也注意到,在他之前为马可·奥勒留配忒瑞阿科的德梅特里乌斯,其实对伽雷内的某些成分就作了用量方面的调整②。

最后,正如我们所见,罂粟汁的效力乃随抗毒剂的储存时间而变化。一般而言,4 个月后的药性仍很活跃,但其烈性则已逐渐消失。

我们看到了如此多的不确定因素!无论是谁,只要对问题的所有这些方面进行详查,他就不得不承认,想要依赖盖伦和狄翁·卡西乌斯的某些材料,证出马可·奥勒留是瘾君子,这是绝不可能的。从盖伦的本文里,我们所能得出的历史结论便是,在远征多瑙河期间,马可·奥勒留因常服抗毒剂而致嗜睡,而当他在合剂中减去罂粟汁后,又致失眠,但自他改服久贮的抗毒剂后,尤自盖伦亲自动手为他配药后,嗜睡与失眠之两难便解决了。除此之外,我们没有任何手段可精确估量奥勒留皇帝每天所服鸦片有多大效力。

---

　　①　盖伦本人即注意到,在老安德洛玛克的诗句与小安德洛玛克的散文中,对长胡椒用量比例的说明是不同的(《论抗毒剂》,Ⅰ,7,p.44);他还注意到,关于药物剂量,许多处方抄本皆有误,为避免这些错误,他十分清楚地标注了量。

　　②　《与皮索论忒瑞阿科》,12,p.261-262。

于此之一切结论、一切断言,皆该禁止。

也要公平地对待阿弗瑞卡。他在文末的注释中,一方面含蓄地承认他的论文没有任何可靠的历史证据。但另一方面,他又提出了一种对马可·奥勒留《沉思录》的主观性极强的新解释,试图为自己辩护。我把阿弗瑞卡的话抄在下面:

> 自然就会有这个问题:其他那些皇帝的忒瑞阿科里是否也含有麻醉剂,是否它们也因此对不好的、粗暴的狂妄,以及好的、平静的庄重起推波助澜之用? 因为几位塞维鲁(Sévères)皇帝皆曾把药方给了民众服用(Galien XⅣ,217)。既承认鸦片量可变,且由小安德洛玛克的抗毒剂可知(Galien XⅣ,217),若量为一粒埃及豆(即马可·奥勒留的日服量),鸦片则约有 0.033g,这个量不大能致鸦片瘾。即便如此,在古代,医师或药剂师是无力衡量精准量度的,只要皇帝身上出现停药反应便可认为剂量过大。他①的抑郁症肯定是身体不适或生活不幸所致,而他服用(药效不定的)阿片制剂,则是他那些古怪看法的原由,是他对世俗现实持奇特超脱态度的原由②。

这条注释分明承认,确证马可·奥勒留为瘾君子,显然是不可能的。但论文的下文却继续无视盖伦文本的最要紧部分,盖伦已在其中告诉我们,服用久贮的抗毒剂同时解决了马可·奥勒留失眠与嗜睡的两难。阿弗瑞卡(T. W. Africa)明白,若讲数据,讲理论量度,马可·奥勒留的日常用量并不会致鸦片瘾。正因缺乏可

---

① 马可·奥勒留。——译注
② T. W. Africa, p. 102, n. 78.

靠证据,阿弗瑞卡便不得已去寻找他所认为的症状。他找到了三种:一是由缺鸦片所致的困扰,一是《沉思录》的那些"古怪看法",一是对世俗现实的冷漠。我们已看到,关于缺鸦片的困扰,阿弗瑞卡唯有盖伦所说的暂时失眠可引用。显然这不是一种典型症候。关于《沉思录》中的所谓"古怪看法",其实是一种通过想象力而进行的精神修习,属于斯多亚的传统实践,更无任何古怪之处①。至于对现实的冷漠,阿弗瑞卡大概是暗指马可·奥勒留对某几件事情的态度:一是其妻浮斯提娜(Faustina)的不忠,二是其同僚卢西乌斯(Lucius)的荒谬之举,三是选择康茂德(Commode)作为继任②。历史学家已经澄清了这些行为的确切含义,何况很难说浮斯提娜和维鲁斯(Verus)的形象在古代已遭歪曲。总之,就算马可·奥勒留的某些见解确实有误,我们也找不到任何可归于鸦片的理由。

　　阿弗瑞卡的论证归结起来便是:我们不清楚那点鸦片剂量是否可致瘾(甚至我们都不清楚马可·奥勒留是否每天服鸦片,因为他所服的抗毒剂种类各异),但他必定是瘾君子,因为他有种种 107 "古怪看法",因为他是一位百依百顺的丈夫、同事和父亲。

　　正是见了此论证之薄弱,维特科(E. Ch. Witke)企图通过一则写于马可·奥勒留统治时期的材料来稍稍加固它③。不幸的是,

---

　　①　参 P. Hadot,《内心的堡垒》(*La citadelle intérieure*),p. 270 – 275。

　　②　参 T. W. Africa,p. 98。

　　③　E. Ch. Witke,《马可奥勒留与曼德拉戈》(« Marcus and Mandragora »),载 *Classical Philosophy*,t. 60,1965,p. 23 – 24。E. Ch. Witke 指出 T. W. Africa 论证的薄弱:"Africa 也许过分夸张地把奥勒留皇帝的失眠缘由归结为'撤药后的身体反应'。"但 E. Ch. Witke 自己也不顺准确与否就写道:"小安德洛玛克(用散文体所写)的抗毒剂用了 24drachms 的鸦片,而老安德洛玛克的用量则只有 4drachms 又 2oboles。"并且 E. Ch. Witke 还随意接受 T. W. Africa 的影响,而在论文 p. 99,注释 18 断言:(转下页注)

我们马上看到，他的新论证也顷刻间崩塌了。维特科据以认为鸦片对皇帝造成影响的，是琉善（Lucien）作于公元 165 年的小册子《无知的藏书家》（*Adversus Indoctum*），其时奥勒留仍在世。琉善在其中质问他的对手道："你以为皇帝是灌多了曼德拉戈（mandragore），他知道你所说，却不知道你所为①？"

我们为何不先问问自己，琉善不说鸦片而说曼德拉戈，原因何在。而盖伦书里明明说的是鸦片。答案非常简单："喝了曼德拉戈"是一种谚语式的表达，意即"精神麻痹"、"心不在焉"。这种表达很普遍。琉善本人在《提蒙》（*Timon*）中亦曾使用，那是某人对宙斯说："为什么他（即 Salmoneus）胆敢如此，因为你被曼德拉戈迷着了，你既听不见伪誓，也看不见不公正之人②。"同样情形见于《无知的藏书家》：皇帝有这么麻木，竟会对臣民的坏事视而不见？

（接上页注）"在盖伦《安德洛玛克抗毒剂》（*Andromachou antidotoi*, XIV, 107）的药方里，约有286gr鸦片，即4drachms又2oboles。"在 p. 102，注释78 又宣称："以小安德洛玛克的抗毒剂（盖伦，XIV 42）为准，1 丸药（马可·奥勒留的日服量）约含 0.033gram 鸦片。"这些说法极其混乱，且让我们试着稍作澄清：1. 马可·奥勒留所服用的抗毒剂（除去埃拉斯［Héras］的抗毒剂，除去我们前面所说的成分多达上百种的抗毒剂）应该可以肯定是 *Galéné*，因为盖伦明确告诉我们，他为马可·奥勒留配制 *Galéné*，并且他的前任 Démétrius 也同样配制这种抗毒剂（XIV, p. 261 - 262）。2. 在老安德洛玛克的 *Galéné* 方子里（《论抗毒剂》，Ⅰ, 6, p. 39）与小安德洛玛克的 *Galéné* 方子里（Ⅰ, 7, 42），鸦片汁的含量是相同的，均为：24drachmes。3. T. W. Africa 和 E. Ch. Witke 所说的老安德洛玛克的方子，实在不能算是忒瑞阿科（thériaque）的方子，因为它并未包含蝰蛇肉，而是米忒瑞达特（*mithridatium*）——一种解毒药。因此盖伦在《论抗毒剂》（Ⅱ, 1, p. 107）中，也就是 T. W. Africa 和 E. Ch. Witke 所指的文本中，对它的描述是 *antidotos mithradateios*（米忒瑞达特抗毒剂）。没有任何证据可以说马可·奥勒留曾服用它，因为盖伦对此没有说过只言片语，但我们却有足够的证据可以具体指出奥勒留皇帝服用是哪种抗毒剂。若像 E. Ch. Witke 在 p. 24，注释4 的做法，把 *mithridatium* 的方子（p. 107）与 *thériaque* 的诗律方子（p. 32 - 42）——正是在这方子里，老安德洛玛克规定了24drachmes的鸦片用量——等同起来，这将是完全错误的。

① Lucien，《无知的藏书家》（*Adv. Indoct.*），22。
② Lucien，《提蒙》（*Timon*），2。

该表达还见于尤里安皇帝（Julien l'empereur），是用在他赞扬女祭司卡利克娜（Callixina），他说，卡利克娜对神的忠诚远高于珀涅罗珀（Pénélope）对尤利西斯的忠诚，因为她的忠诚时间是尤利西斯妻子的两倍，而且对神的忠诚也远高于对配偶的忠诚："诚然，时间已经证明了珀涅罗珀对丈夫的爱。但难道因此便说，这个女人所证明的夫妻之爱胜于对神之爱吗？岂不是灌了太多的曼德拉戈了么①？"

　　维特科不知此表达的谚语特征，至少他未提及，而是视其为对马可·奥勒留处于迷糊状态的影射，进而推测，皇帝之服忒瑞阿科，以及忒瑞阿科对皇帝所产生之影响，在琉善时代多多少少是为公众所知的。但我们已看到，情况完全不是这样。在这句谚语中找证据乃是徒劳的，因为盖伦已明明白白告诉我们，罗马上层社会十分清楚马可·奥勒留服忒瑞阿科；而且我们还得知，抗毒剂因奥勒留而在整个朝廷也流传开了，因为人们看到皇帝的健康状况改善了。所有这一切，绝没有涉及鸦片瘾的问题。而对马可·奥勒留的嗜睡问题，维特科跟阿弗瑞卡一样，对盖伦的文本进行了大肆删节②。他及他的前辈视作永久性的、恒常性的问题，盖伦则视作暂时的意外，并通过服用久贮的合剂而得以了结。因此我们的结论依然便是：想要如实地证马可·奥勒留为瘾君子，这是不可能的。不同作家在不同语境下所用的一句谚语，并不能代替严肃的证据。

<small>108</small>

---

　　① 尤里安，《书简》（*Lettres*），81，p. 90 Bidez。这种表达亦见 Démosthène，《第四篇反菲力演说词》（*Quatrième Philippique*），6，p. 121 Croiset："我们再也无法从昏睡中醒来，就像那些吞了曼德拉戈或其他诸如此类麻醉品的人。"亦见后面那些提到 Démosthène 的文献，如 Pseudo-Lucien，*Demosth. Encom.*，36，又如 Libanius，*Demoth. Apologia*，39，收于 R. Foerster，*Libanii Opera*，t. Ⅵ，p. 398。

　　② E. Ch. Witke，p. 23.

7

反思"集体心态"的观念*

在 18、19 世纪，人们总体上对马可·奥勒留时代有些理想化，对这位斯多亚主义皇帝同样也有些理想化。"如果我们问某人，人类最好、最幸福的历史阶段是什么时候，"吉本（E. Gibbon）在 1776 年写道，"他大概会毫不犹豫回答，就是自图密善（Domitien）去世直至康茂德（Commode）登基这段时间。"一百年后，勒南（E. Renan）呼应他道："尊贵的、能干的涅尔瓦（Nerva）所立下的（皇帝继位的）收养原则，确保了人们近百年的幸福，在人们的记忆中留下了一个最美好的、进步的世纪。"而进入 20 世纪，人们无论对马可·奥勒留皇帝个人（见 F. Carrata Thomes, Stanton），或是对他所处世纪的判断，都普遍变得严苛了。例如，在《焦虑年代中的异教徒和基督教徒》（*Païens et chrétiens dans un âge d'angoisse*, Pairs, 1979）一书中，多兹（E. R. Dodds）就认为可以把马可·奥勒留那

---

* 发表于：《法兰西学院年鉴》（*Annuaire du Collège de France*），1983 - 1984, Paris, Collège de France, 1984, p. 505 - 510。

个时代的特征概括为焦虑，如其书名所示，这是一个人们内心充满
了焦虑的时代，它可由诺斯替之思辨见出，可由东方宗教之传播见
出，可由阿里斯底德（Aelius Aristide）之梦见出，可由马可·奥勒
留《沉思录》之悲观主义见出，可由下个世纪的普罗提诺著作为代
表之神秘主义见出。皮该尼沃勒（A. Piganiol）也持有这种看法，
他写道："较之于特拉真（Trajane）柱上的简图，（马可·奥勒留）柱
上的浅浮雕似乎透露出一种古怪的悲怆，一种只属于中世纪的情
感，这也表明不安和焦虑已急剧占据了这位皇帝的脑海。"

　　对这个时代的集体心态所进行的这些整体考量，乃以一种极
其错误的方法为基础，因为它们忘记了，在一般意义上的古代，狭
隘点说是公元2世纪，人们所为、所写并不取决于时代观念，亦即
并不取决于整个罗马帝国皆然的一种集体心态，而取决于种种势
力甚强的传统：宗教的、政治的、哲学的、文学的、艺术的、或地方性
的、或全民性的。例如，同样是解释诺斯替运动，与巴勒斯坦或埃
及的地方传统相关的思想世界，便绝不同于第二代智者运动所处
的思想世界，也绝不同于伊壁鸠鲁主义的那些文字所处的思想世
界——我这里指的是公元2世纪末的奥依诺安达的第欧根尼
（Diogène d'Oenoanda）铭文，它铭刻于如今土耳其西南部的城市柱
廊上。懂得这些现象之共存固然重要，但懂得它们彼此之绝不相
干亦同等重要，它们之间所有的不过是些偶然关系，而不是必然联
系，它们只能由集体意识危机或历史决定论之外的东西而加以
说明。

　　如上所说的整体考量，这是对某一集体心态的假设，它引起了
对事件或文本解释的许多误解。人们不惜任何代价，要从蛛丝马
迹中寻出他们所预先假设的集体意识危机。正如那本极为有趣的
书，伯维索克（G. W. Bowersock）的《罗马帝国的希腊智者》（*Greek*

116

117

Sophists in Roman Empire, Oxford, 1969, p. 71 – 74）中所言, 马可·奥勒留那个世纪患了一种忧郁症, 这是一种对修辞过分考究的反映, 是盛行于这个时代的第二代智者所独有的特征。

　　伯维索克如此断言之事实根据何在? 他认为可于弗罗顿（Fronton）与奥勒留的往来书信（Van den Hout, 1954; Haines, 1919 –1920）辨出基本症状。他注意到, 书信《致奥勒留皇帝及其他人》（*Ad Marcum Caesarem et invicem*）差不多整个第五册都在谈健康问题, 奥勒留与弗罗顿通过讨论他们的疾病而体验彼此的病态善意。并且, 他补充道, 这于书信文学史乃是一个新颖的事实, 因为我们无法在西塞罗、塞涅卡、小普林尼（Pline le jeune）的作品中看到任何与此相似的东西。对此我们可以反驳说, 对疾病的讨论多次出现于普林尼《书信》之第七册和第八册中, 尤其在第七册之 26 节, 除普林尼及其身边人的疾病细节外, 还有对疾病的好处所进行的有趣反思:"没有什么比生病更让我们受益的了……当恢复健康时, 也继续保持这种状态, 好像是告诉别人我们希望生病一样。"（Ⅶ, 26）何况对伯维索克而言, 要考量弗罗顿和奥勒留书信所体现的新颖之处, 须得注意普林尼《书信集》与弗罗顿《书信集》之间的差异。普林尼仅只保留和发表那些较多采用文学方式写就的书信: 因此书信集只是挑选出来的、甚至是重写过的一部分而已, 普林尼也许有许许多多的书信或便笺, 不过在最终发表时被剔除了。相反, 弗罗顿《书信》第五册都由非常简短的便笺构成: 弗罗顿本人那么在乎他的文学名声, 他或许不愿把这些小短文公之于世, 也许是家人出于敬意而保存了它们。至少它们不是文学作品, 而是谈话, 所针对的是某些具体情况: 新年祝贺、生日祝贺、或对某某的简单推荐。诚然, 这些便笺中有很多谈及健康问题。然而, 正如怀特霍尼（J. E. G. Whitehorne）在《马可·奥勒留是忧郁症患者吗?》(*Was Marcus Aurelius hypochondriac*？载 *Latomus*，36，1977，p. 413－421)所强调的，讨论疾病的是弗罗顿而非马可·奥勒留。若弗罗顿确实比奥勒留更多谈到他的健康状况，原因有二：其一，他确实患了重病，如我们在奥卢斯-该留斯(Aulu Gelle)的文献(Ⅱ，26 et ⅩⅨ，10)所能见到的。其二，第五册的便笺有很多是用于解释他本该去而又不能去朝廷的原因(见《书信》，Ⅴ，25、35、44、45、55、57、59、61、63、69)。总之，由弗罗顿所写关于健康的诸多便笺，不可能确证任何忧郁症倾向。这些保存下来的便笺(不同于普林尼那些用于发表的书信)，不过是一位重病患者在为自己澄清罢了。

　　伯维索克下断言所依之第二个症状，是阿里斯底德(Aelius Aristide)的六篇《神圣论说》(*Discours sacrés*)。作者在其中讲述了143 年-171 年这近 30 年的病史。这些文字确实是一些很有趣味的心理学文献。但并不能由此延至伯维索克所得出的关于时代的整体结论。阿里斯底德确实说疾病对人可能有好处，但我们已在公元 1 世纪的普林尼处见到了同样的说法。阿里斯底德也确实饶有兴致地描绘过他所罹之病，以及医神阿斯格雷彪(Asclepios)托梦所叮嘱他的治疗方法。但确切地说，在缺乏类似文献的情况下，我们绝不能据此便说阿里斯底德处于孤寂，更不能以他为时代特征的体现者。也许他并不是一个人在帕加玛(Pergame)。在阿斯格雷彪神庙周围，有一座"疗养城"，城里有树林、神泉、庙宇、柱廊、体育馆、剧院。诚如阿里斯底德自己所说，他在这里能碰见元老院议员、哲学家、诗人。他们互相倾诉各自的梦，一起等待奇迹，商讨疗养与药剂。这确实是历史上一切疗养城皆有之特征，不过帕加玛的历史较久而已，但不一定就是整个时代的特征。而阿里斯底德以过度的自傲、狂热的虔诚，坚信自己被阿斯格雷彪选中，

119

这是一种极特别的心理学状况。

伯维索克所指出的第三个症状，是盖伦在罗马开办的解剖课："盖伦对解剖的研讨，经常有罗马的要员出席，这是非常奇怪之事。"(p.73)但我以为，开办于公元163年的这些课程，绝没有丝毫病态的猎奇在里面，恰恰相反，它表明了那个时代对科学的显著兴趣。事实上，这些课程乃用以回答一个非常确切的问题，与疾病无关。它是元老院议员弗拉维修·波埃修(Flavius Boethus)对盖伦提的，因为他想知道，用于呼吸，并参与嗓子发声活动的那些器官是什么。盖伦便以动物来做活体解剖，对弗拉维修·波埃修及其随从演示空气如何通过胸廓的扩张而吸入，又通过胸廓的收缩而呼出。盖伦告诉他们，肌肉使扩张和收缩得以可能，神经也参与这一过程，正如这一切的起因在于脊髓。他还演示了，自然呼气不会发声，而被迫呼气却会发声，呼气又如何经过喉部而发声。在这一系列演示结束时，弗拉维修·波埃修命速记员记下了盖伦的结论，得以使此番探索公之于世。有趣的是，在参加解剖研讨的要员中，弗拉维修·波埃修本人、塞格乌斯·泡卢斯(Sergius Paulus)、克劳狄乌斯·塞维鲁斯(Claudius Severus)皆被盖伦视作亚里士多德主义者，可见此种对科学的探索兴致完全符合我们所知的亚里士多德传统。

总之，绝不可能如伯维索克一般，证出忧郁症是"安东尼时代最困扰人的社会问题"。他所提出的几条论据都极其薄弱。弗罗顿与奥勒留的往来书信不足证，而盖伦所开办的解剖课则意味着一种与忧郁截然相反的精神状态。剩下的便只有阿里斯底德的情况了，把他看作一个孤寂的人便能重构整个时代的心态吗？

我们刚才所说的盖伦的解剖探索，表明这么一个事实：对宇宙的科学兴趣及为了理解它所进行的各种理智努力，在这个时代丝毫未减弱,并非像有人所说:"人们停止了对外部世界的探索和理解,不再改善它们,美化它们。人们转向了他们自身。苍穹之美、世界之美,这样的观念发生了改变,成为了苍穹之无垠、世界之无垠。"(Joseph Bidez,《剑桥古代史》[*Cambridge Ancient History*],Ⅻ,1939,p. 629)下如此粗糙的、不加甄别的断言的人,若回忆一下,正是在马可·奥勒留这个世纪,托勒密详察天文,近 15 年而不辍(从 127 年至 141 年),终以精密实验为基础,确立光学理论,不知他将作何感想? 若读一下托勒密那著名的讽喻诗,读一下奥勒留的《沉思录》,我们还会承认"苍穹之美、世界之美的观念发生了改变"吗? 托勒密说(《希腊诗选》[*Anthologie Palatine*],Ⅸ,577):"我知道我是有死的,而且是朝生暮死的,但每当我注视星辰的循环往复,我的双脚顿时便离开地面,飞到宙斯的身旁,去与众神分享他们的佳肴美馔!"奥勒留说(《沉思录》,Ⅲ,2):"如果一个人对整个宇宙中产生的事物感觉敏锐,并且有比较深刻的领悟,那么甚至那些由先前的事物伴随而生的事物,也不会有什么不同时也能令他感觉到一种特有的喜悦。这样的人观赏动物的真实大口时感到的愉悦不会亚于观赏那些模仿者展示的绘画和雕塑作品时的感觉①。"

马可·奥勒留的时代,正也是萨莫萨塔的琉善(Lucien de Samosate)的时代,而后者对时人的狂热和疯狂所进行的揭露,堪比伏尔泰;也是我们前文所说伊壁鸠鲁主义者奥依诺安达的第欧根尼(Diogène d'Oenoanda)的时代、怀疑主义者塞克斯都·恩披里柯的时代、亚里士多德作品受到大量评注的时代。凡此种种,皆属

---

① 中译文取自马尔库斯·奥勒利乌斯(即马可·奥勒留):《沉思录》,王焕生译,上海三联书店,2010 年,第 23 页。——译注

科学精神、批判精神、甚至"理智"精神的表现，令我们不可对马可·奥勒留时代的集体心态冠以某种普遍性的结论。相反，这些表现令我们不可不详查这种浅薄的普遍化，令我们不可不仔细分析这个历史时代的各种不同传统及其所可能的相互影响。"历史心理学"（psychologie historique）思潮试图对笼罩现代人的那些古代文献及习俗的"密码"进行"解码"，但他们在这一过程中往往颠倒时代，张冠李戴，而不是去辨译各种不同的传统"密码"——因为这是古人所实际用以或透露或掩饰自己习俗的东西，可以使我们更好地理解古人的思想和行为。

IV
哲学教学与哲学生活

8

古代的哲学专业划分[*]

在《道德形而上学的奠基》开头,康德写道:"古代希腊哲学分为三部分:物理学、伦理学、逻辑学。这种划分与事物的本性完全一致,人们只能对有关学科所根据的原则加以补充,以便保证对它们的充分的理解,同时进一步正确地规定其必然的划分,除此之外就不能作更多的改进了。"康德的这段话,在我看来,意在表明古代哲学的专业划分理论在西方思想史上所起的重要作用。我不奢望以本文来论述这一宏大主题的各个方面;我既不可能讨论所有的哲学流派,也不可能讨论上述专业的再划分。但我认为,通过揭示隐藏在这些划分之下的"观念结构"(Denkformen)及其所包含的哲学观念,进而勾勒这些划分的基本类型所具有的特征,却是很有趣味的。

我认为,共有三类划分,每一类都力图作一种完整的划分。第一类划分的目标是,致力于辨识对象的殊异性及每一学科的专属

---

* 　发表于:*Museum Helveticum*,t. 36,1979,p. 202 - 223。

方法。为此,它采用区分的办法,并以金字塔式的观念结构把各种次区分排列起来,从而在哲学的不同专业间建立起一种与其对象相符的等级结构。第二类划分的兴趣更多是在部分间的关联性,而不在部分的殊异性。它力求把握把各个部分联系起来的节点或路径,以便更清楚地证明哲学系统之一体性。此类划分的潜在观念结构便不再是金字塔式的,而是圆环式的,或者生命有机体式的。最后的第三类划分,它并不排斥前两类,但它需要时光的参与,人生的积累,教育的维度。此类划分需据教养(*paideia*)的步骤来进行,需据心智的进步来进行。它以确定学习纲领、文本阅读次序为目的。我们可把此类划分的潜在观念结构比作厄琉西斯的奥义传授(initiation éleusinienne)。如上所述的三种基本类型,即是本文将依次研究的。

*

第一类哲学专业划分源自柏拉图学派之内。它的出现是与对科学方法的反思联系在一起的,在反思中,人们意识到,对科学及科学的各个部分进行划分是必要的。亚里士多德注意到,"哲学家"这个词与"数学家"这个词的使用方式一样①。他的意思是,"数学家"可能是指研究算数的,也可能是指研究几何或天文的;同样,"哲学家"可能是研究物理学的,也可能是研究伦理学或神学的。亚里士多德补充道:"因为数学科学还有它自身的专业划分:第一数学,第二数学,以及其他一连串的数学。"因此,在柏拉图主义学派之内,对哲学的专业划分密切地与对科学的划分联系

---

① Aristote,《形而上学》(*Métaph.*),1004 a 8。

着,对科学的划分与对哲学的划分,二者并非隔着一条不可逾越的鸿沟。亚里士多德所持的原则是,一门科学,倘若它更具理论性和普遍性,它就更哲学①。

在柏拉图之处,有关科学方法的反思见于《理想国》②。在其中,数学方法与辩证方法,二者被置于对立。对各种不同的数学科学,给出一种整体的观点,这是专属于辩证学家的、亦即哲学家的任务③。而在《政治家》④中,为了定义政治科学,柏拉图以理论科学与实践科学的根本对立为出发点,极为反讽地使用了区分方法。

第一类划分的最佳例证见于亚里士多德。其《形而上学》E卷所提出的对科学的划分⑤,体现为一种金字塔式的概念结构,而这一结构乃由区分的方法而得。这有一个出发点,即理论科学与实践科学的根本对立:前者所探讨的对象不依赖于我们,后者的对象是依赖于我们的,因为其运动的始因在于我们自身⑥。实践科学又再分为狭义实践科学、诗学科学(亦即制作科学),前者给我们产生内心变化,后者给我们产生外部作品。至于理论科学,又可再分为与不动的对象相关的、与动的对象相关的⑦。前者又按如下原则再分:不动的对象,要么它在自身之内持续存在,这为神学所探讨;不动的对象,要么我们通过对物质的抽象而剥离出它,这 128

---

① Aristote,《形而上学》,982 a 5 – 982 b 10。

② Platon,《理想国》(*Rép.*),510 b。

③ Platon,《理想国》,537 c。

④ Platon,《政治家》(*Politique*),258 e。

⑤ Aristote,《形而上学》,1025 b 3 及其以下。

⑥ Aristote,《形而上学》,1025 b 20:自然本身即包含运动的本原,而产品或行为的本原则在制造者或行为者。

⑦ Aristote,《形而上学》,1026 a 10 及其以下。关于这一段落所提出的文本批评问题,参 Ph. Merlan,《从柏拉图主义到新柏拉图主义》(*From Platonism to Neoplatonism*),La Haye,1960,p. 62 及其以下。

为数学所探讨。理论科学的另一分支,即与动的、持续存在的对象相关,这是物理学所探讨的对象。

这种划分是对区分方法的运用得来的,它建筑了一种科学的等级,而这种等级又是以科学的确切对象作基础的①,换言之即是,以努斯(nous)所揭示出的实存的存在方式作基础。相应于这些有等级的对象,便有一些有等级的方法:高级科学所用的方法当然比低级科学的更精确②。实践科学和制作科学要比理论科学更低等③,因为它们关涉的是偶然的对象,而理论科学关涉的乃是存在。在理论科学中,数学高于物理学,因为数学是从有生成变化的物质中抽象出的,它只考虑理智的题材,但数学又低于神学,因为首先,数学也如物理学,它关注的只是有限的存在④,而神学的对象乃是作为存在之存在,其次,数学不对题材进行彻底地抽象。神学因此是头等的科学、最高的科学、普遍的科学。

这种划分并不只以柏拉图的区分方法为前提,应该说,它乃从属于柏拉图的问题框架整体,典型地符合学园的概念结构⑤。首先,我们承认《政治家》的实践科学与理论科学的根本对立⑥;其次,我们会轻易看到,在理论科学所考查的对象等级中,柏拉图式的区分方法依然坚持由自然对象到数学(mathêmatika),再到理念的上升,这在《理想国》中分别对应的知识等级即意见(doxa)、推

---

① 关于此处的问题,参 H. Happ,《"Hyle":亚里士多德质料概念研究》(Hyle. Studien zum aristotelischen Materie-Begfiff),Berlin,1971,p. 565–569。

② Aristote,《形而上学》,982 a 26。

③ Aristote,《形而上学》,1026 a 23。

④ Aristote,《形而上学》,1025 b 9 及 19。

⑤ 参 H. J. Krämer,《形而上学精神的起源》(Der Ursprung der Geistmetaphysik),Amsterdam,1967,p. 146,n. 66。

⑥ Platon,《政治家》,258 e。

理(*dianoia*)、理性(*noêsis*)①。

但是,在我们刚才所引《形而上学》E 卷的划分中,亚里士多 　129
德并非只是重复柏拉图的划分。相反,从柏拉图的问题框架出发,
他要对其自身学说的独创性作出规定。首先,他认为有一门最高
科学,或称为第一哲学,或称为神学,用以代替柏拉图的辩证法。
因此,我们万不可以 E 卷所提出的划分为研究纲领,以为这就是
亚里士多德所列的著作和教学计划。尽管亚里士多德的传统评注
家们都是如此理解该文本的,尽管传统都是依据科学对象的自然
等级以及教学计划来编辑亚里士多德著作的,我们还是不得不考
虑,亚里士多德本人并未遵守上述那种判然有别的区分。首先,数
学,尤其天文学,在他的著作体系中位置不明②。尤重要者,物理
学与第一哲学之界限未勘:本体论与物理学,神学与物理学往往混
在论物理,也混在论第一哲学的篇章中出现,致使人们难以觉察从
一者到另一者的过度③。此外,E 卷对辩证法与分析法在科学体
系中的地位只字未提,而我们注意到,在有关分析法的篇章中,大
量与第一哲学相关的问题均被述及④。最后,第一哲学所有的复
杂性未见于 E 卷:它同时是关于一般性的本体论、实体(*ousia*)的
理论、本原的学说、神学理论⑤。总之,亚里士多德的真正的、具体
的教义,以及他的著作内容,并不适于《形而上学》卷 E 所作的严
密划分。

---

①　Platon,《理想国》,510 - 511;参 H. Happ,《"*Hyle*":亚里士多德质料概念研
究》,p. 567。关于灵魂与数学(*mathêmatika*)之间的联系,参 Ph. Merlan,《从柏拉图主
义到新柏拉图主义》,pp. 11 及 82。

②　Aristote,《形而上学》,1073 b 5,及《物理学》(*Phys.*),193 b 22 及其以下。

③　参 H. Happ,《"*Hyle*":亚里士多德质料概念研究》,pp. 477 及 36,n. 149。

④　如有关科学理论或定义理论。

⑤　参 H. Happ,《"*Hyle*":亚里士多德质料概念研究》,p. 311。

130　　　其实,卷 E 的终极目标不在提出教学纲领,而是在这种划分的基础上,对那门最高科学下一定义。因了区分的方法,这种归类方式得以剔除所有非最高的科学。最高科学既不是实践科学,也不是制作科学,因为此等科学均低于理论科学。最高科学也不是物理学,像前苏格拉底哲学所以为的①。物理学其实只与某种有限的对象相关,而最高科学必定是普遍的;这种有限的存在乃一切动变之 *ousia*②,而动变之 *ousia* 又以不动之 *ousia* 为前提。最高科学也不可能等同于数学,像某些柏拉图主义者所以为的。亚里士多德曾说:"如今的思想家虽说是为了其他事物而做数学研究,却把数学充当哲学③。"数学其实也只与某种有限的存在相关,如果说数学也把它的对象看作不动的,这乃是它对感觉的 *ousia* 作了抽象之故④。于是便只剩下第一哲学或最高科学,它能从总体上对本质(essence)和存在(existence)同时进行考查,因为它是对某种不动的、非物质的、永恒的 *ousia* 所进行的确证⑤。如此规定了最高科学,亚里士多德就把自己的理论从根本上同柏拉图的辩证法区别开了。对柏拉图而言,辩证法是一种分析技艺,通过分析与对话紧密相连的逻各斯,从而获得对事物的定义,获得理型(Formes)或理念(Idées),而这些理型或理念即是整个实存结构的基础。但亚里士多德却拒绝把 *ousiai* 考虑为理念。于是,在亚里士多德眼里,辩证法是没有科学价值的,因为一切科学必定要么相关于某种存在,要么相关于存在之存在。因此,亚里士多德把辩证

---

① Aristote,《形而上学》,1026 a 23。

② Aristote,《形而上学》,1025 b 19。

③ Aristote,《形而上学》,992 a 33。

④ Aristote,《形而上学》,1026 a 14。我们注意到,亚里士多德的本文(1026 a 8 及14)拒绝在一般意义上界定数学对象的本体论地位,它只说了数学的某些分支。

⑤ Aristote,《形而上学》,1025 b 10 - 19 及 1026 a 30 - 33。

法仅仅视为以问答方式进行论辩的技术，它无所不谈，却无法给出
任何教义，因为它仅满足于从众所公认的观点和大家共有的观念
出发，进行论辩，全然不顾真理。在亚里士多德这里，辩证法与哲
学之间有着根本的对立①。亚里士多德对辩证法的定义所作的这
番修改，给他之后的哲学造成了不少混乱。

　　以上我们以亚里士多德为例，讨论了哲学专业的第一种划分方
式，其特征是，对每种科学的具体方法，一一作出详细规定。这种方
法论上的关注，是在辨证方法与数学方法二者之对立中展开的，我
们已在柏拉图的《理想国》中看到了②。而《蒂迈欧》强调，谈论自
然事物，只能以"似真寓言"（faible vraisemblable）为方法，这也同样
是对方法的关注③。亚里士多德对科学所作的划分，其中所包含的
对方法的关注，较之柏拉图，可以说有过之而无不及。事实上，亚里
士多德主张，每种科学，必定要从它所专属的原则出发，考虑它所专
属的对象，才可能提出它的论证。伦理学有其专属方法④，物理学
亦如此⑤。我们在《形而上学》E 卷所提出的划分语境中，举一例
看：亚里士多德认为，物理学的定义必定意味着对质料的考虑，但在
对质料的考虑中，必然要牵连到形式⑥。亚里士多德因此批评柏拉
图不顾各种存在方式的差异，处处都用同一种方法，即概念分析的
辩证方法。无论伦理学还是物理学都是这一方法⑦。亚里士多德

---

①　Aristote，《论题篇》（*Top.*），105 b 30；参 J. D. G. Evans，《亚里士多德的辩证
法概念》（*Aristotle's Concepts of Dialectic*），Cambridge，1977，p. 7－55。

②　Plton，《理想国》，510 b。

③　Platon，《蒂迈欧》，29 d。

④　Aristote，《尼各马可伦理学》（*Éth. Nicom.*），1094 b 11。

⑤　Aristote，《物理学》，193 b 22；《动物的构造》（*Parties des animaux*），639 a 1。

⑥　Aristote，《形而上学》，1025 b 28。

⑦　Aristote，《动物的构造》，642 b 5；《动物的生成》（*Génération des animaux*），748
a 8；《尼各马可伦理学》，1107 a 28。

称之为纯粹形式化的推理方法,即 *logikôs*;而与此相对的方法,要么从事物本性出发,即 *phusikôs*,要么从独有的起点上升到科学领域,即 *analutikôs*①。

　　从某些迹象看,可能会以为,老学园所认可的哲学专业划分,似乎较我们刚才论述的更简单。事实上,古代晚期的种种证据表明,柏拉图或克塞诺克拉底(Xénocrate)②已有了三分法:伦理学、物理学、辩证法(或逻辑学)。且不管"逻辑"一词在当时用法上的所有争议,我们认为这依然是据区分之法而作的归类,科学首先分为实践的(伦理的)、理论的,接着,理论科学又再分为关于感知世界的(物理学)、关于理念世界的(辩证法)。其实,只要观察一下克塞诺克拉底的作品分类③,便可发现,其中一组是伦理学的,另一组是物理学的,还有另一些就相当于传统的柏拉图辩证法。由此推断,数学也因其对象而被包含在辩证法(柏拉图意义上的)之中了④。可见,伦理学、物理学、辩证法,这种三分法在老学园就已有之。我们在这里又一次看到一种等级体系,它从偶然性的人类一直上升到超验性的神。

　　我们刚刚所列举的是:伦理学、物理学、辩证法。老学园是否用"逻辑学"一词个词来指柏拉图的辩证法呢? 我对此表示深表怀疑。其理由如下:最先用"逻辑学"(*to logikon meros*)一词来指哲学专业的是斯多亚派,我们刚才所引述的证据中有"逻辑学"

---

① Aristote,《物理学》,204 b 4 及 10;《尼各马可伦理学》,1147 a 24 及其以下;《生成和消灭》(*Génération et corruption*),316 a 11;《论天》(*Du ciel*),280 a 32;《分析篇》(*Analyt.*),84 a 8;参 M. Mignucci,《亚里士多德的论题论证》(*L'argomentazione dimostrativa in Aristotele*),t. Ⅰ,Padoue,1975,p. 484 及其以下。

② Sextus Emp.,《驳博学家》(*Adv. math.*),Ⅶ,16。

③ Diogène Laërce,Ⅳ,11 及其以下。

④ 参 H. J. Krämer,《形而上学精神的起源》,p. 146,n. 66。

一词,只是表示斯多亚派的术语造成的影响。这也是耶尔泽勒
(R. Hirzel)30 年前在《斯多亚的逻辑学》(*De Logica Stoicorum*)一
文所主张的①。确实,在斯多亚之前,没有任何文献、著作,无论
是柏拉图的还是亚里士多德的,证明"逻辑学"一词可表示哲学
专业。

　　或许有人反驳说,亚里士多德的著名文献《论题篇》(*Topiques*)
即把前提分为物理学前提、伦理学前提、逻辑学前提②。尽管如此,
该文献实际并未指涉哲学专业的划分。首先,亚里士多德本人就
说,在此处的语境中,作这种区分仅仅是方法上的权宜之计③,目的
在于,对人们所认可的观点及不同的论题进行归类,为将来的辩证
法家进行阅读、编纂、讨论,提供可资利用的前提。因此,这只是卡
片归类或文献荟萃。更重要的是,我们必须以亚里士多德所说的
一般意义来理解这里的 *logikos*。我们刚刚看到,亚里士多德是在
相对于"自然的"或"分析的"方法之意义上使用 *logikos* 一词的,意
在表示一种不以科学所专属的原则为基础,却以对"定义"(*log-
os*)④分析为基础的、纯粹形式化的方法。所以,*logikos* 一词并不表
示一种与物理学、伦理学相并列的学科,而只是一种物理学和伦理
学皆可加以利用的、纯粹形式化的手段。我想,我们可以像阿弗洛
狄斯的亚历山大(Alexandre d'Aphrodise)一样⑤,把这种伦理学、物
理学、逻辑学的命题划分与《论题篇》前几页所作的辩证法问题的

133

---

　　①　R. Hirzel,《斯多亚主义的逻辑学》(《De Logica Stoicorum》),*Satura Philologa*,
Festschrift Hermann Sauppe,Berlin,1879,p. 64 及其以下。

　　②　Aristote,《论题篇》,105 b 19。

　　③　Aristote,《论题篇》,105 b 19:*hôs tupôi*。

　　④　很清楚见于《物理学》,204 b 4 及 10;《论天》,280 a 32;《分析篇》84 a 8;《动
物的生成》,747 b 28。

　　⑤　Alexandre d'Aphrodise,《〈论题篇〉评注》(*In Top.*),pp. 74,26 及 94,7 Wallies。

划分①,作一对比。即可发现,在这几页纸中,一方面是物理学问题与伦理学问题之间的基本对立,另一方面则是关于诸问题的笼统的范畴。对亚里士多德而言,范畴仅仅是讨论伦理问题或物理问题的手段。此外,《论题篇》里的一篇专论也可考虑,它在论述"亚里士多德"意义上的辩证法时(亦即一种有别于哲学的技艺),似乎有点真地用了"逻辑学"一词来指"柏拉图"意义上的辩证法(亦即地道的哲学)。除此以外,在《论题篇》的众多本文中,"逻辑学"绝非是"辩证法"的同义词,因为"逻辑"问题或前提,仅仅是辩证法问题或前提之一分子,其外尚有伦理的与物理的。总之,作为现代意义上的"逻辑学"的发明者,亚里士多德在展示他的发明时,从未用"逻辑学"一词,而是用"辩证法"或"分析法"。

*

134　　　我们开头所说的第二种类型的划分,乃见于斯多亚派。分哲学为逻辑学、物理学、伦理学,或许可说这是继续先前的划分,但他们赋予了这种划分全新的含义。同时,还赋予各专业及其相互关系以新的内涵。首先,"逻辑学"成为哲学专业之一名,这在我看来就是新的。此逻辑学包含修辞学与辩证法,不过这种辩证法既不同于柏拉图的也不同于亚里士多德的。说不同于柏拉图的,原因在于这种辩证法不上升到自在的理念或理型②;说不同于亚里士多德的,原因在于,在斯多亚派处,辩证法(某些时候也包括修辞学)不仅只是一种针对或然领域的论辩技艺,而是一种科学,它往往从

①　Aristote,《论题篇》,104 b 1。

②　参 H. J. Krämer,《柏拉图主义与希腊化哲学》(*Platonismus und hellenistische Philosophie*),p. 114,n. 35。

公众的观念①、公认的观点出发，上升到确实性，上升到关于真理的知识。至少对克律西波是如此，对于他，辩证法是断真之科学，是哲人所必有的德性之一②。另一方面，柏拉图的辩证法，作为关于理型的科学，它的整个理论活动其实均集中在物理学；其所专注的神学，实在是由自然（*phusis*）的观念扩展来的。它不像在亚里士多德那里是一个专门领域，而是宇宙之整全，是赋予该整全以活力之力量。

或许有人认为，斯多亚的三分法，如柏拉图-亚里士多德的三分法，亦体现出一种等级的特点：物理学代表最高学科，因它关涉世界和神；伦理学稍低一等，因它关涉人的行为；逻辑学则是最低等的，因它关涉的是人的论说。某些关于斯多亚体系的"教育学" 135 描述，可能会给人以这般印象，对此，我们稍后再作讨论。但是——我们现在考查这第二类划分——斯多亚体系所具有的内在必然性，不可避免地要求以一种动态的连贯性和专业的相互渗透性，而替代上述等级式的描述。在斯多亚哲学中，诸专业之一体性，乃是以实存力量之一体性作基础的。正是同一种逻各斯（*Logos*），产生宇宙世界，开启人之理性天赋，表达为人之论说。无论对自身还是对一切程度的实存，这种逻各斯都保持着绝对的同一性。于是，物理学即关于宇宙本性之逻各斯，伦理学即关于理性人之本性之逻各斯，逻辑学便是这同一种逻各斯，表达为人之论说。从头至尾，都是同一种力量，同一种实存，它既是创生性的自然（Nature），也是行为的规范（Norme），还是话语的规则（Règle）③。无

---

① 参 É. Bréhier，《克律西波》（*Chrysippe*），Paris，1951，p. 59 及其以下，尤其是 65。

② 《斯多亚文献残篇》（*SVF*），t. Ⅱ，§ 129 及其以下。

③ M. Pohlenz，《斯多亚》（*Die Stoa*），Göttingen，1959，p. 34；H. J. Krämer，《柏拉图主义》（*Platonismus*），p. 114，n. 35；A. Graeser，《柯新的芝诺》（*Zenon von Kition*），Berlin，1975，p. 21 及其以下。

论柏拉图的辩证方法还是亚里士多德的抽象方法,均在可感世界与理型世界或本质世界之间建立了级别差,因此,也在哲学专业间造成了一种等级制。但正如布雷耶尔(É. Bréhier)所强调的:"在斯多亚处,丝毫不存在这一类方法步骤;它不再致力于消除那些直接给予我们的感觉材料,而是相反,从形体上见出理性(Raison)[……]正是在可感事物中,理性获得了自身实存之丰富性①。"本体论的级别差及其所带来的哲学专业差,在此被抹去了。布雷耶尔又说:"正是同一种理性,唯一的一种理性,在辩证法中联结起了前后项命题;在自然中联系起了原因;在行为中制定了最完美的和谐。好人不可能不是物理学家、辩证法家,因为,要在这三个分开的领域中使理性成为现实,是不可能的。比如,若我们不在自身行为中实现理性,就不可能在宇宙的运行事件中把握理性②。"这种相互渗透乃是斯多亚的一种极为亲密的关系模式,我们在物理学中(即在关于原因的系列中),同样可见到与伦理学(即关于诸德性的关系、亦即所谓 *anta-kolouthia*[品质的双向蕴含]的关系)相类似的例子③。以如此关系联结的诸专业,其间相互蕴含,划分不过徒有其名。据此模式,我们可说:逻辑学蕴含物理学,因为辩证法蕴含关于事件系列的理性观念④;逻辑学蕴含伦理学,因为在斯多亚派看来,辩证法是一种理解其他诸德性之德性,比如理解"下判断时当谨

136

---

① É. Bréhier,《哲学史》(*Histoire de la philosophie*),t. Ⅰ,2,Paris,1961,p. 303。

② É. Bréhier,同上。

③ 参 V. Goldschmidt,《斯多亚主义体系与时间观念》(*Le système stoïcien et l'idée de temps*),Paris,1977,p. 66;H. J. Horn,《德性的蕴含性与神的统一性》(《Antakolouthie der Tugenden und Einheit Gottes》),*Jahrbuch für Antike und Christentum*,t. 13,1970,p. 3–28;P. Hadot,《波菲利与维克多里努斯》,t. Ⅰ,Paris,1968,p. 239 及其以下。

④ 《斯多亚文献残篇》,t. Ⅱ,§ 952:命定论与矛盾原理是紧密联系在一起的。

慎"、"勿操之过急"①,因为一般而言,德性之好坏与判断相关②。
反过来说,物理学和伦理学也蕴含逻辑学,因为,诚如第欧根尼·
拉尔修所言③,"所有的物理学论题和伦理学论题,都只能诉诸逻
辑的陈述而加以考查"。伦理学蕴含物理学,因为,依克律西波
之观点,"善恶之分得自宙斯与普遍自然(Nature universelle)④"。
最后,物理学也蕴含伦理学,因为,理性的自然⑤,其终点即对世
界和众神的认知,以及对各种事件所含理性的觉悟,即意味着道
德行为的理性化。显然,在这一体系中,有一种从其他专业向伦
理学还原的倾向:哲学之三学科被定义为各种德性⑥,其间的相
互蕴含构成智慧⑦。智慧不可分解为伦理学、物理学、逻辑学;三
专业之分,无非是源自智慧者与宇宙、与他人、与自身思想的关
系⑧。哲学,作为"智慧修习"(exercice de la sagesse),乃由对三　　137
学科同时进行的恒久实践构成,这就是马可·奥勒留所断定的:
"只要可能,抓住每一次对你显现表象的机会,以一种恒久的方
式,实践物理学,实践关于激情的理论(即伦理学),实践辩证
法⑨。"奥勒留这句隐晦难解的格言,我以为,可由爱比克泰德和

---

① 《斯多亚文献残篇》,t. Ⅱ,§ 130 – 131;Cicéron,《论至善和至恶》(*De fin.*),
Ⅲ,21,72;Diogène Laërce,Ⅶ,46。

② 《斯多亚文献残篇》,t. Ⅲ,§ 456 及其以下。

③ Diogène Laërce,Ⅶ,83。

④ 《斯多亚文献残篇》,t. Ⅲ,§ 68;Cicéron:《论至善和至恶》,Ⅲ,22,73。

⑤ Cicéron,《论神性》(*De nat. deor.*),Ⅱ,14,37。

⑥ 参 Cicéron:《论至善和至恶》,Ⅲ,21,72。

⑦ Philon d'Alexandrie,《论黑暗》(*De ebrietate*),§§ 90 – 92。

⑧ 参 Marc Aurèle,《沉思录》,Ⅷ,27:"你会有三种关系:第一是对包裹着我们的
外壳(即对一切感觉和表象皆由其产生的身体);第二是对一切事物皆由其产生的神圣
的因;第三是对与你共同生活的人们。"此处的三种关系即分别对应逻辑学、物理学、伦
理学。

⑨ Marc Aurèle,《沉思录》,Ⅷ,13。

奥勒留所处时代的哲学专业理论的演进而加以解释:对伦理学的还原在这一时期更加突出了。爱比克泰德其实划分出了三个修习(*askêsis*)①的领域:对欲望的训育、对习性的训育、对思想的训育。在第一领域,我们训育自己的欲望,使其与普遍自然(Nature universelle)的意志相符;在第二领域,我们训育自己的行为,使其与一切人所共有的理性自然(nature raisonnable)的意志相符;在第三领域,我们训育自己的思想,使其与理性的法则(lois de la raison)相符②。这三个领域实际——对应于物理学、伦理学、逻辑学③。而在这三学科中,关键是"精神修习"(exercice spirituel):作为精神修习的物理学,使我们明了我们在宇宙中的位置,使我们为着普遍逻各斯(*Logos* universelle)的意志,带着爱意、好意来接纳各种事件④;作为精神修习的伦理学,使得我们从根本上养成依人的理性自然来行动的习性,这就是说,使得我们实践正义,实践对同类之爱;作为精神修习的逻辑学,使我们时刻批判自己的表象,以避免任何与理性不相符的判断溜进我们的思想序列。从这一角度看,哲学之三专业不过是斯多亚的基本精神态度——惕厉(vigilance)——之三方面。此谓马可·奥勒留的思

---

　　① *askêsis* 是阿多解释古代哲学的关键术语,法译为"exercice",所以下文说"exercice spirituel",中文常译为"修炼""修行""灵修"等,译者认为这些译名宗教意味较重,故改译为"修习"。另,阿多的这一观念对福柯晚期思想影响甚大,尤其体现在福柯1982年度法兰西学院课程《主体解释学》中。——译注

　　② Épictète,《论说集》,Ⅰ,4,11;Ⅲ,2,1;Ⅱ,8,29;Ⅱ,17,15 及 31;Ⅳ,4,16;Ⅳ,10,13。

　　③ 参 P. Hadot,《马可·奥勒留〈沉思录〉的关键:马可·奥勒留所理解的三个哲学场域》(«Une clé des *Pensée* de Marc Aurèle: les trois *topoi* philosophiques selon Marc Aurèle»,*Les Études Philosophiques*,1978,p. 65 - 83。

　　④ 参 P. Hadot,《作为精神修习的物理学》(«La physique comme exercice spirituelle»),*Revue de Théologie et de Philosophie*,1972,p. 225 - 239。

想意义:"时时处处,这取决于你,[首先]以诚敬之心满足于各种事件的当下之和[此为作为精神修习的物理学],[第二]以正义之心对待眼前之人[此为伦理学];[第三]以辨别之准则专注于当前的表象,防止非客观的东西潜入思想[此为逻辑学]①。"这里,很明显,哲学的三种活动又一次同时出现。138

　或是受遥远的阿斯卡龙的安提俄库(Antiochus d'Ascalon)的影响,——因他曾致力在亚里士多德主义、柏拉图主义、斯多亚主义之间作一种综合,——罗马帝国时代的众多柏拉图哲学教本也忠实地保留了斯多亚主义精神,因为它们从哲学的三一结构中认识到了自身体系的基础。我们可在第欧根尼·拉尔修②、阿普里乌斯(Apulée)③、阿提库斯(Atticus)④、奥古斯丁⑤处看到这一主题。他们认为,哲学成为一个 *corpus*,一个有生命的、整全的、完善的机体,当归功于柏拉图本人,是他把物理学、伦理学、辩证法归并在一起的。其中有些人⑥认为,柏拉图只归并了之前就有的三种学科:前苏格拉底的物理学、苏格拉底的伦理学、埃利亚的辩证法。另一些人⑦则在柏拉图本人的辩证法中辨别由柏拉图所创建的体系元素,为的是对整合进柏拉图主义中的另两种元素——毕达哥拉斯的物理学和苏格拉底的伦理学进行综合。因而,柏拉图成了苏格拉底与毕达哥拉斯二者的综合。可见柏拉图主义出场时,对

---

①　Marc Aurèle,《沉思录》,Ⅶ,54。

②　Diogène Laërce,《名哲言行录》,Ⅲ,56。

③　Apulée,《论柏拉图》(*De Platone*),Ⅰ,3,186。

④　Atticus,dans Eusèbe,《福音的准备》(*Prép. év.*),ⅩⅠ,2,1。

⑤　Augustin,《驳学园派》(*Contra Academ.*),Ⅲ,17,37;《上帝之城》(*De civ. Dei*),Ⅷ,4 及其以下。

⑥　Atticus 与 Apulée。

⑦　Diogène Laërce 与 Augustin。

斯多亚方案的利用，歪曲竟至此。最过分的还不是那些本原理论（神、理念、物质）统统被塞到了物理学中①（《蒂迈欧》一般被看作"物理学"对话，即可证明此点），而是辩证法丧失了最高科学地位，丧失了向绝对原则上升的特点。它仅仅成了一种——倘用这些教本作者的话来说——在论说中进行区分和构造的技艺②，或者一种关于命名理论的精确探究③。只有亚历山大里亚的克莱蒙④、普罗提诺⑤、奥古斯丁⑥懂得区分斯多亚、亚里士多德、柏拉图这三者的辩证法，声明唯有柏拉图的辩证法才以真正的实存，也就是神的实存为目标。

139　　　　斯多亚派对哲学专业所作的统一和体系化方案，为柏拉图哲学教本所采纳，并在以神作为哲学三专业的共同对象的理论中，找到了最完善的表达方式，实现了它的全部潜力。这些理论延续了斯多亚派的基本思维模式——以逻各斯为哲学各专业的共同对象。若依亚历山大里亚的克莱蒙⑦，物理学乃以作为实体（ousia）的神为对象，伦理学乃以作为善的神为对象，逻辑学乃以作为理智的神为对象。若依奥古斯丁⑧，物理学乃以作为存在原因的神为对象，逻辑学乃以作为思想准则的神为对象，伦理学乃以作为生活规范的神为对象。奥古斯丁的这种顺序：物理学、逻辑学、伦理学，与三位一体的位格顺序相应：圣父为存在的本原（Principe de

---

① Diogène Laërce, Ⅲ,76;Apulée,《论柏拉图》, Ⅰ,3,190。

② Atticus, dans Eusèbe,《福音的准备》, Ⅺ,2,1。

③ Diogène Laërce, Ⅲ,79。

④ Clément d'Alexandrie,《杂文集》(Strom.), Ⅰ,28,176,3。

⑤ Plotin,《九章集》, Ⅰ,3,5,12。

⑥ Augustin,《驳学园派》, Ⅲ,17,37; De civ. Dei(《上帝之城》), Ⅷ,7。

⑦ Clément d'Alexandrie,《杂文集》, Ⅳ,25,162,5。

⑧ Augustin,《上帝之城》, Ⅷ,4;Epist.(《书简》),118,3,20。

l'être)，圣子为理智（*Intelligence*），圣灵为爱（*Amour*）①。在这里，哲学各专业之一体性，所反映的是神的位格之交互内在性。

＊

第三类划分牵涉到一个复杂的主题：教育学的维度。这一维度包含方法的阐述、时间的次序、功夫的积累、理智和心智的进步。其关键在于确定哲学的教学方案，既要考虑思想的逻辑次序，也要照顾学者的接受能力。

表面看，这第三类划分除了一种外在次序，并未给我们之前所研究的划分添加任何新内容。有人以为，前两类划分，既可从它们自身出发，以一种纯粹形式化的方式加以考查；也可从与学者的关系出发，以一种教育学的视角加以考查。因而，古代末期那些亚里士多德的评注者在为《范畴篇》作导论时，一方面非常忠实于亚里士多德对哲学的专业划分，尤忠于把理论科学再分为神学、数学、物理学；另一方面又为学生列出了其所必须学完的课程（*cursus*），而这些课程的进修次序原则上②是与专业的划分次序相逆的，因为在亚里士多德处③，本体论次序与教学次序，也就是自身的可认

140

---

① Augustin,《上帝之城》，Ⅺ,25,它与自然（*natura*）、学说（*doctrina*）、实践（*usus*）这个三一学说相关；参 P. Hadot,《普罗提诺及其之前的存在、生命与思想》（«Étrê, vie et pensée chez Plotin et avant Plotin»）,*Entretien sur l'Antiquité Calssique*, t. Ⅴ, Genève, Fondation Hardt,1960, p. 123 – 125；O. du Roy,《奥古斯丁三位一体论中的信仰理性》（*L'intelligence de la foi en la Trinité selon Augustin*）,Paris,1966, p. 447。

② 例如,Simplicius,《〈范畴篇〉评注》（*In Categ.*）,pp. 4,23 及 5,3 Kalbfleisch；Elias,《〈范畴篇〉评注》（*In Categ.*）,p. 115 –119 Busse,该书枚举了亚里士多德关于教学顺序的不同理论，说明，即便在亚里士多德本人这里，问题也并不是那么容易解决的。

③ Aristote,《分析篇》,72 a；参 M. Mignucci,《亚里士多德的论题论证》（*L'argomentazione dimostrativa in Aristotele*）, t. Ⅰ, p. 30。

识与对我们而言的可认识,有着根本上的冲突。所以,科学的下降等级对应的却是教学的上升等级。对斯多亚主义体系亦如此,若从教育的角度考虑考虑它,则可以说,我们在前面所论述的该体系所具有的密不可分的连带性和相互渗透性,无非是说明,可在哲学的三个专业中任选一个作为教学的开始。

　　然而,这第三类划分却实实在在与前两类截然不同。前两类划分其实纯粹是观念上的:它们均以现成的、整全的知识或智慧作前提。第三类则相反,它对应于哲学现实的、具体的活动。哲学不是一蹴而就的。它必须在交流中自我实现,也就是在解释中,在对学生进行陈述和传播的“论说”(discours)中实现自身。这种哲学“论说”于是引入了时间维度,包含两种成分的时间维度:论说自身所具有的“逻辑学”时间(我采用 V. Goldschmidt 的表达①)、学生的教养(paideia)所需要的心理学时间。逻辑学时间对应的是表述、解释的内在需要:要想与学生交流,哲学就必定要以论说的方式来表达自身,这种表达又端赖于一种讲究先后次序的连贯论证;必须先说这个,再说那个。这种先后次序即“逻辑”时间。这番论述传达至学者,便在学者身上唤起另一成分,即学者自己精神进步(progrès spirituel)所需的步骤和阶段:这就是一种个人所固有的心理学时间,或者至少是教育学时间。我们从近代哲学取一例。当笛卡尔考虑教育学时②,他建议读者们用“几个月或者至少

141

---

　　① V. Goldschmidt,《哲学体系解释中的历史时间与逻辑时间》(《Temps historique et temps logique dans l'interprétation des systèms philosophiques»),Actes du XI° Congrès international de Philosophie,XII,Bruxelles,1953,p. 7 - 11。

　　② 我借用了 V. Goldschmidt 的这个例子,《哲学体系解释中的历史时间与逻辑时间》,p. 11,他引用了 Descartes,《对〈沉思集〉的两条反驳所作的回应》(« Réponse aux secondes objections contres les […] Méditations»),见:Ch. Adam et P. Tannery,《笛卡尔作品集》(Œuvres de Decartes),t. IX,p. 103 - 104。

几个周"来时时考虑他的前两个《沉思》。他在这里说的时间是有别于"逻辑"时间的另一种时间，是用以成熟、用以消化的时间。如果学生还没消化这些学说，讨论别的将是徒劳的，也是不可能的。所以笛卡尔在第一沉思只讨论普遍怀疑，在第二沉思只讨论精神的本性。可见教育的必要性影响着作品的内容。因此，我们刚才所说的两种成分——逻辑时间与心理学时间——规定着我们现在将要讨论的第三类划分。我们现在已经隐约看见，这两种成分可能深深地改变了哲学专业的内涵及其意义。同样真实的是，我们将看到，在这两种成分之间有着永恒的冲突；事实上，一旦我们出于对门生精神状况的考虑，则维护逻辑次序将会是非常困难的。

　　在柏拉图和亚里士多德处，我们已看到诸多重要的教育学忧思，这于之后的传统是一种很大的影响，不过我们并未看到以精神进步为旨归的专业划分。事实上，就亚里士多德而言，我们已经注意到存在次序(*ordo essendi*)与认知次序(*ordo cognoscendi*)之间的冲突①。但我们同样也注意到，我们在他的作品中并未看到有关哲学教学的具体方案。柏拉图倒是在《理想国》中对哲学教学给出了草图②，他提议未来的哲学家在从事辩证法前，得在数学上下足功夫。但我们并不能由此断定，实际的学园教学③就一定符合理想国中的教学体制。不过，可肯定的是，柏拉图非常重视教学必须符合门生的心智水平这个问题。所以在《理想国》中，他提醒年 **142**

---

　　①　我们可在亚里士多德的作品中看到某些教育理念，如(《形而上学》，1005 b 4)：事先未经分析的教导，我们是不可能理解某些哲学问题的；或(《尼各马可伦理学》，1095 a 1 及其以下)：年轻人如果不先完善品行，他们是无法研究伦理学与政治学的。

　　②　Platon，《理想国》，521 c 及其以下。

　　③　参 H. Cherniss，《老学园》(*Die Ältere Akademie*)，Heidelberg，1966，p. 82 - 83。

轻人,若过早从事辩证法,将有危险①。同样,精神进步这一观念在柏拉图的另外两个关乎命运的比喻中也表达出了:洞穴中的囚徒开始转变,逐步适应日光②;神秘的厄琉西斯的奥义传授(telea, epoptika),正是第俄提玛所描述的灵魂朝向美的上升阶梯③。

在斯多亚派这里,我们第一次碰到关于哲学教育的明确讨论,它涉及哲学各专业的次序及其内涵。刚才我们已经看到其学说之一面:哲学的三个专业相互蕴含,同时,这三专业的修习本身构成了智慧。不过,这只是理想状况。现在,我们来看其学说之另一面:哲学的专业划分,专业间的先后承继,及因之而有的哲学教学的必然性。正是在此意义上,斯多亚派说,所谓的哲学专业,其实并非哲学本身所具有的专业,而是哲学教学的论说,即哲学教学的逻各斯所具有的专业④。只有教学的论说才有先后次序及承继可言。斯多亚派对于教学上的迫切要求非常敏感。因而,在每一专业内部,他们均严格定有论证的逻辑次序⑤,如第欧根尼·拉尔修所记的辩证法概要⑥,亦如西塞罗在《论至善与至恶》(De finibus)卷三所录的道德报告⑦。在西塞罗之例中,我们可看到,严密地思想进展,同时也是精神进步。如何由关于习性的物理学理论出发,证明这种自然习

①   Platon,《理想国》,539 b。亦参《斐德若》,271 b,修辞学应该对不同种类的灵魂采用不同种类的论说。

②   Platon,《理想国》,514 a 及其以下。

③   Platon,《会饮》,210 a。

④   Diogène Laërce, Ⅶ,39:"他们说,所划分的三部分,是指对哲学的论说(ton kata philosophian logon)。"及Ⅶ,41:塔索斯的芝诺则不同于其他斯多亚主义者,他认为所谓的专业是指哲学的专业,而不是哲学论说的专业。

⑤   参 V. Goldschmidt,《斯多亚哲学体系与时间观念》,p. 61 – 62。关于伦理学的再划分,参 A. Méhat,《论亚历山大里亚的克莱蒙的〈杂文集〉》(Essai sur les Stromates de Clément d'Alexandrie),Paris,1966,p. 77 及其以下。

⑥   Diogène Laërce, Ⅶ,49;Ⅶ,84;Ⅶ,132。

⑦   Cicéron,《论至善与至恶》,Ⅲ,4,14 及其以下。

性如何在理性的层面,成了对人性之爱,以便达到智慧之顶①。斯多亚派尤为注重哲学专业的教学次序。第欧根尼·拉尔修②与塞克斯都·恩披里柯③转述了流传于学校的各种不同理论。人们普遍同意把逻辑学置于课程(*cursus*)之首——唯爱比克泰德对此有保留意见④——,却对伦理学与物理学的位置表示出犹豫⑤。这种犹豫见于第欧根尼·拉尔修和塞克斯都·恩披里柯对斯多亚派的著名比喻所作的诠释⑥:斯多亚派把哲学各专业比作诸如鸡蛋、园林、生命体等有机组织,逻辑学总是确保机体稳固性的专业,而伦理学与物理学则时常互易其位,二者皆可为最核心、最珍贵的专业。

像伯霍菲(A. Bonhöffer)所说⑦,这些讨论和犹豫可由实行专业划分的不同观点——逻辑学的或教育学的——加以解释。既可说物理学必须优先于伦理学,以便在逻辑上由对自然理性的认知而对伦理学加以深化;也可说伦理学必须优先于物理学,以便为沉思自然而进行灵魂上的准备⑧。克律西波以厄琉西斯的奥义传授作喻,把物理学作为一种有关神的启示(*teletê*)置于末端⑨。恩披里柯以同样的方式对哲学各专业的次序进行了描述⑩:精神必经

① 参 V. Goldschmidt,《斯多亚哲学体系与时间观念》(*Le systèm des stoïcien et l'idée de temps*),p. 62。

② Diogène Laërce,Ⅶ,40 - 41。

③ Sextus Emp. ,《驳博学家》,Ⅶ,16 - 19。

④ Épictète,《论说集》,Ⅲ,2,5;Ⅰ,8,4。

⑤ Diogène Laërce,Ⅶ,41。

⑥ Sextus Emp. ,《驳博学家》,Ⅶ,17 - 19;Diogène Laërce,Ⅶ,40。

⑦ A. Bonhöffer,《爱比克泰德与斯多亚派》(*Epiktet und Stoa*),Stuttgart,1890 (réimpr. 1968),p. 13 及其以下。

⑧ 参 Ilsetraut Hadot,《塞涅卡与希腊-罗马的灵魂引导传统》(*Seneca und die griechisch-römische Tradition der seelenleitung*),Berlin,1969,p. 115。

⑨ 《斯多亚文献残篇》,t. Ⅱ,§ 42 及其以下。

⑩ Sextus Emp. ,《驳博学家》(*Adv. math.*),Ⅶ,23。

逻辑学得以强化,生活方式必经伦理学得以美化,终而达至物理学所认可的那些神圣对象。

但切勿以为,哲学各专业的次序是可随意调换的,是可依各自的逻辑需要或精神进程随意调整的。实际上,逻辑方面与教育方面存在冲突。例如,在教学中,倘若把伦理学置于物理学之先,我们不可能不丧失其逻辑根基,因为此根基乃扎于物理学内。若此,伦理学将不再是关乎人类生活目标的普遍理论,而成为一种关于社会"责任"的教学。但诚如伯霍菲所强调①,这两方面在斯多亚主义伦理学中是同时存在的。倘置物理学于伦理学之先,则物理学将再能不展示其丰富性,将不再是哲学神秘性之最高启示(teletê)。至于辩证法,如爱比克泰德所言,针对初学者与针对精神成熟者,其内容是不一样的。出于教学的实际需要,哲学专业的内容也随之引起重大变动。遗憾的是,可供我们了解斯多亚派教学的仅有少数残篇和概要,不足以考查由逻辑次序与教学次序之冲突引起的整个教义的演变情况。

斯多亚派在承认哲学专业的必要区别时,也尽量把所有专业同时传授给学生,让学生一直接触学说整体,试图用这种教学方法解决如上冲突。据第欧根尼·拉尔修记述,某些斯多亚主义者就认为"没有哪个专业有优先地位,所有专业都在教学中混在了一起②"。这也是克律西波的建议:"以逻辑学开始者,不必拒斥其他专业,若有机会,也该学习它们③。"此方法旨在避免学生因在一段时期内仅修习辩证法、伦理学或物理学其中之一而带来的危险。

---

① A. Bonhöffer,《爱比克泰德与斯多亚派》,p. 19。

② Diogène Laërce, VII,40(我是按原稿辨读 prokekristhai 的)。

③ 《斯多亚文献残篇》,t. II,20,10(= Plutarque,《论自相矛盾的斯多亚主义》[De stoic. repugn.],1035 e)。

如 I. 阿多(I. Hadot)所证明①,在斯多亚派之处(及伊壁鸠鲁派之
处),在精神进步的每一阶段,其教学方法都总是要尽力成为"整
体的"。对初学者,人们只告诉他们一些格言或梗概,让他们一开
始就大致接触根本教义,从而为其生活提供重要准则。对心智成
熟者,则把更细、更专的述论告诉他们,同时也不断回顾根本教义,
以免它们消失于眼前。因此,即使只深刻钻研三学科之一,学生也
要对三学科有所接触。在专与泛、合与分之间一直保持循环往复。

　　这个法子并没有彻底解决逻辑次序与教学次序之间的冲突。
事实上,他们会对教义本身做一些加工,或简化,或改编,使其与学
生的心智能力相符,满足教学之需。若是对初学者,他们甚而求助
于其他学派的箴言(如伊壁鸠鲁主义的),只要这些箴言对学生更
有效。这是克律西波本人在《治疗法》(*Therapeutikos*)提出的原
则②,直至古代末期都还为所有学派所坚持。在解释古代哲学作
品中存在的纷争或矛盾时,必须考虑这一原则③。

　　我们发现,在从西塞罗至第欧根尼·拉尔修的作者们所写的
柏拉图哲学概要里,逻辑学总是排在第三位④。这似乎是对作为
最高科学的柏拉图辩证法的延续,尽管这些教本中的逻辑学内容

----

　　①　I. Hadot,《塞涅卡与希腊-罗马的灵魂引导传统》,p. 52－56;亦参她的论文,
《伊壁鸠鲁与希腊化罗马的哲学教学》(«Épicure et l'enseignement philosophique
hellénistique et romain»),*Actes du Ⅷᵉ Congrès de l'Association Guilluame Budé*,Paris,1968,
p. 347－353。
　　②　《斯多亚文献残篇》,t. Ⅲ,§ 474。
　　③　I. Hadot,《塞涅卡与希腊-罗马的灵魂引导传统》,p. 21;亦参她的另一著作
《亚历山大里亚的新柏拉图主义问题》(*Le problème du néoplatonisme alexandrin*),Paris,
1978,p. 190。
　　④　参 É. Bréhier,《古代哲学研究》(*Études de philosophie antique*),Paris,1955,
p. 215-217。我认为,他把这第三位看作"受人蔑视的逻辑技巧",其理由并不充分。相
反,这第三位大致是很体面的。

与柏拉图的辩证法并不一致。难道这就是所谓"新柏拉图的"划分方式的雏形么？我们来看一下。

自公元 1 世纪始,出现了一种以精神进步的观念作基础的哲学专业划分;三专业之划分依次为:伦理学、物理学、奥义学(époptique,这一术语显然是借喻于厄琉西斯神话的最高奥义传授)。首要证人乃是普鲁塔克,他在《论伊希斯》(De Iside)中称[1],柏拉图和亚里士多德在物理学之后安排了一哲学专业,名曰"奥义学",它以"第一位的、单纯的、非物质的东西"为对象。普鲁塔克接着说,柏拉图和亚里士多德认为,"作为最高的奥义传授,凭借与那纯净真理的实际碰触——那蕴藏于第一位的、单纯的、非物质的东西中的纯净真理——哲学找到了自身的归宿。"而忒翁(Théon de Smyrne)为描述哲学上的教养,也用了厄琉西斯奥义传授的术语,称对逻辑学、政治学(亦即伦理学)、物理学的学习为启示(teletê),称对真实的存在者的认识为奥义学(épopteia)[2]。亚历山大里亚的克莱蒙也承认这一理论[3],他依次列举出:伦理学、物理学(他理解为一种寓意解释)、奥义学。奥义学可视作柏拉图的辩证法及亚里士多德的形而上学。最后,奥利金给我们论述了这种三分结构与精神进步所需阶段的关系[4]。据他说,伦理学确保对灵魂的预先净化;物理学通过揭示感性世界的虚妄,促使我们超脱它;奥义学向受过净化的灵魂敞开对神圣实在的沉思。因此,对他而言,所罗门三书对应的即是哲学三专业:《箴言》确保伦理的

---

① Plutarque,《论伊希斯》(De Iside),382 d。

② Théon de Smyrne,《述数学知识》(Expos. rer. mathem.),p. 14 Hiller。

③ Clément d'Alexandre,《杂文集》,Ⅰ,28,176,1 - 3。

④ Origène,《〈雅歌〉评注》(In Cant.) Prol.,p. 75,6 Baehrens;参 Évagre,《论修行》或《论修道士》(Traité pratique ou Le moine),§ 1 Guillaumont。

净化;以"虚空之虚空"(*Vanitas Vanitatum*)起始的《传道书》告诉
我们物理世界的虚妄;《雅歌》引我们至奥义学。在后面的文本
中,奥利金更直白地说,据一些亚里士多德主义哲学家,逻辑学作
为项词和命题的科学,它不是独立存在的专业,而是混合于那三专
业内的。奥利金之后,这种以精神进步作基础的三一划分可见于
波菲利,其所编辑的普罗提诺《九章集》便是这一模式。第一组九
章相应于伦理学,这是预先的净化阶段;第二和第三组九章相应于
物理学;第四、第五、第六组九章是对神圣实在的认知,因此相应于
奥义学。很可能正是因了波菲利,卡西狄乌斯(Calcidius)才认识
到物理学(由柏拉图《蒂迈欧》所传达)与奥义学(由《巴门尼德》
所传达)之间的对立①。整个这一传统有某些与众不同的典型特
征:用厄琉西斯的 *epopteia*(奥义传授)一词,以示哲学最高等级的
专业;把柏拉图的辩证法与亚里士多德的神学相等同;视亚里士多
德的逻辑学为一种工具(*Organon*),因此,亚里士多德主义乃是作
为一个整体见于柏拉图式的学习中;尤为显著的是,与每一哲学专
业相应的并非纯粹是一种理智水平,一种抽象知识的获取,而是表
示一种内在的进步,这是个人发生改变的结果,是他在本体论上迈
向高等领域的结果。非常明显,在这一模式中,伦理学和物理学都
获得了例如与在亚里士多德哲学中截然不同的新意义。伦理学无
非是一个预先净化的步骤;物理学不再是一种科学探究,而是一种
思辨,其旨在于意识到这一事实,即感性实在不过是一副幻象罢
了。在波菲利编辑的《九章集》中,逻辑次序与教育次序的冲突同
样很尖锐,这一问题的严重程度在新柏拉图主义处并不低于斯多
亚主义处。不涉及"奥义学"而谈论伦理学或物理学,是不可能

147

---

① Calcidius,《〈蒂迈欧〉评注》(*In Tim.*),pp. 170,7 及 277,5 Waszink。

的,因此第一组《九章集》中的不少论文,理论上针对的是初学者,其实却难度极大。

这一基本方案:伦理学、物理学、奥义学,乃是自公元 1 世纪至古代末期的哲学学习的纲领。只是在新柏拉图主义处,大致自波菲利始,这一纲领一方面新增亚里士多德的逻辑学为预备课程;另一方面,与《理想国》中的学说相应,这一纲领还把数学作为预科增加了进去,因其对于学习柏拉图的辩证法必不可少。于是,最终方案如下:第一步,伦理学与逻辑学;第二步,物理学与数学;第三步,奥义学与神学①。

但还得补充一点。新柏拉图主义把这种方案与一种精神进步的理论联系了起来,普罗提诺为此勾画轮廓,波菲利使之系统化②。我将按照这种理论来谈谈德性的等级。精神进步,第一步是实践"政治"德性,就是说,按照明智、正义、勇敢、节制来实现其社会生活的责任。在这种必须的预备——其大致相当于哲学的伦理学专业——之后,可以提升至一种叫作净化的德性,这是一种超脱身体的运动。于是从平常心(*metriopatheia*)到了不动心(*apatheia*)。这一境地相应于哲学的物理学专业,我们已经知道,它以灵魂对感性世界的超脱为目的。一旦灵魂充分地超脱身体,转向神圣的理智并沉思这种理智,最终就达到了理论德性。这一境地显然相应于神学或奥义学。所有这一切德性都可在神的理智本身中找到其范式,只是人的灵魂难以接近它们罢了。

所以,这里的学习之路同时也就是精神朝着神的上升(*ascen-*

---

① Proclus,《柏拉图神学》,Ⅰ,2,p. 10,11 Saffrey-Westerink。

② Porphyre,《格言集》(*Sent.*),§ 32,Lamberz。参 W. Theiler,《日晷》(*Gnomon*),t. 5,1929,p. 307 – 317; I. Hadot,《亚历山大里亚的新柏拉图主义问题》(《Le problème du néoplatonisme alexandrin»),p. 152 及其以下。

sio mentis ad Deum)之路,我们在此路上依次经净化之路、启示之路、结合之路①。但与这一步骤对应的具体内容又是什么呢? 从某一时期开始,——我们所能确定的大致是公元 1 世纪,——哲学教学在很大程度上是由对学派缔造者的作品进行注释和阅读而构成。这并不排斥与先师就那些普遍化问题或特殊化问题进行商讨,但本质上依然是解释文本②。因此,与新柏拉图主义的学习步骤相应的,其实乃是亚里士多德和柏拉图作品的阅读次序。我们已在阿尔比努斯(Albinus)处看见了这一雏形③。如若我们试着对所掌握的材料进行一番系统整理,情况似乎是,哲学的专业划分更多是用于确定亚里士多德作品的阅读次序,在新柏拉图主义眼里,他代表的是哲学小奥妙,亦即最初的启蒙;而与专业划分紧密联系在一起的德性等级划分,则支配着柏拉图对话的阅读次序,亦即哲学大奥妙的阅读次序④。

于是,我们可设想一哲学课程(*cursus*)如下:最初的伦理启蒙

149

---

① 参 H. van Lieshout,《普罗提诺的德性理论:论托马斯〈神学大全〉中的一篇论文的来源》(*La théorie plotinienne de la vertu. Essai sur la genèse d'un article de la* Somme théologique *de saint Thomas*),Fribourg,Suisse,1926。

② 参 Épictète,《论说集》,Ⅰ,4,7;Ⅰ,17,13;Ⅱ,16,34;Ⅱ,21,10 - 11;Ⅲ,21,7;参 I. Bruns,《爱比克泰德的学校》(*De schola Epicteti*),Kiel,1897,p. 14;Aulu-Gelle,《阿提卡之夜》(*Nuits attiques*),Ⅰ,9,9;波菲利,《普罗提诺生平》(*Vie de Plotin*),§ 14;Marinus,*Vita Procli*.(《普罗克鲁斯生平》),p. 157,7 及其以下 Boissonade。也见 Elias,《〈范畴篇〉评注》,p. 115 - 119 Busse,它讨论了哲学专业的学习顺序。

③ Albinus,《〈范畴篇〉导论》(*Eisagôgê*),载 C. F. Hermann,《柏拉图作品集》(*Platonis Opera*),Ⅵ,Leipzig,1853,p. 147 - 151;参 R. Le Corre,《阿勒比努斯的〈绪论〉》(《*Le prologue d'Albinus*》),*Revue Philosophique*,t. 81,1965,p. 28 - 38。阿勒比努斯以学生的秉性及精神修习为基础,提出了阅读柏拉图作品的阅读顺序。

④ 对比 Marinus,《普罗克鲁斯生平》(*Vita Procli*.),p. 157,41 Boissonade;Simplicius,《〈物理学〉评注》(*In Phys*.),p. 5,29 Diels,及《〈范畴篇〉评注》(*In Categ*.),p. 5,3 及其以下 Kalbfleisch;无名氏著《柏拉图哲学绪论》(*Anonymous Prolegomena to Platonic Philosophy*),10,26,p. 49,1 Westerink。

必须简单而能激动人心,可从爱比克泰德的《道德手册》或毕达哥拉斯的《金诗》入手①;接着,学习亚里士多德的《工具论》以培养逻辑;再接着,相继阅读亚里士多德伦理学和政治学专论,其后读《物理学》,最后读《形而上学》。据马里诺(Marinos)说,普罗克鲁斯至少花了两年时间才传授完哲学的这些小奥妙②。如此便到了大奥妙。先以《阿尔西比亚德》的"认识自己"为引;接着读《高尔吉亚》,如有需要则读《理想国》以入政治德性之境;再读《斐多》以得净化德性;到理论德性之境,先读逻辑对话《克拉底鲁》与《泰阿泰德》,再读物理对话《智者》与《政治家》,三读神学对话《斐德若》、《会饮》与《斐勒布》。其中第二阶段或以《蒂迈欧》作物理学,以《巴门尼德》作神学③。很显然,柏拉图对话的此种阅读方案,实在是以一种强制的诠释为基础的。

*

150   在《作为意志和表象的世界》(*Die Welt als Wille und Vorstellung*)第一版序言中,叔本华写道:"一个思想的系统总得有一个结构上的关联,也就是这样一种关联:其中总有一部分在下面托住另一部分,但后者并不反过来托住前者;而是基层托住上层,却不为上层所托起;上层的顶峰则只被托住,却不托起什么。与此相反,一个单一的思想,不管它的内容是如何广泛,都必须保有最完整的

---

① 参 I. Hadot,《亚历山大里亚的新柏拉图主义问题》(《Le problème du néoplatonisme alexandrin》),p. 160 及其以下。

② Marinus,《普罗克鲁斯生平》,p. 157,41 Boissonade。

③ 参 A. -J. Festugière,《5、6 世纪的柏拉图对话的阅读顺序》(《L'ordre de lecture des dialogues de Platon aux Vᵉ/VIᵉ siècles》),*Mus. Helv.*,t. 26,1969,p. 281 – 296。

统一性。即令是为了传达的方便,让它分成若干部分,这些部分间
的关联仍必须是有机的,亦即这样一种关联:其中每一部分都同样
蕴涵着全体,正如全体蕴涵着各个部分一样;没有哪一部分是首,
也没有哪一部分是尾。整个思想通过各个部分而显明,而不预先
理解全部,也不能彻底了解任何最细微的部分①。"叔本华在这里
把"体系的思想"与"单一的思想"对立起来,但我们完全可以说,
他所对立的其实是两种类型的体系:一为建筑体系,或以莱森冈
(Leisegang)的术语即"观念结构"(Denkforme)②,这是概念的金字
塔;另一为有机体系。我们所讨论的前两类划分方式便属于这两
种体系。柏拉图-亚里士多德的划分方式以建筑型的关联为前提:
从本体论上看,低等级的如若离开了高等级的便不能存在,但高等
级的离开了低等级却可以存在③。相反,斯多亚的划分方式则以
有机型的关联为前提:哲学的各个部分,毋宁说哲学论说的各个部
分,造成了一个体系,因它们是由种种有机思想合在一起的,但表
现为一个单一观念的三方面,这个单一的观念即是逻各斯(Log-
os),它们以相互蕴含的方式,同单一的逻各斯,同这种有活力的单
元体相类似④。

　　这两类划分方式,各自描绘了一副关于智慧的理想图景:对第
一类而言,智慧乃是普遍性的知识,它是由各门科学、各种科学方

---

　　①　中译文取自叔本华:《作为意志和表象的世界》,石冲白译,杨一之校,1982 年,
商务印书馆,第 1-2 页。——译注

　　②　H. Leisegang,《思想型式》(*Denkformen*),2e éd.,Berlin,1951,p. 208,他引了我
们所说到的叔本华的那段文本。

　　③　这个意思与叔本华的比喻其实是相反的,因为这里说的是,高等级的使低等
级的得以存在。不过二者的要义仍然一样:组成一个体系的不同部分,其间的关系是
不可逆的。

　　④　V. Goldschmidt,《斯多亚哲学体系》(*Le systèm stoïcien*),p. 64,他把斯多亚主
义与我们刚才所引叔本华文本作了类比。

151 法、科学的各种对象所构造起来的建筑体系；对第二类而言，智慧乃是对见于万物中的逻各斯进行沉思的专注。第三类划分则不再是关于智慧的理想图景的描绘，而是通往智慧的道路，通往智慧的具体方法，它允许有不同的划分：或是斯多亚体系的不同专业次序，或是新柏拉图主义的三一结构"伦理学－物理学－奥义学"；但这些不同划分均属同一类型，因为在它们看，哲学之各专业，只是灵魂必经之路上的一些步骤，只是每个人实现自我革新、自我改变一些阶段。这第三类恰合于"哲学"一词的词源"爱－智慧"，因为它是一种通往智慧之努力、探寻、修习①。正是这种爱智慧的特征，使它不能成为体系之大全，而总是包含着种种犹豫，种种参差，甚至种种冲突。

---

① 参 P. Hadot,《精神修习》(《Exercices spirituels》),*Annuaire de la* Ⅴ° *Section de l'École des Hautes Études*, t. 84, p. 25 – 70。关于哲学家对智慧的追寻，参柏拉图，《会饮》,203 d,它把爱若斯、苏格拉底、哲学家，这三者的形象看作是一致的。

9

古代的哲学、辩证法、修辞学 *

本研究只能是一个大概的纲要:欲详论这一主题,非得一本完整的著作不可。我的论述将主要集中于辩证法与哲学的关系,修辞学只因与辩证法紧密联系而出现。另外,我们也不可能论及所有哲学流派:我们尤其略去了伊壁鸠鲁派①。在介绍过亚里士多德的哲学、辩证法、修辞学的关系后——这可以让我们回忆起柏拉图学派的背景——我们将研究这些关系在希腊化哲学与新柏拉图主义哲学中的演变情况。于此,我们方可得出一些方法论方面的结论。

I . 亚里士多德的这三门学科

有关这三门学科的关系,在亚里士多德处有最为细致的阐

---

* 发表于:《哲学研究》(*Studia philosophica*),t. 39,1980,p. 139 - 166. 本研究亦曾于 1979 年 6 月 18 日在伏多瓦哲学社作过报告。

① 关于此主题,有一些可贵的提示见:P. H. Schrijvers,《敬畏与神圣的喜悦:卢克莱修的诗歌与诗学研究》(*Horror ac divina voluptas. Études sur la poétique et la poésie de Lucrèce*),Amsterdam,1970。

述①。

160　　　首先,修辞学与辩证法之间的共同点是什么? 二者都假定从一开始就处于一种冲突的形势中:对同一问题(或疑难),无论是理论性的、司法性的、或政治性的,修辞学与辩证法可能会给出两种相矛盾的答案②。但二者的兴趣并不在于某某答案,它们所关心的只是,使得这两种可能答案中的无论哪一种受到承认的那些方式——无论是受对手承认,受法官承认,还是受大众承认。因此,重要的既不是所讨论的主题,也不是听众本身,而是说服③。为了说服听众,必须以听众所承认的为出发点,它可以是听众的个人看法,也可以是所有人普遍认可的看法,即那些大众的、自然的观念④。这一点,在亚里士多德看来,就从根本上区分开了修辞学与科学辩证法⑤,如数学辩证法。事实上,科学辩证法事实上有着专门的原则和技术,只能为专家所理解;并且,科学辩证法只适用于现实中的某个专门的、确定的领域。相反,修辞学与辩证法是"通用的"、普遍的,它们在原则上没有专门领域,可以运用到任何讨论的主题,它们的出发点是所有人都认可的准则。它们不就某

---

① 参 H. Throm,《论题》(*Die Thesis*),Paderborn,1932；A. Hellwig,《柏拉图和亚里士多德修辞学理论试探》(*Untersuchungen zur Theorie der Rhetorik bei Platon und Aristoteles*),Göttingen,1973；J. D. G. Evans,《亚里士多德辩证法概念》(*Aristotles' Concept of Dialectic*),Cambridge,1977. 也见 Alexandre d'Aphrodise 所进行的重要系统化:《〈论题篇〉评注》(*In Top.*),p.4,6 Wallies。

② 参亚里士多德,《论题篇》,158 a 16;《分析篇》,24 a 22 及其以下。在修辞学中,这种情况称为 *amphisbêtêsis*,如《修辞学》,1416 a 9,亦参《修辞学》,1357 a 4。

③ 参 Théophraste,见 A. Graeser,《塞奥弗拉斯特的逻辑学残篇》(*Die logischen Fragmente des Theophrast*),Berlin,1973,p.4。

④ 《修辞学》,1354 a 3,1355 b 27;《论题篇》,100 a 25 – 30;《辩谬篇》,183 a 36。

⑤ 《修辞学》,1355 b 8 及 25 – 34;1358 a 10 – 35 和 1359 b 8 – 10;《后分析篇》,77 a 26 及其以下。

个具体问题产生知识,而是仅就听众所知道的,激发他们对之深信不疑。这就是二者都既能证明正面也能证明反面的原因①:西塞罗称之为"双面辩论"(*in utramque partem*)。其中任何一面都丝毫不会丧失逻辑的严格性。一旦人们认可了某个出发点,三段论的必然链条就对结论起严格地支配作用。三段论推理在科学中与在辩证法中是相同的②。唯一不同的是:科学有专门的原则,而修辞学与辩证法有的却是相通的观念。此外,修辞学与辩证法,正如我们所说过的,其兴趣不在结论本身,而在得出该结论的那些方式。

尽管有着这种根本上的相似性,修辞学与辩证法还是彼此不同的。我们先说辩证法的特征。辩证法乃是讨论的艺术,就是说,它表明了辩证论战的种种规则③;在这番辩证论战中,攻击者通过一些巧妙的问题,对对手的论题进行反驳论证,迫使他不得不承认自己论题的反面。攻击者的任务乃"盘问"(*erôtan*),"盘问"就是从一些逻辑前提(由盘问对手而得)出发,进行三段论推理,这些前提(如果对手承认它们)支配与对手论题相反的结论。攻击者本身并未持有论题,但他熟谙论证,以致防御者无可避免地在自己的论题上陷入矛盾。在此我们想到了苏格拉底的情形,正如亚里士多德所说④:"苏格拉底盘问却不作答,因为他承认自己不知道。"辩证法不仅学习盘问,而且也学习回答,即学习如何避开盘问者的陷阱,为论题进行辩护⑤;而辩护的目的仅在于训练:必须

---

① 《修辞学》,1355 a 29 及其以下。

② 《前分析篇》,24 a 25。

③ 参 P. Moraux,《〈论题篇〉卷八中的辩证论战》(«La joute dialectique d'après le huitième livre des *Topiques*»),载 *Aristotle on Dialectic : The Topics*,éd. G. E. L. Owen,Oxford,1968. 参《论题篇》,104 a 8。

④ 《辩谬篇》,183 b 8。

⑤ 《辩谬篇》,183 b 6。

能够为一个论题及其反题进行辩护：只是做到表面看起来无所不知。

　　这种问答游戏、绕圈子的方式，往往会让柏拉图对话的读者们迷失方向，而在修辞学中，这种情况就不再有了。修辞学所用的乃是连贯论说①，这是一种不间断的、没有关节的陈述；此即智者们所采用的方法。修辞学中那些被说服的听众本身并不参与论证，这与辩证法不同。辩证法中的盘问者和作答者，在讨论的每一环节中，都得明确表达他们对所讨论的要点是否同意：这对作答者恰好是一种冒险，因为他可能很不明智地对一个逻辑前提表示承认（即对一个提问说"是"），以致由这个前提得出了与自己的论题相反的逻辑结论。修辞学的论说可以无障碍的展开，因为它是以听众所认可的立场作为出发点的。

　　另一方面，辩证法在原则上比修辞学更具普遍性：辩证法探讨一切可能的主题，并且探讨的方式也更普遍，往往无关于具体材料。相反，修辞学主要是讨论具体问题②（这个人有没有杀人？是否要开战？）。亦即古代人所谓"城邦的"或"政治的"问题③，从定义上说，这是一些或然性问题。因此，倘若看到修辞学家（譬如拉丁修辞学家）用一些表示"城邦问题"的术语来说明修辞学的问题④，不必大惊小怪。在修辞学与伦理问题、政治问题之间，总是存在一种紧密的联系。辩证法之普遍性与修辞学之特殊性，这二者的对立，便相应于论题（thèse）与假设（hypothèse）的对立。如波埃修所说：

----

　　① 《修辞学》，1357 a 1-4。

　　② 《修辞学》，1354 b 4；1355 b 25。

　　③ 参 H. Throm，《论题》(*Die Thesis*)，p. 92-94。

　　④ 参 H. Lausberg，《文学修辞手册》(*Handbuch der literarischen Rhetorik*)，Munich，1960，p. 41。

"辩证法仅仅探讨'论题',论题是没有具体的、特殊的场景(*circum-stantiae*)的问题(*quaestio*);修辞学探讨和论述一些假设,即一些包含若干具体场景(谁？什么？在哪儿？什么时候？)的问题①。"

对亚里士多德来说,哲学与两种技艺处于对立:修辞学与辩证法。这便是他相对柏拉图而对哲学观念作出的更新。我们知道,在《斐德若》中,在对演说家的修辞学作了一番批评后,柏拉图提出了一种哲学修辞学(rhétorique philosophique)②,它不只是近似真理的修辞学,而是首先必须以对真理的认知为基础③,其次必须以辨别灵魂种类、辨别触动这些灵魂的论说种类,以及这二者间所可能的联系为基础④。在柏拉图的心目中,这种哲学修辞学必须以辩证法作为前提,而辩证法在柏拉图这里即是哲学。这意味着修辞学亦可建立在对真理的认知的基础上。辩证法在《斐德若》 163 中被定义为思想的双重运动,它一方面把多种多样的观念汇集为一个单独的型式(Forme),亦即柏拉图意义上的理念(Idée);另一方面它又从这个型式开始下降,对那些蕴含在这个型式中的次级型式进行区分和组织⑤。这一方法在柏拉图那里是与对话实践密不可分的。就像我们在柏拉图的对话中所切实看到的,正是在这种问答游戏中,通过对谈话者的论说进行缓慢的反思,那个理想的型式,以及对其所包裹着的那些特殊型式的区分,一点点地显示了出来。实存的整个逻辑结构便由论说,或关于论说的论说得以揭

① Boèce,《论各种不同论题》(*De differ. top.*),Ⅳ,PL,t. 64,1205 c. 我们将在后面看到,论题并不总意味着严格意义上的辩证法,而是也会有修辞学方面的意义,此时,论题便不再采取问答式的论证。

② Platon,《斐德若》,257 b;276 e。

③ 《斐德若》,262 c。

④ 《斐德若》,271 b。

⑤ 《斐德若》,265 c - 266 c;277 b。

示出来。罗班曾精辟地写道："审慎而又自由的地参与对某一论题的考察,本质上就是参与辩证法,这是一种用对话而进行的研究的方法,即把问和答依逻辑安排起来①。"

　　而这恰好是亚里士多德所拒绝的。在他看来,柏拉图的辩证法只是一种形式上的方法,并不能获得真正的科学知识。其实,它是以一些共通的观念为出发点的,而对亚里士多德来说,任何一门科学都必定要从它所研究的实存领域所具有的专属原理出发。其次,柏拉图的辩证法是在论说所具有的同质性、普遍性领域内展开的,而亚里士多德认为,任何一门科学都以一种确定的实体(*ou-sia*)为对象和目的,它必定由具体的方法而获得,而具体的方法又依赖于对感觉进行观察分析。柏拉图的辩证法不能超出论说,所以只能得到一些抽象的观念而无法得到实体。对柏拉图而言,这些观念就是自在的、实体性的理念②。对理念论的拒绝与对把辩

---

　　①　L. Robin,《柏拉图:〈斐多〉》(*Platon*,*Phédon*),Paris,1952,p. 12,n. 12. 我似乎很难承认 G. Ryle 在《学园里的辩证法》(Dialectic in Academy,载 *New Essays on Plato and Aristotle*,éd. par R. Brambough,Londres,1965,p. 55)、H. J. Krämer 在《柏拉图主义与希腊化哲学》(*Platonismus und hellenistische Philosophie*,Berlin,1971,p. 21)中所提出的理论,他们认为,"辩证法"一词在柏拉图学园里有两种意义:一是 *Ideendialektik*,即理念科学;一是辩证论战技巧,亚里士多德在《论题篇》它的诸种规则进行了规定,同时这种辩证操练亦见于柏拉图的区分方法,该方法在柏拉图晚期对话中起着举足轻重的作用。但依这种看法,亚里士多德便不可解。因为我们知道,《论题篇》开头其实是区分了辩证法(它依据意见而发挥作用)与哲学(它探索真理);为何亚里士多德在此没有像 G. Ryle 和 H. J. Krämer 所说,把柏拉图学园里的"辩证法"一词区分为两种意义?原因在于,若"辩证法"有两种意义,便等于说:我承认辩证法是一种讨论技巧,但我不承认辩证法是理念科学。而亚里士多德全部作品可证明,他所拒斥柏拉图主义的,正是这种既是本体论的,也是"对话的"辩证法;正是这种对两种方法——科学方法与讨论方法——的混淆。所以,柏拉图在他的对话作品中所说的辩证法,既指科学,也指讨论技巧。

　　②　Aristote,《形而上学》,992 b 18 及其以下;1004 b 18;1025 b 5 及其以下;参 J. D. G. Evans,《亚里士多德辩证法概念》(*Aristotles' Concept of Dialectic*),p. 7 – 52. 亦见《辩谬篇》,172 a 12 – 40。

证法看作哲学科学的拒绝,在亚里士多德这里是相互支持的。他常用 *logikôs* 这个词表示这一纯粹形式上的论证方法,该方法以术语的流行意义为基础,或以对某个定义的逻辑含义作分析为基础①。

因此在亚里士多德哲学中便有一种根本区分,一边是修辞学 164 和辩证法,另一边是哲学科学②。柏拉图的辩证法被排除在了科学之外,仅被看作一种说服的技巧,全然与真理的探究不同。哲学科学中不应该留有辩证法的位置。实际上,亚里士多德频繁地、明确地对辩证前提与证明前提作区分:辩证前提带有疑问性,我们可以对其回答是或否,如问"快乐是不是一种好东西,是抑或不是?"对方所选择的答案便决定着后面的讨论;证明前提则不具疑问性,我们得在那些相冲突的前提中择其一,如"快乐是一种好东西",以此前提再推出结论。因此证明前提可以是一种科学结构:由此可得出专属于某门科学的基本原理,及一些明确的结论;而被盘问者用作出发点的那些辩证前提则只能得出一些针对作答者的反驳意见③。亚里士多德还对教导论证与辩证论证作区分:"教导论证不从作答者的看法出发,而是从每一学科所专属的基本原理出发,进而推出结论;辩证论证则从一些或然性的前提出发,进而推出与既定论题相反的结论④。"

尽管有如上之根本对立,亚里士多德依然承认辩证法在哲学

① 《物理学》,204 b 4 及 10;《论天》,280 a 32;《后分析篇》,84 b 8;《形而上学》,1029 b 13;《动物的生成》,747 b 28。对辩证法的危险的暗示:《动物的构造》,642 b 15;《动物的生成》,748 a 8;《尼各马可伦理学》,1107 a 28。

② 《论题篇》,105 b 30:哲学与辩证法的明确区分:哲学依真理而探讨事物,辩证法则依大众意见(*pros doxan*)而探讨事物。

③ 《前分析篇》,24 a 22;《辩谬篇》,172 a 16。

④ 《辩谬篇》,165 a 38。

中的地位①。因为辩证法首先是一种智力体操,学术训练必须含有它。在《论题篇》第八卷,亚里士多德甚而明确提出了辩证法训练的诸准则。我们在下文将看到,这种训练在各个哲学流派中也长期极受推崇。

165　　　辩证法(如有必要则再加修辞学)还能更好地适应交谈者,从而在哲学中发挥劝勉作用,因为它使哲学对话能从大众所能理解和认可的看法出发②。此外辩证法还能承担论战任务,我们可据西塞罗所提供的材料推断,如今遗失了的那些亚里士多德的对话作品,即是连续性地针对某论题所作的一番论证,赞成或反对皆有,其目的在于,对某种已经清晰阐述过的学说再进行驳斥③。西塞罗的著作中也随处可见这种手法。我们在《形而上学》中注意到,亚里士多德批评一些柏拉图主义者,说他们仅仅提出若干纯粹形式化,而非科学化的推理。他称,自己能以比柏拉图主义者更形式化的论证,对他们进行反驳。而这得归功于辩证法,正所谓以子之矛攻子之盾④。总之,那些大众看法,或为一切人,或仅为对手所认可,在讨论时皆可用作出发点,以使听讲者更容易摆脱先前存有的偏见和前提;而辩证法所具有的那些反驳技巧,可以利用它们以说服听众抛弃不可接受的看法。

最后,即便就哲学科学内部而言,其中任何一门特殊科学,如物理学,若它想讨论绝对普遍的原理,讨论以大家认可的看法作基础的"公理",也不得不求助于辩证法。如亚里士多德所说:"对于

　　① 《论题篇》,101 a 25 b 4。
　　② 《论题篇》,101 a 30。
　　③ Cicéron,《论演说家》,Ⅲ,80;《论至善与至恶》,Ⅴ,10;参 I. Düring,《亚里士多德》(*Aristoteles*),Heidelberg,1966,p. 134,n. 59,及 p. 155.
　　④ 《形而上学》,1080 a 10。

与每门学科相关的初始原理,辩证法也有用。因为从适于个别学科的本原出发是不可能对它们言说什么的,既然这些原理是其他一切事物的最初根据,相反,必须通过关于每个东西的普遍意见来讨论它们。辩证法恰好特别适于这类任务①。"一旦某一科学到达了自身的原初界限,不再能对其自身的原理进行反思,此时辩证法便起了作用。因此,第一哲学唯有求助于辩证法,才能对同一性原理的运用加以阐明,才能对科学的根本公理加以阐明②。还有,当对存在进行求证时,科学也将遇到限制,如《物理学》所碰到的时间存在的疑难③。当然,科学的目的却在于本质(essence)而非事物的存在(existence)。严格地说,我们并不能认识存在,而仅只是信服存在。但正如维兰德(W. Wieland)所注意到的④,修辞学,尤其是法律方面的修辞学,却能应付这类问题,因为修辞学往往用以说服事实确实存在。所以亚里士多德也采用修辞学的论辩方式,以论述存在的诸问题,他称此方式为"外传的"。辛普里丘特别注意到这一词语⑤:"所能外传的,便是非专业的(koinon),是从大众所认可的意见(endoxon)而得来的。"

166

按理说,亚里士多德必须只能采用他在《分析篇》中所提出的方法。然而,同许多方法学家一样,亚里士多德往往不忠于自己的原则。他时不时采用辩证法,甚至采用修辞学来支撑自己的论证。同所有科学一样,哲学科学也必定要从前提推出结论,就是说,从

① 《论题篇》,101 a 37。(中译文参考苗力田主编:《亚里士多德全集》,第一卷,中国人民大学出版社,1990 年,第 355 页,个别词句依法文校改。——译注)

② 《形而上学》,1006 a 12;《前分析篇》,43 a 38。

③ 《物理学》,217 b 30。

④ W. Wieland,《作为修辞学家的亚里士多德及其外传著作》(《*Aristotles als Rhetoriker und die exoterischen Schriften*》),载 *Hermes*,t. 86,1958,p. 332 - 346。

⑤ Simplicius,《〈物理学〉评注》,p. 695,33 Dies。

一些专属于本科学的普遍原理出发，一步步走向离前提越来越远的结论。而修辞学与辩证法所遵循的思想运动却与此相反：它们是从结论追溯前提。实际上，在修辞学或者辩证法的论证中，人们早就提前知道了结论。如在司法性的修辞中，辩护人事先就晓得他该对"某某是否犯下谋杀罪"这种问题回答"是"或"否"。在辩证法中，盘问者与作答者事先就有着各自的固定立场，对这一问题："快乐是好的吗？"一个说"是"，另一个则说"否"。其所探寻的并非结论，而是前提，亦即由它们出发能推出已知结论的那些命题。亚里士多德的《论题篇》和《修辞学》正好提供了一些"论题"（topoi）——亦即一些论证的模式-类型——可以用它们来探寻推出如此这般必然结论的那些前提，无论它们是关于何种问题的。因此，辩证方法同修辞方法一样，它们都是假设性质的，都要追寻可能得出结论的那些必要条件。不过，正如维兰德所指出①，在亚里士多德哲学中，对这种修辞-辩证方法的使用也比比皆是，甚至多于《分析篇》中的演绎法。亚里士多德的科学所要阐明的，是一些原理，是三段论演绎建基其上的一些原理。这些原理经常成为论证的普遍模式，它们与辩证法的论题（topoi）极为相似。

似乎有必要再进一步，继续同奥本科（P. Aubenque）一起思考第一哲学②，因为亚里士多德本想以它替换柏拉图的辩证法，然而却又依然停留在这样一种模糊不清的辩证法上驻足不前，这究竟是为何呢？但受限于本文篇幅，我们只能满足于提出这一问题，

---

① W. Wieland，《亚里士多德的〈物理学〉》（*Die aristotelische Physik*），Göttingen，1962，p. 216. 也参 J. M. Le Blond，《亚里士多德的逻辑与方法》（*Logique et méthode chez Aristote*），Paris，1939。

② P. Aubenque，《亚里士多德的存在问题》（*Le problème de l'être chez Aristote*），Paris，2ᵉ éd.，1966。

至少它表明了辩证法在亚里士多德哲学中的重要性。

Ⅱ. 辩证法作为学术训练

要叙述亚里士多德之后的古代哲学中的哲学、辩证法、修辞学三者之关系①,必须明确区分辩证法及修辞学的三种使用情况:辩证法可能是一种学术训练,这见于亚里士多德《论题篇》卷八;辩证法和修辞学也可能是一种哲学教学方法;最后,它们皆可能是哲学之不可或缺的组成部分,可以说,就是对逻辑学的再细分。

就学术层面的辩证法而言,我们知道亚里士多德在《论题篇》第八卷制定了关于辩证讨论的种种规则,为达锻炼理智之目的,须得有一名盘问者和一名作答者。正是针对这种学术训练,波雷蒙(Polémon),这位公元前 3 世纪继克塞诺克拉底(Xénocrate)而执掌学园的人,暗示说②,在生活的困境中进行自我训练,比在辩证法的问答中进行训练更好。他还批评说,许多论证(*erôtêseis*)虽然引起人们的欣羡,其实在论证者内心却充斥着种种冲突③。

直至古代末期,这种训练与辩证论战紧密联系着,这可于"盘问"(希腊文为 *erôtan*,拉丁文为 *interrogare*)一词表示整个三段论的论证过程可见出,因为在辩证法训练中,进行三段论推理的人是

①169 位置标注 168

---

① 关于"柏拉图学园辩证法的延续性",参 H. J. Krämer,《柏拉图主义与希腊化哲学》(*Platonismus und hellenistische Philosophie*),p. 14 – 58。

② Diogène Laërce, Ⅳ, 18。我们译作"辩证法问题"的短语"*dialektika theôrêmata*",见亚里士多德,《论题篇》,104 b 1,他在此处把"辩证法问题"定义为"*theôrêma*"。

③ Diogène Laërce, Ⅳ, 19。

盘问者①。大约在波雷蒙之后的 4 个世纪,我们于爱比克泰德之处看到了辩证法训练与德性训练二者之并列:"就像我们训练自己怎样面对诡辩性的质问一样,我们也应该每天训练自己去对待我们的感官表象,因为这些感官表象也会质问我们②。"奥卢斯–该留斯是柏拉图主义者陶鲁斯的学生,他在公元 2 世纪前半期的著作中提到了作为学术训练的辩证法,他说这些训练有个基本规则,回答者只能用"是"或"否"作答。但他也专门指出,我们有权拒绝回答"你是否犯了通奸罪? 是或否?③"这类诡辩问题。到了 5 世纪,在普罗克鲁斯所著《〈阿尔西比亚德〉评注》(*Commentaire de l'Alcibiade*)中,我们可看出他对辩证法训练的基本规则极为熟悉④。

穿过整个中世纪⑤,直至 20 世纪⑥,辩证法的论证训练依然是培养那些未来哲学家的重要组成部分。

169　　就修辞学的训练而言,我们掌握的材料要少些。但通过西塞罗⑦,我们至少知道学园派和漫步派都极为重视发言训练,因为在

---

① 例如:*Teletis reliquiae*, éd. sec. O. Hense, Tübingen, 1909, p. 35, 9 (et la note); Épictète,《论说集》,Ⅱ, 18, 18; Ⅱ, 19, 1; Ⅲ, 21, 10; Ⅰ, 7, 1; Diogène Laërce, Ⅱ, 108; Sextus Emp.,《皮浪学说概要》(*Hypotyp.*), Ⅰ, 20; Ⅱ, 185; Cicéron,《论命运》(*De fato*), 12 (*interrogare* = 论证)。

② Épictète,《论说集》,Ⅲ, 8, 1。

③ Aulu-Gelle,《阿提卡之夜》,ⅩⅥ, 2。

④ Proclus,《〈阿尔西比亚德〉评注》(*In Alcib.*), p. 283, 1 Westerink:在辩证法的盘问中,必须以某种能明确回答"是"或"否"的方式来盘问,并且"说"出某种东西的乃是回答者,也就是说,回答者有论题。

⑤ 参 M. D. Chenu,《托马斯·阿奎那研究导引》(*Introduction à l'étude de Saint Thomas d'Aquin*), Paris, 1954, p. 73 – 77 (la *disputatio*)。

⑥ 现在的托马斯主义哲学仍然进行辩证法的论证训练。

⑦ Cicéron,《演说家》,46;《论至善与至恶》,Ⅴ, 10;《图斯库兰》(*Tuscul.*), Ⅱ, 9。也参 Diogène Laërce, Ⅴ, 3; Quintilien,《论演说家的教育》(*Inst. orat.*), Ⅻ, 2, 25。

他们进行操练时,不管你是支持还是反对某一既定观点,你都要能连贯地阐述各种论据。一般言之,"论断"(thèses)这个词在修辞学意义上,即就一般性的主题、普遍性的主题进行深入的阐述。如智慧者需要结婚吗? 柏拉图学派、亚里士多德学派、斯多亚派都做过种种专属于哲学教育的训练①。

Ⅲ. 辩证法与修辞学作为哲学之教学方法

此刻的问题与上面的不同。它不再是弄清人们在哲学课上是否进行辩证法或修辞学的训练,而是弄清,为了向学生传授自己的哲学,教师是否采用了一种包含辩证法或修辞学特征的方法。从这一视角出发,我们可说,在自公元前 3 世纪至公元 4 世纪的哲学教学中,辩证法与修辞学取得了辉煌的胜利。尽管在对这两门学科的具体运用有种种不同的形式及意义,但这一现象绝对具有普遍性。

就学园中的教学方法而言,我们有西塞罗所提供的一段非常有趣的文本。其中固然可见问答模式起着根本性的重要作用,但也有极具辩证法或修辞学特色的、与一般教学方法不同的引导。细致地分析一下这段本文并不多余。在《论至善与至恶》(*De fini-bus*)这篇对话中②,为驳斥伊壁鸠鲁主义者的主张,讲述者开始就提醒他的对话者:"首先,我恳请你们,不要以为我要给你们做一

170

———————

①　对于学园派和漫步学派,参前面的注释;对于斯多亚派,这类实践可见Épictète,《论说集》,Ⅱ,1,30 及 34;Ⅱ,17,35;Ⅱ,6,23。

②　Cicéron,《论至善与至恶》,Ⅱ,1,1 - 3。(中译文参考西塞罗:《论至善和至恶》,石敏敏译,中国社会科学出版社,2005 年,第 37 - 38 页,但依法文做了校改。——译注)

场学术报告(*schola*)，好像一位哲学家那样。其实我也从未在哲学家那里领略过这类报告。"西塞罗用 *schola* 一词①，以示一种连贯论说，亦即修辞学论说。他接着说："就算是人们称为哲学之父的苏格拉底，他那样做过吗？这是所谓'智者们'的做法：其中有一位叫高尔吉亚(Gorgias de Leontium)的智者，他胆敢第一个让人们就自己所感兴趣的论题向他发问。这实在是冒昧，甚至是放肆的行为，幸好这种做法后来并没有传到我们的哲学家中。"西塞罗于是细致刻画了这种修辞学的教学方法：听众提问，教师以连贯论说作答。他暗指他那个时代的哲学家们也采用这种教学方式。与这种修辞学方法相对，后文提到了辩证方法："我们从柏拉图的记载中看到，苏格拉底如何戏弄前面所说的这位高尔吉亚，以及其他智者。苏格拉底自己的方式是向他的对话者提问，并在不断地诘问中引出他们的观点，然后通过反驳他们的回答阐明他自己的观点。"这就是辩证方法，是盘问者与作答者之间的对话。"这种方法，"西塞罗继续说，"被他的继承者摒弃，但后来又得到了阿尔凯西劳(Arcésilas)的复兴；阿尔凯西劳定下一条规则，凡想要听他讲话的人都不可问他的所思所想，而是要陈述他们自己的所思所想；当他们陈述完了，他就提出证据驳斥他们，而他的学生总是尽其所能捍卫自己的立场。"因此在西塞罗看，老学园("从苏格拉底以来")已经把作为教学方法的辩证法抛弃了，是阿尔凯西劳重新复兴了它。在阿尔凯西劳的学园里，作为盘问者、攻击者的教师并不持有论断，捍卫论断的是作为作答者的学生。西塞罗特此注意到了辩证法与修辞法之间的差别，在辩证法中，作答者与教师进行对

171

---

① 正如后面的本文所示，*schola* 确切说是一种即兴发表的滔滔不绝的论说，为的是回答听众的即时提问，参《图斯库兰》(*Tuscul.*)，Ⅰ，7 及《莱利乌斯》(*Laelius*)，17。我们也可在中世纪的经院哲学辩论中见到与此类似的程序。

话,而在修辞的教学方法中则不存在对话:"在其他哲学家那里,提问者提了问即保持缄默:这就是今天学园里的做法。假若你想听教师高谈阔论,你就说比如:'我认为快乐即至善';于是教师就会滔滔不绝地进行论述以反对这一观点。所以说,倘有人说'我认为……',这并不一定表示他的真实看法,而是意在引出对此的反驳。"由于教师的论述是连贯的,所以,这乃是修辞学的方法。但是我们注意到,在辩证法教学与修辞法教学中,也有共同点:这两种教学往往都要 *contra thesim*,即都要驳斥某一论断。

借助这段本文以及其他与之互补的本文,我们可总结出这一时期的哲学教学的几个方面:

1)这时期的教学总是 *contra thesim*①,就是说,反对某一确定观点。该观点往往由学生以陈述语气提出:"依我看,死乃是一种恶。"或以疑问语气提出:"智慧者可以发怒吗?"

2)针对这一论断,教师展开他的教学:或以辩证法的方式,或以修辞学的方式。

3)倘若教学采取的是辩证法的方式,则在教师与学生之间就会有一场问与答的对话。为驳斥学生提出的论断,教师要进行三段论的逻辑论证,其方法是:对学生提出各种问题,直至他们的回答使自己不得不承认论断的反面。是为阿尔凯西劳和波雷蒙所采用的方法②。

4)倘若教学采取的是修辞学的方式,则它就不是对学生提出的问题或论断进行对话。而是就此论断,教师要么仅发表一场

---

① Diogène Laërce, Ⅳ, 19; Ⅳ, 40; Ⅴ, 3; Philodèm, 《修辞学》(*Rhét.*), Ⅱ, p. 173, 5 Sudhaus。

② Diogène Laërce, Ⅳ, 19。波勒谟的教学不是盘坐着,通过滔滔不绝的论说来驳斥某一论题,而是边走边进行论证。

连贯的反驳论说；要么发表两种相对立的论说：一种支持此论断，另一种反对此论断①。后者涉及"既支持又反对"(in utramque partem)之论证法。是为克塞诺克拉底(Xénocrate)②、阿尔凯西劳(Arcésilas)③、卡尔尼亚德(Carnéade)④，以及西塞罗⑤本人所采用的方法。

虽然这里关注的只是方法，但显然也透露出采用这些方法的教师们所进行的哲学引导及其不同含义。我们可以把这些根本性的引导归为三类：首先，在老学园中，如克塞诺克拉底和波雷蒙，所用仍是柏拉图意义上的辩证法或修辞学。这意味着论证已经定下了方向，教师自有论断。如西塞罗所说，提问的学生事先就知道教师会说什么，学生所提的论断其实并不是他自己的想法，而是教师本人的。提问纯粹是形式化的，纯粹是用作教师展现自身教义之托词，至于展现的方式，则要么是辩证法的反驳，要么是修辞学的雄辩。其次，阿尔凯西劳有着与此不同的意图，他假装不持任何论断，而把自己看作苏格拉底的继承者，唯一知道的即自己的无知。无论他是以辩证法的论证来反驳，甚至摧毁某一论断，还是以修辞学的方式，提出两种对立的论说，在这两种情况下，他都不想教授

---

① Cicéron,《卢库鲁斯》(Lucullus),7;《图斯库兰》, II ,9;《论命运》(De fato),1。

② Plutarque,《斯巴达人的谚语》(Apophthegmata Lacon),220 e,于此我们看到，塞诺克拉底阐述了这么一个论题：唯有智慧者是好将军(所针对的问题即：智慧者是好将军吗？)。我们可据西塞罗的说法推测, in utramque partem 这种论证方式乃是学园派和漫步学园所惯用的。

③ 参 Diogène Laërce, IV ,40;阿尔凯西劳用了滔滔不绝的论说(legein)来驳斥各种论题。

④ Lactance,《教导》(Instit), V ,14；这里记述的是罗马的 Carnéade 就公正问题所作的两篇既支持又反对的演说。同参 Cicéron,《论演说家》, II ,161。

⑤ 反对某一主题的论说有：构成《图斯库兰》五卷的五篇"滔滔不绝的论说"(scholae)；"既支持又反对的论说"(in utramque partem)有：《论命运》(De fato ,1)中所提到的《论占卜》(De Divinatione)。

任何东西;他的教学不含任何教义内容,他只想引起人们的悬置判断(*epochê*)。"他悬置各种判断,"第欧根尼·拉尔修说①,"以免因种种论说带来不快。"第三类是学园派中的或然论者所用的引导。在他们那里,最重要的方法是修辞法,尤其是既支持又反对(*in utramque partem*)的论说形式。他们完全遵从于阿尔凯西劳关 173于人类精神获取真理的看法,认为人能够在各种对立的观点中挑选出最接近真理的,最合适的②。从这角度说,使用修辞法更能有效地说服人们。但他们要尽量做到公平地介绍事物的利与弊,以便让学生能自由选择。

西塞罗所处时代的学园在哲学教学中赋予了修辞学十分优越的位置。这与西塞罗关于演说家-哲学家的理想显然有着一种预定的和谐;如西塞罗本人所说:"为我们所用的哲学是,既产生滔滔不绝的雄辩,也表达与大众观点极为不同的想法③。"在这里,修辞学、辩证法、哲学,这三者完全融合为一体,向学生提供各种方法,使他们自己去找到最适合他们的东西,亦即为人性所共同认可的那些最好的观念。

至于早期斯多亚派,对其教学方法我们所知甚少。但我们知道克律西波坚决反对阿尔凯西劳的方法,他拒绝在既支持又反对(*in utramque partem*)的论证风险中来训练学生,认为尤其对初学者更不应如此。他希望哲学家都像斯多亚主义者一样,致力于一门科学,随这门科学的引导,从而过上与这科学本身相一致的生

① Diogène Laërce, Ⅳ, 28.

② 参 Cicéron,《卢库鲁斯》, 7: «Ut […] exprimant aliquid quod aut verum sit aut ad id quam proxime accedat.»

③ Cicéron,《斯多亚派的悖论》(*Parad. stoic.*), Prooem, 2: «Nos ea philosophia plus utimur quae peperit copiam et in qua dicuntur ea quae non multum discrepent ab opinione populari.»

活,都从掌握基本原理开始,从头至尾探究整套教义①。与对手论
战,这对学园派是极为重要的,但在斯多亚主义的教学中则被置于
末端②。但辩证盘问依然是斯多亚派的一种厉害手段。西塞罗告
诉我们:"他们的盘问如螯针一般,叮住你们。但在对他们回答
'是'的那些人的灵魂中,其实并没有发生任何改变:那些人如何
来,就如何离开。其原因在于,尽管他们所表达的思想很可能是正
确的,甚至是绝伦的,但这些思想却没有以它们应有的方式表达出
来,而是采用了一种非常狭隘的表达方式③。"对西塞罗而言,修辞
学那雅致的、滔滔的论说,远比简短的辩证盘问具有更强的灵魂引
导力。在别处,西塞罗还告诉我们,加图(Caton),一位知名的斯多
亚主义者,他不就所要论述的内容进行发挥,而是以细微、渺小的
盘问来证明他的论断④。实际上,对斯多亚主义而言,辩证法并非
仅用于"叮"住对话者的注意力;辩证法以其尖锐的问题,得以从
对话者本人所认可的事实出发而与之谈话。布雷耶尔(É.
Bréhier)很好地指出了斯多亚辩证法的此一重要方面:"斯多亚派
所追求的目的首先是,在学生中建立起坚定不移的信念;通过一段
特有的备修期,他们把说服的客观条件,与强有力的主观信念融合
在了一起。但辩证法家的目的不是狭隘地发明、发现新论断,他们
悉力讨论那些本性上代表人类精神的论断;通过讨论的检验,那些
原本只是一些不定的、无常的观点,现在成为了稳固的、成体系的

---

　　① 《斯多亚文献残篇》,t. Ⅱ, § 127(Plutarque,《自相矛盾的斯多亚派》[De re-
pugn. stoic.],1036 a.)。

　　② 参 Ilsetraut Hadot,《塞涅卡与希腊-罗马的灵魂引导传统》,Berlin,1969,p. 55:
根据塞涅卡致吕西里乌斯(Lucilius)的书简判断,对相反论题的论述或讨论,只有在教
学中的第三和第四阶段才出现。

　　③ Cicéron,《论至善与至恶》,Ⅳ,7。

　　④ Cicéron,《斯多亚派的悖论》(Parad. stoic.),Prooem,2。

信念。斯多亚派从来不会去证明那些他们视之为人类共同观点的论断，也不会去证明他们以种种技巧加之于人类普遍信念的论断。如：神的存在、占卜的现实性。所以，与其说他们所进行证明的目的在于确定某一论断的有效性，不如说在于确定某种信念，某种对相反的论证进行抵制的信念。因此也可说辩证法是一种用于击败对手的防御武器。这就是它要遏制诡辩主义的原因①。"

自公元后 1 世纪始，哲学教学方法在所有学派中都发生了一些变革，教师授课在很大程度上变成对学派缔造者的主要文本进行注释。这一现象同时可见于柏拉图学派、亚里士多德学派及斯多亚学派②。诚如伽达默尔所指出③，我们同样可以在解释者与他所解释的文本之间，看到一种基本的问与答的对话关系，而这正是辩证法的根本特征。也可把这种注释的方式说成是 *zêtêmata*④，即就文本进行提问的方式。

但哲学教学中的问与答的互动并未就此消失。在老师解释文本后，或在学生当着老师的面解释文本后，学生们完全有可能提出一些问题。于是我们又看到了古时的传统。奥卢斯-该留斯告诉我们，某天，他在柏拉图主义者陶鲁斯的课上问："智慧者会发怒吗？"西塞罗也为我们讲述过类似情况：学生怀着听老师回答"不"的目的提问——奥卢斯-该留斯意在给陶鲁斯表达"智慧者不发怒"的机会。但陶鲁斯在镇静（impassibilité）与冷漠（insensibilité）

---

① É. Bréhier,《克律西波》(*Chrysippe*),Paris,1951,p. 63。

② 例如,Épictète,《论说集》,Ⅰ,4,7；Ⅰ,17,13；Ⅱ,16,34,等等。Aulu-Gelle,《阿提卡之夜》,Ⅰ,9,9。

③ H. G. Gadamer,《真理与方法》(*Wahrheit und Methode*),2ᵉ éd.,p. 351 及其以下。

④ 关于 *zêtêmata* 一词的历史,参 H. Dörrie,《波菲利的"各种问题"》(*Porphyrios* 《Symmikta Zetemata》),Munich,1959,p. 1 – 60。

之间作了区分,给出了细致入微的解答。陶鲁斯形容奥卢斯–该留斯的回答为 *grauiter et copiose*,亦即一种高雅的、渊博的方式;这也意味着他所进行的论述乃是一场修辞方法的创制①。

此情况同样可见于新柏拉图主义。据波菲利的记述,按习惯,普罗提诺在课上先是解释柏拉图和亚里士多德的文本,之后便让学生提问。在此过程中也会时常有些无益的问题,出现一些骚乱②。波菲利自豪地强调,在他进入普罗提诺的学校后,他优先被普罗提诺选为对话者,这并不符合所有人的意愿。他曾接连三天就灵魂与身体的统一问题向普罗提诺发问。这引起了一位叫陶玛西乌斯(Thaumasius)的人的不满。此人不赞成与普罗提诺进行问答互动,而是希望听普罗提诺本人就一般性的论题进行阐述,以他们方便做笔记的方式来进行谈论③。听了这番话,普罗提诺答道:"如果没有解决波菲利的提问所包含的疑难,我们绝没什么可以说了让大家做笔记的④。"在此,我们又看到了辩证方法与修辞方法之间的对立。辩证法是普罗提诺采用的:它由陶玛西乌斯所说的"问答互动"构成,修辞法是陶玛西乌斯希望看到普罗提诺采用的。陶玛西乌斯用来形容他所希望听到的那类论说的词是"*katholou*",这是一个技术性的词,用以表示修辞学意义上的"论断"(thèse),亦即在连贯论说中所阐述的一般性问题⑤。

① Aulu-Gelle,《阿提卡之夜》,Ⅰ,26,1-11。*Copiose* 一词表明其论述带有明显的修辞学特征,如 Cicéron,《论演说家》,Ⅱ,151。

② Porphyre,《普罗提诺生平》,3,36。

③ [或许更确切地说:"……就某些本文进行谈论",参 Porphyre,《普罗提诺生平》,t. Ⅱ,par L. Brisson *et alli*,Paris,Vrin,1992,p.155. *Addition de 1998.*]。

④ Porphyre,《普罗提诺生平》,13,17,参前面注释。

⑤ 参 H. Throm,《论题》(*Die Thesis*),pp.28,87,94,130。论题,作为关于某个一般性主题(即不考虑其特殊情况)的论述,尽管实践它的是修辞学家,但它也是哲学家的一种理论方面的训练。

　　斯多亚主义者爱比克泰德的课堂安排是：部分时间用来解释克律西波或安提帕特（Antipater）的文本，部分时间用来与同学生讨论。由阿里安所公布的《论说集》，无非是一些与学生的讨论①。其中或是连贯论说——是为修辞的方法；或是更常见的对话——是为辩证的方法。爱比克泰德深谙苏格拉底式的对话术，并对此进行了明确模仿。

　　辩证的方法在基督教徒奥利金的教学中仍有地位，对于他，老师与学生所进行的辩证讨论起着一种基本的批判功能。据其门生格列高列（Grégoire）记载，往往是奥利金提出一些问题，学生回答给他听："当他看到我们刚愎自用时，他就以一种完完全全地苏格拉底的方式，使我们在他的论说上栽跟头［……］我们刚开始接受他的谈话时，并不是没有感到难受和痛苦，因为我们既不习惯也不练习遵循理性，但就是这样，他使我们变得更加纯正了②。"

　　上述不同文本确证了辩证方法与修辞方法在古代哲学教学中　177
的重要性。

Ⅳ. 辩证法与修辞学作为哲学专业

　　我们已经论述了柏拉图和亚里士多德关于修辞学、辩证法这二者与哲学的关系的不同看法。对柏拉图而言，哲学本质上就是辩证法，就是说，在对话中共同探索诸理型所具有的那个真理，而这些理型又反过来奠定对话本身的可能性（哲学修辞学则可建立

_____

　　①　参 J. Souilhé，《爱比克泰德：〈论说集〉》（*Épictète, Entretiens*），Ⅰ，Paris，1948，préface，p. XXIX。
　　②　Grégoire le Thaumaturge，《感恩奥利金》［*Prosphônêtikos（Remerciement à Origène）*］，Ⅶ，97－98。

在这种辩证法的基础上）。相反，对亚里士多德而言，辩证法对于哲学完全是一种外在的东西，修辞学尤其如此。因为它们仅是一种说服的技艺，而非关于某个具体的实存领域的科学。它们分享的乃是大众观念而非科学原理。是不是有必要再想一下，为何近代意义上的逻辑学的创建者，在其作品中却从未用"逻辑学"一词表示某门科学，无论是辩证科学还是分析科学？

"逻辑学"用以表示哲学专业，首见于斯多亚派，他们把逻辑学与伦理学、物理学置于同一层面。作为关于人类论说之科学，斯多亚的逻辑学包含两部分：一为修辞学，这是把话说好的科学，亦即连贯性的论说；一为辩证法，这是"以公正的态度进行讨论"的科学，亦即对话，被问答一再打断的论说①。辩证法理论包括如下项目，这些项目按照一种严格的方式组织在一起：首先确立人与世上发生的事件的认知关系，他们用 *phantasia* 一词来表示这一认知关系，我们且译为"表象"（représentation）；接着考查这一表象的真理标准；然后再看这一表象在论说（discours）中的表达，先把这一表达视作为声音、语音，再考查这一表达的意义价值，即看它的"涵义"（signifié）；继而研究那些陈述事件感知的命题，以及把这些命题联结起来的那些理性②。因此辩证法理论陈述了种种规则，可用它们来对实存进行准切地言说。但真正的辩证法，作为哲学之专业，绝非抽象的理论，而是对这种理论的运用；活生生的哲学乃是一种永恒的、审慎的关注，为的是在思想与论说中一直守持那关于实存之精准表象。从此观点看，斯多亚派的辩证法保持了苏格拉底—柏拉图辩证法的基本特征；它是一种批判，一种表现为

① 《斯多亚文献残篇》，t. Ⅱ,48 = Diogène Laërce, Ⅶ,41。
② 参 Diogène Laërce, Ⅶ,43 - 44。

盘问的批判,表现为同自己、同他人对话的批判,以便明察我们自己的或者其他人的表象中的错误;这种批判同时也是助产术,它使我们得以阐述我们自身之内的那些自然观念,并且通过适当地处理,把它们组织成一种严密的、有体系的实存意象:人的逻各斯只要求与自然的逻各斯相配。如此这般理解,辩证法便是一种精神练习,唯有智慧者才能是真正的辩证家,因为只有他才能避免错误的判断①。

在从阿尔凯西劳到西塞罗的学园里,修辞学与辩证法以"逻辑学"为名统为一体,如同在斯多亚主义处一样,成为哲学整体不可或缺之部分。几乎可以说,它们就是哲学之全体,尤其对阿尔凯西劳可以这么说,对西塞罗本人及其时代的学园也如此。

就阿尔凯西劳而言,辩证法或修辞学的论证起着反对所有独断论、达到完全悬置判断的功用。哲学的另外两个传统专业,物理学与伦理学,便因缺乏内容而消失了。因为既然所有论断都被驳斥了,自然也包含物理学与伦理学的所有学说。但逻辑学本身就含有伦理学的意义,因为它所进行的悬置判断(*epochê*)要导向灵魂的宁静(*ataraxia*)。从此角度看,这种修辞-辩证的逻辑学(logique rhétorico-dialectique)的实践活动乃带有一种生存的意蕴②。

在西塞罗时代,修辞-辩证的逻辑学在学园里同样有着优势。但哲学的其他专业此时并未完全消失。物理学或伦理学的某些论

179

---

① 《斯多亚文献残篇》,t. Ⅲ,§ 548 = Stobée,《物理学与伦理学菁华录》(*Ecl.*),t. Ⅱ,p. 111,18 Wachsmuth. 关于自然观念的演变,参 V. Goldschmidt,《斯多亚体系与时间观念》(*Le système stoïcien et l'idée de temps*),3ᵉ éd,Paris,1977,p. 159. 关于对表象的批评,参 V. Goldschmidt,同上,p. 118。

② 参 Sextus Emp.,《皮浪学说概要》,Ⅰ,232。

断甚至比其他论断更可能得到认可。但使这些论断得到认可的方法，亦即使人信服它们的方法，本质上则是修辞-辩证的。这里的问题不再是悬置判断，而是探寻；所探寻的不是真理，而只是与真理最为接近的东西，并且还要唤起人们对它的主观上的信服。所以问题在于揭示我们在理性上所能够承认的东西。因此，人们一方面辩证式地批判那些可疑的、模糊的论断，另一方面则修辞式地——也就是采用强有力的说服方式——论述问题可能的解决方案，以便能选择与真理最为接近的东西。于是，被亚里士多德视作与哲学无干的修辞学和辩证法，在本质上成为了哲学。与柏拉图一样，辩证法就是哲学，但学园中的辩证法再也不是柏拉图的辩证法，再也不是通达理型世界的途径，而是一些被亚里士多德拒之于哲学门外的说服技艺，因为它们所面对的是或然领域，是大众的共同观点。

180   我们在西塞罗处所见的，正是这般修辞-辩证的逻辑学。在他看来，逻辑学（*ratio disserend*）①含辩证法（*ratio disputandi*）与修辞学（*ratio dicendi*）②两部分。作为问答的论说技艺，辩证法包含区分真假的理论，包含对立关系、推论关系，包含下定义的科学、作划分的科学，包含带有论证特征的教学③。相反，修辞学作为连贯的论说技艺，包含了开题理论、布局理论、风格理论，其目的在于寻找一些论据并组织它们，或打动听众，或说服听众④。演说家西塞罗

①　Cicéron，《论命运》，1；《论至善和至恶》，Ⅰ，7，22 及 Ⅳ，8，7；《演说家》（*Orator*），113："disserere"包括"*disputare*"（辩证法）与"*dicere*"（修辞学）；《论学园派》（*Academ. pr.*），30。

②　Cicéron，《演说家》，113。

③　Cicéron，《演说家》，114－117；《布鲁图》（*Brutus*），152；《卢库鲁斯》，91。

④　Cicéron，《演说家》，43 及其以下；《论演说家》（*De orat.*），Ⅱ，115；《布鲁图》，185。

显然对修辞学更有兴趣,辩证法对他的价值不过是利用它的一些规则来为修辞学服务。西塞罗谴责斯多亚主义者几乎完全忽略了修辞学①。并且修辞学一词,在西塞罗这里尤指开题理论:"论题(topique)"②。他不再把逻辑学划分为辩证法与修辞学,而是辩证法(*ratio iudicandi*)与论题(*ratio inueniendi*)③。在他眼里,漫步学派才是这种创造技艺的祖师。西塞罗把自己的《论题篇》(*Topiques*)看作是亚里士多德《论题篇》(*Topiques*)的概要④。但其实西塞罗利用了一份后亚里士多德的教本⑤,就这份教本对修辞学的运用而言,已断然标明是对亚里士多德《论题篇》这一原初辩证法的改进。尤其在这篇短论的第二部分,借那些可由论题理论加以论述的"论断"(*proposita*/thèses),西塞罗列出了一些绝不属于辩证法的例子,因为它们不承认表明辩证法学科特征的或"是"或"否"这种答案⑥。所以西塞罗的《论题篇》是对哲学作改进,以使其中的修辞学优越于辩证法的一个典型例子。西塞罗所谈论的那些"论断"对应于柏拉图-亚里士多德的辩证法论证,在这些"论断"中,防御者提出论题,盘问者竭力使他承认该论题包含着矛盾。但是西塞罗的论题再不是辩证法论证。尽管原来那些主题依

181

---

①　Cicéron,《论至善和至恶》,Ⅳ,3,7 及其以下。

②　Cicéron,《论至善和至恶》,Ⅳ,4,8。开题理论乃是修辞学的构成部分,《演说家》(*Orator*),44;《论演说术的分类》(*Part. orat.*),5。也见《论演说家》(*De orat.*),Ⅱ,157。

③　Cicéron,《论题篇》,6。

④　Cicéron,《论题篇》,1-5。

⑤　西塞罗的《论题篇》(53)整合了斯多亚的推理理论,因此我强调它的后亚里士多德特征。

⑥　Cicéron,《论题篇》,83:典型即与描述(*descriptio*)相关联的论题:什么样的人是吝啬鬼? 什么样的人是谄媚者? 此外,"实际性的"论题则包括勉励、劝慰等灵魂引导技艺,显然也不属于辩证法。

然保留着:"智慧者适合参与公共事务吗?"或"德性可教吗?"但论述却全然变了。现在重要的乃是修辞训练,是以连贯论说为形式所作的报告。此乃西塞罗著作标题《斯多亚派的悖论》(*Paradoxes des stoïciens*)之意义所在。西塞罗在序言中明确告诉我们,他希望以修辞学的方法介绍斯多亚派的一些"论断",也就是介绍斯多亚派以辩证法的形式加以论述的那些观点①。

对西塞罗《论题篇》所进行的模糊定位表明,古代末期的百科全书编写者对这本著作持犹豫态度。马尔提阿奴斯·卡贝拉(Martianus Capella)置西塞罗的论题理论于自己的《修辞学》中②。卡西奥多洛(Cassiodore)则相反,把西塞罗的《论题篇》编入辩证法的权威文集,成为鱼缸丛书(Bibliothèque de Vivarium)的组成部分③。

西塞罗的同时代人、阿斯卡龙的安提俄库(Antiochus d'Ascalon)试图重新回到老学园的学说④。在他这里,逻辑学总是包含我们所说过的两部分:辩证法与修辞学。但与在斯多亚派处一样,修辞-辩证的逻辑学再次成为了获得并表达真理与必然性的方法⑤。同样的传统亦见于阿尔金诺斯(Alkinoos)⑥,公元 2 世纪的柏拉图主义者安提奥库斯和阿尔克耶诺斯把辩证法再细分为划

---

① Cicéron,《斯多亚的悖论》,Prooem.,5:"我把那些流派称为理论(*thetica*)的东西转换成我们的演说风格。"关于西塞罗的修辞学与哲学的关系,参 A. Michel 的奠基性著作:《西塞罗的修辞学与哲学》(*Rhétorique et philosophie chez Cicéron*),Paris,1960。

② Martianus Capella,《论语文学与 Mercurii 的联姻》(*De nuptiis*),Ⅴ,474-501。

③ Cassiodore,*Instit.*(《制度》),Ⅱ,15-17。

④ 参 Cicéron,《论学园派》,32(受 Antiochus d'Ascalon 的启发而对柏拉图主义哲学作的概括)。

⑤ Cicéron,《论学园派》,30-32。

⑥ Albinus[Alcinoos],*Didask.*,p. 154,7-156,20 Hermann(*Platonis Dialogi*,Ⅴ)。

分理论、定义理论、证明理论①，这样的细分在新柏拉图主义也仍然受到重视②。

随着新柏拉图主义的出现，辩证法这一概念发生了决定性的转折。这一现象应归于从亚里士多德逻辑学到新柏拉图主义体系的整合，以及对原先的柏拉图辩证法的新意识。辩证法，就亚里士多德意义上而言的辩证法，也就是从大众所认可的观点出发而进行讨论的技艺，重新恢复了它在亚里士多德逻辑学体系中的位置。它与分析法一起代表着哲学特有的推论理论。亚里士多德的这种逻辑学不过是哲学的工具(*organon*)，不过是哲学的预备课程③，显然有别于柏拉图的辩证法④。柏拉图的辩证法乃是哲学的最高部分，它使我们专注于"可知世界"，它使灵魂得以在真理的沧海中受哺育⑤，它使我们从事理智的沉思。在新柏拉图主义这里，辩证法是按照柏拉图本人的方法来运用的：划分法、向最高种上升法、综合法、分析法⑥。但柏拉图辩证法有一个方面在他们这里完全消失了。事实上，对柏拉图而言，通过对话，哲学家们方能体会各种理型的实在性，而正是这些理型使对话得以可能，并赋予它有效真实性。而在新柏拉图主义处则相反，辩

182

---

① 参 R. E. Witt，《阿尔比努斯与中期柏拉图主义史》(*Albinus and the History of Middle Platonisme*)，Cambridge，1937，pp. 36 及 61. 参 Albinus [Alcinoos]，*Didask.*，p. 153，26。

② 参 Porphyre，《〈范畴篇〉导论》，p. 1，5 - 6 Busse；Proclus，《〈巴门尼德〉评注》，p. 982，11 Cousin。

③ 参 Proclus，《柏拉图神学》，Ⅰ，p. 10，18 Saffrey-Westerink。

④ 这种对立明确见于 Plotin，《九章集》，Ⅰ，3，4，18，还见于 Origène，《〈雅歌〉评注》，p. 75 Baehrens。

⑤ Plotin，《九章集》，Ⅰ，3，4，10 及 5，9。

⑥ Plotin，《九章集》，Ⅰ，3，4，12 - 16；参 W. Beierwaltes，《普罗克鲁斯》(*Proklos*)，2° éd.，Francfort sur le Main，1979，p. 248 及其以下。

证法成了独白①。辩证法的结构在此只保留了一点模糊的痕迹：它被看作是穿越一些理型而完成的一段行程(*diexodos*)②，甚至是一次流浪③。它遵循行进和皈依的各种运动，遵循区分和聚合的各个阶段，遵循使内心变丰富的各个步骤，而正是在这些步骤中，可知世界得以形成。如此种种分析与综合、确认与否认之不同过程，乃用于一瞥那超验的"一"在理智的繁杂中所反射的映像。对新柏拉图主义而言，这种柏拉图式的辩证法，不过是众多神学方法之一种④。

*

我们对这篇简短的纲要作几点评论来结束它。首先，我们看到"辩证法"这一术语在古代世界中有许多不同的含义，这些不同的含义对应着历史上那些高低起伏的阶段。柏拉图本人把辩证法与哲学等同起来，也就是与科学等同起来。但在亚里士多德处，辩证法被排除在哲学之外，成为一种说服的技艺。这种说服技艺在学园派的或然论者那里又重新与哲学等同在一起，而同时，斯多亚派也赋予这门说服技艺以科学方法的尊严，成为哲学整体不可或缺的部分。在新柏拉图主义中，这种亚里士多德-斯多亚式的辩证法又与严格意义上的哲学发生了新的排斥，而柏拉图的辩证法作为独白而成为一种神学方法。在拉丁西方则相反，作为说服技艺之辩证法汲

183

---

① 参 W. Beierwaltes，《普罗克鲁斯》，p. 240，n. 1。

② Proclus，《〈巴门尼德〉评注》，p. 993，9 Cousin。

③ Proclus，《〈巴门尼德〉评注》，p. 1015，38－41 Cousin。

④ Proclus，《柏拉图神学》，I，p. 20，6 及其以下：神学的论述方式有：俄耳甫斯的模式，采用的是象征；毕达哥拉斯模式，采用的是数的形象；迦勒底模式，是一种神灵的直接启示；辩证法模式，专属于柏拉图。

取了亚里士多德和西塞罗的资源,直传给了早期中世纪①。

我们同样看到,在亚里士多德之后,辩证法越来越有同修辞学相混合的趋势。人们在教学中逐渐放弃了技术性很强的、不易操作的对话,而乐于以更简易的连贯论说的方式来表达。人们更愿把修辞学同对它有用的那些辩证法元素整合在一起②。从此角度出发,有必要提及近代史学家称为"抨击"(diatribe)的问题。如托姆(H. Throm)所说③,"抨击"无非是论题。而论题,究其起源乃是辩证法的练习,人们在练习中提出辩证问题(亦即盘问),对话式的论证必须要针对该问题作答。因此"抨击"无非是以修辞-辩证方式加以探讨的论题。辩证之法仅存在于一场假想的对话草图中(正因如此,西塞罗和塞涅卡的哲学著作唤作"*dialogi*")④。不过修辞学主要承担放大与说服的功能。"抨击"的主题所对应的传统问题,便是论题所处理的对象⑤。

尽管某些时候辩证法与修辞学相混,但辩证法仍支配着整个古代哲学,这尤见于"问-答"模式在哲学教学中的重要性,无论是以连贯论说回答问题构成教学,还是相反以提问构成教学。自苏格拉底和柏拉图而下的这一基本结构,有着首位的重要性,尤其是在亚里士多德处。如杜林所强调的⑥:"亚里士多德方法之最为特

184

①　例如,阿贝拉尔(Abélard)就非常接近西塞罗《论题篇》的传统,我在《马里乌斯·维克多里努斯》(*Marius Victorinus*)一书 p. 197 注释 36 中已指出这一点。

②　西塞罗说辩证法是一种收缩了的修辞学,而修辞学则是一种扩大了的辩证法,《布鲁图》,309。

③　H. Throm,《论题》,pp. 77 及 149. H. Throm 也许过分狭隘地把辩证法与"一般"、把修辞学与"个别"联系起来了。

④　参 P. Hadot,《马里乌斯·维克多里努斯》,Paris,1971,p. 211 - 214。

⑤　H. Throm,《论题》,p. 78 - 79。

⑥　I. Düring,《亚里士多德与柏拉图的遗产》(« Aristotles und das platonische Erbe »),载 *Aristoteles in der neueren Forschung*,Darmstadt,1968,p. 247。

殊处便是,他总在对某一问题进行讨论。每个重要结果都是对这个以确定方式提出的问题所进行的回答,其价值仅在于作为问题的一种答案。"同样,维兰德写道:"亚里士多德的思想结构是对确定的问题作答,这一结构是那么的基本,以致对问题的意义进行详尽阐释本身便成为了哲学的工作①。"我们得承认,这并不是亚里士多德有别于整个古代哲学传统的地方。因为我们已看到,在学园派处,教学便是就某问题作答。例如,普罗提诺之所以撰写那些论著,用意乃在于回答课堂教学中所提出的问题②。斯多亚派的学说似乎体系性较强,但是别忘了,我们是通过一些概述性质的思想纂集来了解其学说的,但并不知道该学派的缔造者的作品究竟如何。唯可肯定的是,在留存下来的斯多亚作品中,如在爱比克泰德和塞涅卡的作品中,问-答结构扮演着首要角色。总体上看,古代哲学著作,或者说同一作者写下的不同论著,从来不是某个完整的、严密的体系的组成部分。每部著作皆竭力对某一既定问题、具体疑难作出严密回答。但这并不等于说,由同一作者针对不同问题所给出的不同答案,它们之间就不该骤然出现不严密性。其实,所谓的严密性仅存在于"问"与"答"之间的对话界限内。说得更深些,这一"问-答"结构对思想作了一些伦理学的强制规定,同时还规定了一种伽达默尔曾对之有过精深分析的逻辑学③。最后,这一"问-答"模式的重要性还体现为,它能够邀请我们对古代哲学的问题系进行一番探索,亦即对不同的问题类型进行反思性的

185

---

① W. Wieland,《亚里士多德的〈物理学〉》(*Die aristotelische Physik*),p. 325。

② Porphyre,《普罗提诺生平》,4,11,及 5,60。

③ H. G. Gadamer,《真理与方法》,p. 345:« Fragen heisst ins Offens stellen. Die Offenheit des Gefragten besteht in dem Nichtfestgelegtsein der Antwort [...] Nun ist die Offenheit der Frage keine uferlose. Sie schliesst vielmehr die bestimmte Umgrenzung durch den Fragenhorizont ein.»

清查,并作出悉心回答。

在这种"问-答"模式中,对听众的关涉极为重要。哲学家总是针对某个人而发表谈话的。在《斐德若》中,柏拉图希望哲学修辞学的创制能依不同类型的灵魂而采用不同类型的论说(logoi)。在古代,哲学学说从未与教育关怀彻底分开过,在很大程度上,哲学与它的教学是同一的。就是说,哲学本质上乃是塑造性的。哲学教学往往要适于精神进步之需,要适于听众的精神层次。我们已看到,西塞罗认为修辞学比辩证法更能有效地改变听众,而普罗克鲁斯则在《〈阿尔西比亚德〉评注》(Commentaire sur l'Alcibiade)中提出相反主张①。但无论如何,若要准确理解这样那样的作品意义,就得考虑作者作为教师的"教育学",比如,得确定他的说话对象是新手还是老手,是同行还是外行。

这种对听众的关涉,既对应于古代哲学的辩证方面,也对应于古代哲学的修辞方面,它使我们承认公共观念——即所有人皆认可的观念——所起的首要作用。但这里,仍然有一个重要主题需要反思。因为哲学往往暗含一种对自然态度的根本转变,一种对事物的"日常"看法的断裂,它至少不会尽力去以自明的、自然的东西为出发点。人对世界的看法之所以实现彻底转变,乃是通过对这些公共观念进行深化、体系化而达到的。

末了,我们对古代修辞学、辩证法、哲学之关系所进行的思考,又一次深深地提醒我们,哲学从来不是一种纯粹理论,即使当它在亚里士多德那里试图成为一种纯粹理论(theôria)时,也仍然是以一种具体的生命抉择而献于理论(theôria)。换言之,至少从苏格

_____

① Proclus,《〈阿尔西比亚德〉评注》,p. 172,6:辩证法比连续性的论说更能迫使听众集中注意力,它还迫使谈话者亲自去探索,去发现,因此它可使谈话者实现自我净化。

拉底开始,哲学就总是意味着转变①——生活方式和思想方式的
转变。从这个角度看,无论辩证法或修辞学,都是在以语言的力量
对灵魂进行引导。

---

① 参 P. Hadot,《精神修习》(《Exercies Spirituels》),载 *Annuaire de la Ve Section de l'École Pratique des Hautes Études*,t. 84,p. 25 – 70。

10

理查德(M. -D. Richard)
《柏拉图的口头教学》序言*

约 30 年前,图宾根学派(École de Tübingen)对柏拉图主义提出了一种新的解释(因其倡导者和主要成员任教于图宾根,故得名)。其奠基著作有三部:卡玛(H. J. Krämer)论柏拉图和亚里士多德的德性(aretê)之书,1959 年出版;盖色(K. Gaiser)题为《柏拉图的劝告和勉励》(Protreptique et parénèse chez Platon)之书,所论为柏拉图的对话形式,同出版于 1959 年;盖色论柏拉图的未成文教学,1963 年版。

诚然,人们很早就对柏拉图未成文学说的古代材料加以利用了——对亚里士多德则更明显——目的在于重构柏拉图的哲学体系(如罗班所著《理念论与数论》[La théorie des Idées et des Nombres],Paris,1908)。但是,人们总体上认为,未成文学说于柏拉图

---

196 的思想演变出现较晚。因此,在史学家看来,在柏拉图的绝大部分生命历程中,对话作品才是其思想的唯一体现。图宾根学派的新意就在于,他们不把未成文学说看作较晚出现的,而是认为未成文学说对柏拉图思想有实质性意义。因为未成文学说就是柏拉图口头教学的内容本身,而且,口头教学乃柏拉图唯一的正规教学。图宾根学派于是对书写持严厉的谴责态度,亦即柏拉图在《斐德若》与《书简七》所宣称的。对话作品只是暗示柏拉图思想,而非充分表现,因为其价值重在劝告和勉励,而口头教学恰好能解释并完善它们。

　　这三部著作的出版,立即在学术界中引起了巨大争议,堪称"巨人之战",其程度之激烈,论文之丰富,只需任取一本最近出版的书,一瞥其文献目录便知。可以这么说,不论对图宾根学派的观点最终下什么样的判断,他们开创了柏拉图研究的新局面,这一点则无可否定:他们打开了理解柏拉图对话的新视野;他们发现柏拉图学园中的讨论在古代末期所引起的巨大反响;他们还激起了对整个古代哲学史,尤其是对希腊化哲学和普罗提诺哲学的富有成果的研究。

　　从三著作出版至今,也有几份值得注意的评论或研究报告于1960－1971 年间在法国出版,署名如贝潘(J. Pépin)、奥本科(P. Aubenque)、梭里尼阿科(A. Solignac)、布朗什维格(J. Brunschwig)。但图宾根学派著作及其重要性,实际上在法国只为少数

197 内行人所知晓。直至现在,仅凭法语,还没有任何途径可进入柏拉图主义的口头学说,以及口头学说所带来的争议;而用意大利语写就的对这一主题的研究,已有不少极为重要的著作问世。

　　理查德(M. - D. Richard)的著作满足了这一迫切需要,填补了法语学界的一项巨大空白。她用了 4 年时间在图宾根刻苦撰写

著作,期间得以同卡玛和盖色讨论,真正遵循了他们的"口头教学"。因此她的作品汲取的是第一源头。而对德语的精通,使她能够广泛阅读近年出版的相关文献。

　　该书于读者是十分宝贵的工具,因书末附有古代有关柏拉图口头教学完整的主要材料,并汇集希腊本文及法文翻译,读者可依此而作有根据的判断。而说到书本身,它首先勾勒了围绕柏拉图口头教学这一问题所展开争论的历史背景;然后介绍涉及未成文学说的古代证据史,并通过对起源于亚里士多德、塞奥弗拉斯特(Théophraste)、老学园这几个传统作细致区分,进而对这些古代证据作出评论;最后,以敏锐的洞察力对这些证据作出提炼,介绍柏拉图的主要理论构造。

*

　　理查德的书将激发读者对一些问题进一步研究了。例如,毕达哥拉斯主义与柏拉图主义的关系问题、柏拉图辩证法的确切本性问题及口头教学所主张二重性的含义问题。

　　书写与口说之关系,这一柏拉图本人在《斐德若》和《书简七》中所提出的哲学问题,乃是一关键问题,贯穿整部《柏拉图的口头教学》。对史学家所提问题其实是:对于了解柏拉图思想,那些由柏拉图本人精心构思并亲笔撰写的对话,其可信度是不是还不如由柏拉图的学生零碎转述的口头教学? 是不是不必把作者所认可的文字当作唯一有真实价值的东西? 198

　　这关乎整个古代哲学史的方法论,甚至关乎哲学本身的定义。为便于理解此处的争执,我先引戈德施密特(V. Goldschmidt)几年前为哲学史中的结构方法而作的一篇辩护词(载 *Métaphysique*, *histoire de la philosophie*, *Recueil d'études offert à F. Brunner*, Neuchâtel, 1981, p. 230)："结构方法[……]无可置疑地强调文字作品，因为这是哲学思想表达自身的唯一证据。"又："希腊-罗马文明很早就成了书写文明[……]。哲学，从其发轫之初，就用了书写作表达。"

　　明确地说，我们并不能断言希腊-罗马文明很早就成了书写文明。相反，正如阿乌洛克(E. A. Havelock)所强调(《西方书写文明之起源》[*Aux origines de la civilisation écrite en Occident*]，Paris, 1981, p. 14)："可以说，品达和柏拉图仍然是非书写世界的成员。若不先考查口头创作及其记录的步骤，我们就不可能理解他们遣词造句的技巧。"一般来讲，在柏拉图时代，甚至在整个古代，文字作品乃紧密地与口说联系着。依托因比(A. J. Toynbee)之高见(《文明检验》[*La civilisation à l'épreuve*]，Paris, 1951, p. 53 - 54)：
199 "就像当今的广播发言稿，希腊罗马的'书'其实是一个记忆系统，以防口吐之词溜走，而不是写来阅读、理解的书。"希腊罗马的书是用以记录口语的，是口语的回音。因为古代的书(整个古代皆然，直至奥古斯丁时，方有安博瓦斯[Ambroise de Milan]以眼默看书籍)都要高声朗读，或奴隶读给主人听，或作者当众朗读，或读者自己朗读(第欧根尼·拉尔修，《名哲言行录》，Ⅲ, 35 - 37)。这种口头文学要求作品构思、遣词造句、语音节奏，所针对的是耳朵，而非眼睛。我们所见的文字作品，即因这一特征而带有一些表达上的无奈，而这些无奈对表达人们的想法不可能不造成影响。在这种情况下，人们的想法不可能以超时间的方式加以表达，因为口语不能不以时序加以组织；不可能像近代的那些书，所有组成部分同时共存，可按任意次序阅读。所以，柏拉图采用对话方式来表达他的想法(我们将会看到他表达自身想法到什么程度)，这没什么可奇怪的,因为对话乃是依时序展开的一个事件。

　　更一般地看,因为口语与时序联系着,所以古代的书作为口语的回音,乃是彼此相关的人们所产生的一次行动。只就书本身,便无意义可言。其意义存在于该书所由来的,决定该书的那活生生的实践活动(*praxis*)之中。与碑铭学所研究的那些铭文一样,古代的书不可能与其精神位置和物质位置分离开。因此,我再重复一遍:不考虑学园教学,不考虑教学中的讨论,只就柏拉图对话本身而理解柏拉图对话,这是行不通的。

　　因此,文字作品不会满足于让世人知道作者的"哲学",作者也不会满意戈德施密特所说:"哲学,从其发轫之初,就用了书写作表达。"也许有人会像阿乌洛克(E. A. Havelock,《〈柏拉图〉序言》[*Preface to Plato*],Cambridge[Mass.],1963)一样,以为书写的发展,使得语言不只是形象化的,而且可以是概念化的。哲学思想的抽象因此得以可能,从而实现飞跃发展。但是否确实如此,也未可知。或许真不能小觑了古代思想家们那超强的沉思力与记忆力。例如,我们可以想一想,苏格拉底仅凭对话就足以探究定义与概念;而在柏拉图《会饮》中,苏格拉底那孤独而漫长的沉思,也根本与文字书写无干。这种超强能力还可见于其他人处:我们知道普罗提诺在未开始撰写论著前,"就已在灵魂中把它们都整理好了"(波菲利:《普罗提诺生平》,8,10)。这表明,他并不需要文字书写的支持才能述论自己的思想。

　　确切地说,依一般哲学的本性而把古代哲学的首要特征考虑为抽象,这是一种错误。因为,古代哲学,至少可说从智者和苏格拉底开始,首先考虑的是对人的培养,是变化人的灵魂。这就是古代哲学教学要优先采用口头方式的原因,唯有对话、对谈中的那些活生生的口头语言,才能真正实现这一目的。因此,如果文字作品

200

值得考虑,那是因为它是对口头教学的反映和完善。

　　这正是柏拉图在《斐德若》(276 a – e)中所说的。对柏拉图而言,口说对书写的优越性,这既有历史的必然性,但也有精神方面的需要。说有历史的必然性,原因是,在一种以政治论说为中心的文明中,得考虑如何对那些有话语权的人进行培养,即使是不同于智者们的柏拉图,也考虑把政治论说建基于科学之上。科学可能是数学,但尤其可能是辩证法。辩证科学既能使哲学家把话说好,更能使他们依善的理念行事,依事情的尺度、定义行事(《理想国》,517c)。但更准确地说,在柏拉图学园中,辩证法总是以活生生的讨论,亦即对话方式来加以实践的。说有一种精神性的需要,原因是,对柏拉图来说,文字作品只会在其读者身上产生一种虚假的知识,一种完全现成的真理;只有活生生的对话才是培养人的:它使学生可以自己来发现真理——凭借漫长的讨论,凭借漫长的"培植",不是像阿多尼斯花园(jardins d'Adonis)那样转瞬即逝,而是用一生时间来培植,因为这种子不是播在书上,而是由言语来播在人的灵魂里(《斐德若》,276 a – e;《书简七》,344 b – c)。

　　活生生的对话只可能发生于群体中,当然不是近代意义上的学校或大学,而是人与人之共同体,是精神之爱把他们——尤其是把他们的想法——结在了一起:此即柏拉图学园之灵魂所在。它不可避免导致一定程度上的秘传:只针对属于该群体的人员进行传授,他们只需理会自己的内部传统、内部礼仪、内部行话、内部文献,总之是自己的内部奥妙。如林奇(J. P. Lynch,《亚里士多德的学校》[*Aristotle's School*],Berkeley,1972,p. 108 – 114)所表明,即使不能把古代哲学学派说成是宗教的扈从(thiases),也至少可以肯定,哲学作为奥秘之体现(例如《会饮》,210 a),只能授予内行人。正如后来者亚历山大里亚的克莱蒙所说:"那些神一般的

奥秘,只能用口语来吐露,而不能用书写。"(《杂文集》[*Stro-mates*],Ⅰ,1,13,2)

　　为恰当看待书写的地位,我再补充这点:真正的哲学既非口头论述,亦非文字论说,而是一种生存方式:做哲学既不是说,也不是 202
写,而是生存;必须完全改变自己的灵魂,以便凝视善的理念,至此,我们便走到了语言的尽头。

　　那么,人们会问,为什么还要写,为什么说还不够呢? 原因在于,文字于口语有一优势,即文字可从时间和空间上延伸口头行为。文字可保存对事件或想法的记忆,以免将来的遗忘之险(《斐德若》,276 b)。不过这同时也就是文字之险,因为它会使人们的记忆力萎缩(这便是近代人的遭遇)。尽管如此,文字却可汇集柏拉图所说的"年老时的回忆宝库"。可承认,柏拉图的某些对话,如《斐勒布》,反映的是在学园内部发生过某些讨论。因此这些对话无非是学校里的口头活动的反映。它们确实表达了柏拉图的想法,不过这是在一个具体的问题视野中。于其中可见适合于一种特殊情况的种种原则。

　　文字即使远距离也能起效,能对不在场的人说话,对无名氏说话。"那些论说到处传"(《斐德若》,275 d - e),传入学园外的人的灵魂、非哲学家的灵魂。他们通过阅读对话,对自身的价值体系产生怀疑,或许就此转向哲学也未可知。从此观点看,柏拉图的对话和亚里士多德的对话一样,都是外传性的文学作品。它们只是口头教学的悠远回音,意在使口头教学为人所知。奇怪的是,就我们所掌握的亚里士多德的秘传作品(也就是口授作品,如以各种专论合成的《形而上学》)来看,它们是口头教学直接的、无中介的反映,专业技术性却很强;而他那些对话,本作为外传作品,是以一种易于接受的方式写给公众看的,却因其完全佚失,我们只好对此

203　保持沉默。柏拉图处也有类似情形:那些对话乃是针对公众的,也用于有教养的人,是外传性质的;至于口头教学,它不可能没有,其中辩证法的训练也许会占很大比重。柏拉图也不可能没有表达他自己的观点或者方法论反思,但无论如何,柏拉图本人并无意纂其为文,幸得他的学生,这些反思才为我们所知。

　　为引起读者的兴趣,改变他们,这些对话得向各种新生文学求技巧。如求助于品达、悲剧、修昔底德(参 J. de Romilly,《修昔底德著作中的历史与理性》[*Histoire et raison chez Thucydide*],Paris,1956,p. 89 – 106)。又因为需要读者的参与,它们便采用暗示、精妙的构思、以及有意识的配合,来激起读者的好奇心。因此,在这些外传性质的对话中,也含有某种内传性质的意义,只待洞察力敏锐的读者去发现。

　　我们说了,柏拉图对话的这种劝告、勉励特征,已为盖色于1959 年所论证。其论证可见证于一份古代文献。该文献尚离柏拉图时代不远,理查德的著作附录里引述它,即亚里士多德的学生狄凯阿尔库(Dicéarque)所撰《柏拉图生平》(*Vie de Platon*)一文。我们可于伊壁鸠鲁主义者菲洛德姆斯(Philodème)的著作中见到此文,而菲洛德姆斯的著作见于赫库拉农(Herculanum)莎草纸文献。学者们最近已成功释读了这些莎草纸。迪凯阿科在《柏拉图生平》中特意写道:"通过撰写对话,柏拉图勉励(*proetrepsato*)了大批人来做哲学[……]。借助于这些书的文学影响,柏拉图激励了许多不在场的人(即学院外的人),丝毫不理会那些智者们的瞎说

204　乱讲。"劝告和勉励,乃柏拉图对话的首要目的、最终目的。忒米斯修斯(Thémistius,《演说集》[*Orat.*],ⅩⅩⅢ,295 c – d)对此给我们提供了一个历史上的例子,弗利翁忒(Phlionthe)有个女人名叫阿克耶奥特(Axiothéa),她读过《理想国》后,来到了雅典,化装

为男人,做了柏拉图的弟子。

虽则,柏拉图的对话作品对远距离也能起效,但却不可能像活的口语那么有效。它竭力模仿活的口语,吸引读者参与到对话中。在此意义上,它也涉及学园里的讨论,它是描绘学园生活的一幅迷人图画。画中,柏拉图喜欢以苏格拉底的口吻说话,以便让人们知道,学园里的讨论仍延续着苏格拉底的讨论。我在别处曾说(《神学与哲学评论》[*Revue de Théologie et de Philosophie*],115[1983],p.126),柏拉图的某些对话,人们很难意识到它们是文字作品,因为它们很像说话;而其他另一些对话,如《蒂迈欧》,柏拉图几乎完全放弃了对话,表达得更书面,而所谓更书面,在柏拉图眼里,其实就是比其他对话更像是一场游戏。

因为,对柏拉图而言,文学创作乃是一场献给神的游戏:这是"以一种得体和虔敬的方式来消遣",哲学作品创作亦属此,如《蒂迈欧》就类似于对雅典娜的献祭(《蒂迈欧》,26 c)。同宗教节日一样(《法律篇》,644 d),文学作品乃是人模仿神的创世游戏而做的游戏。《蒂迈欧》模仿神-世界的诞生,可谓一篇近似真实的寓言。柏拉图反反复复强调,别把这个游戏太当回事了;正如帕斯卡所说:"当他们[柏拉图和亚里士多德]作《法律篇》和《政治学》时,其实是玩游戏,目的是自我消遣;这是他们生命中最不哲学,最不严肃的时刻了。"

因此,柏拉图反讽性地把他自己的对话比作一场游戏,它模仿了神的创世。后期的一位新柏拉图主义者把这一比喻扩大到柏拉图的全部作品。作为创造者的神,他所创造的有不可见者,如灵魂;有可见者,如世界;同样柏拉图的教学有文字的,亦有口头的。口头的即"他在课上(*sunousiai*)所说的","因为我们都知道,亚里士多德就论述过柏拉图的未成文课程(*sunousiai*)"(cf. L. G.

Westerink,无名氏的《绪论》[*Anonymous Prolegomena*],Amsterdam,1962,p. 26 – 27)。可见,在新柏拉图主义者眼里,未成文课程高于成文作品,正如灵魂高于身体。

最后,柏拉图对话还与悲剧有某些相似,因为首先,它总是各种角色在对话,柏拉图从未以自己的名字来说话。其次,它从根本上不是供读者独自阅读的,而是用在公开场合进行朗诵的(第欧根尼·拉尔修,《名哲言行录》,Ⅲ,35 – 37),——我没说这就是表演,但至少是用一种口头方式来进行的。柏拉图的对话或许就是有意从这种角度来撰写的,听众需把它作为一出戏剧来体验,作为一件在时间中展开的短暂事件来体验,并且这种体验是不可重复的。

这一专属于柏拉图或柏拉图时代的背景,迫使我们把柏拉图所写著作视为一些证词,它们对认识柏拉图思想确实具有无比价值,却并不满足于自身,原因不仅是它们包含一种隐匿的意义,尤其是它们不过是柏拉图哲学活动之一部分、一侧面而已。因此它们需要用我们所知道的、作为学园首领的柏拉图所进行的全部哲学活动,来加以阐释。

在柏拉图哲学活动的另一面,亦即作为学园首领所进行的活动中,柏拉图的口头教学的内容究竟意味着什么?换言之,置"不定之二"(Dyade)与"一"(Un)相对立,并生出"理念"与"数"的纲要体系究竟意味着什么?这仍然是个问题,留待以后的研究者讨论。在此,不过是万分谨慎地探讨而已。有人认为,此纲要过于概略,不值一提。但是,如果这一理论内核过于浓缩,原因乃在于,该体系自身并没有一个自足的目的,可以一蹴而就得到它;该体系也不是一幢抽象的理论大厦,可以对实存给出一种完全的、详尽无遗的解释。毋宁说,该体系的目的是,在每一个与话语和行为有关的新场景下、新问题前,以一种被柏拉图视作科学的方式,勘察每个具体情境中的"一"与"不定之二"据以混合的准确尺度,竭力置每件事物于善的理念的光照中,从而给辩证学家提供解决问题的方式。盖色说得好,这种方法乃是一未竟之业,绝不是对苏格拉底式的疑难作出退让。因为它对哲学家揭示出,人的知识与终极实存永远不相符(《柏拉图的未成文学说》[*Platons ungeschriebene Lehre*],p.10)。

11

古代哲学:伦理抑或实践?[*]

I. "精神修习"的观念

解释古代哲学文本是我的工作。这工作让我意识到所谓"精神修习"(exercices spirituels)的重要性①。事实上,跟先辈同侪们一样,我在古代哲学作品中同样碰到过前后参差,甚至彼此矛盾的现象。许多近代哲学史家以柏拉图及其他古代哲学家所期望的公理为出发点,用近代哲学家的模式,构造各种体系。而且,人们相信,古代哲学家们确实也如此期望。因为人们看到,古代哲学有数

---

* 发表于:《古代道德问题》(*Problèmes de morale antique*), sept études […] réunies par Paul Demont, Université d'Amiens, p. 7 – 37。

① "Exercices spirituels"是阿多最重要的哲学术语,其代表作即名"Exercices spirituels et philosophie antique"。其中"exercice"源自希腊文"askêsis",意为"精心制造、打扮装饰、锻炼、练习",本书译为"修习","exercices spirituels"相应为"精神修习"。另见"修炼"、"灵修"、"修行"等译法,我认为宗教意味过重了,应避免。该术语对福柯的晚期思想解释影响甚大,详见福柯1982年度法兰西学院课程《主体解释学》。因该术语的中译名尚未统一,译者特此提醒读者在阅读时注意辨识。——译注

目庞大的,依等级高低而定的部门、科目、分类,从柏拉图至普罗克鲁斯的《神学要义》(*Éléments de théologie*)皆如此。欧几里得那部 208 著名的《几何学原本》(*Éléments*)即是柏拉图的公理化理想所实现的结果。在整个古代,无论对伊壁鸠鲁或是对普罗克鲁斯,它都是哲学论述的基本范型。我自己喜欢在不同的哲学家身上,尤在斯多亚派哲学家身上,辨识这一理想的踪迹。因此,问题的关键并不在于否定古代哲学作者有把思想严密化、体系化的意愿。正如斯多亚派看到的,思想亦如实存,若不致力于与自身成为一体,其将无以存在。尽管如此,在阅读古代作品时,难免仍有一些于我们的近代心智而言不是很自在的东西,或是论述方式,或是术语。不知有多少古代哲学史家、评注家对其所研究的作者叹息过,叹其论述之参差、行文之笨拙、结构之不足,其所叹者既有柏拉图、亚里士多德,更有普罗提诺、奥古斯丁。

因此,我能把格鲁(Martial Gueroult)及其门生戈德施密特(V. Goldschmidt)、布鲁内(F. Brunner)、维曼(J. Vuillemin)的结构方法用于古代作者,实在是侥幸。这是一种繁殖力极强的方法,因为它也能用于近代那些意欲构造体系的哲学家,如莱布尼茨、笛卡尔、马勒伯朗士、黑格尔以及德国观念论。

也正是在此,我认为解释古代哲学时的基本问题暴露出来了。古代哲学的基本任务是撰写文章以述论一个概念体系吗?

首先,哲学的主要任务是撰写文章吗?戈德施密特承认如此。他在为澄清结构方法而提出的公设中有云:"结构方法无可置疑地强调书写作品,因为这是哲学思想表达自身的唯一证据①。"说

---

① V. Goldschmidt,《评哲学史的结构方法》(«Remarques sur la méthode structurale en histoire de la philosophie»),*Métaphysique et histoire de la philosophie*,*Recueil d'études offert à Fernand Brunner*,Neuchâtel,1981,p. 230。

209　的很清楚。我们如何不以文章而了解古代哲学家的思想呢?

　　然而,我认为,这里的错误在于,它以近代哲学的书写模式,来谈论古代哲学的书写。因为首先,从一般看,这两种类型的书写是截然不同的。正如语言学家梅耶(A. Meillet)所说:"古代文学作品,其表达之缓慢,原因在于,它乃为着口头诵读而作①。"可以说,古代之书写,或多或少都含口语维度。其次,更有力的理由是,古代的哲学书写与口耳有着密切关联。书写往往以这样那样的方式与口头实践联系在一起:一种方式是像在柏拉图或许多其他古代对话中那样,作者力图给读者造成参与一场口语事件的错觉;另一种更一般的方式是,当众诵读。文章并非为自己而作,而仅只是使语言再次成为语言的物质载体,好比近代的碟片或磁带,只是两个事件——讲学与重复听讲——之间的媒介。近代著作在空间上的同时性,古代以文字加以记录的口语在时间上的先后承继性,这二者相互对立。近代哲学著作类似于建筑物,所有部分都得共存:人们可从一部分到另一部分,以证其结构严密;古代哲学作品则更像是音乐演奏,一切皆依主题与变奏进行。

　　因以这样那样的方式联系着口头讲学,古代哲学作品首先是要面对一群聆听并时不时参与老师讨论的门生讲话。因此古代对作品的理解,就不仅仅是分析它的结构,而是要把它置于它所由来的那种鲜活的实践(praxis)之中,使它再次被那种实践所接纳。换言之,在古代哲学作品的背后,乃某一学派的生活。就是说,哲学
210　家先得面对学生群体说话,哲学家的论说借此得以留存下来;哲学家所以说话,首要意图不在搭建一个概念的大厦,而在塑造这群学

---

　　① A. Meillet,《巴黎语言学学会通报》(Bulletin de la Société de linguistique de Paris),t. 32,1931,comptes rendus。

生——或采取与学生讨论的方式,或采取老师主讲的方式。可以说,现代人从自己的立场而想当然的,诸如结构缺陷、行文参差、内容矛盾之类,所有这些,皆是口头讲学的无奈之举以这样那样的方式在哲学作品中的反映。

但我们还得进一步问,哲学的首要任务是不是构造概念体系。其实,刚才已经提到了,这种口头讲学主要不是用一些成体系的概念和命题,来灌输一些反映世界体系的百科全书般的知识。如《会饮》(175 d)中的苏格拉底所说:"要是智慧能从盈满的人的身上流到空虚的人的身上,像酒杯里的水通过一根羊毛流进一个空杯,那就好了"①。不,这种口头讲学,以及源自这种口头讲学的著作,绝不是灌输一种现成的知识,而主要是培养学生会做事、会讨论、会发言,以便在思想中、在城邦生活中,甚至世界生活中,知道自己的方向。施尔赫(René Schaerer)说②:"[在柏拉图的对话中得到的]定义对定义本身毫无意义;意义在于达到定义的过程。对话者在此过程中得到了更多的精神交往,更多的信赖,更多的做事技巧。"若它确实是柏拉图对话最显著的特性,那它对于亚里士多德的那些探究,对于普罗提诺的那些专论,也同样适合。那些表面上对我们没什么用的冗长述论,其目的却在于此。书写的哲学作品,因它是对口头讲学或直接或间接的反映,与其说是学术论文,不如说是用以践行探究的一系列修习。在这里出现了"修习"这一观念,尽管只是关于理智上的修习。 211

不过,我们还得再进一步。我们事实上把这种理智上的修习设想为一种纯粹形式化的、总体上与生活完全无关的论说修习。

---

① 译文参考柏拉图:《柏拉图的〈会饮〉》,刘小枫等译,华夏出版社,2003 年,第12 页,语序稍有改动。——译注
② R. Schaerer,《柏拉图疑难》(*La question Platonicienne*),Paris,1969,p. 87。

在某些哲学家那里确实如此。诚然,在整个古代哲学史中,从头至尾,都可见到对这类哲学家的批评,因为他们只想靠卖弄哲学论说来博取声名。早在公元前3世纪,柏拉图派的波勒蒙(Polémon)就谴责同时代的某些人,他们想以辩证法的问答来获取人们的钦羡,却在自己的布局中陷入了自相矛盾①。波勒蒙说,只有在生活的事情上,才尤其需要修习。几个世纪后的公元2世纪,斯多亚派的爱比克泰德也批评过这类哲学家的错误,说他们只会关注漂亮的容貌或者辩证法的奇技淫巧②。而从原则上讲,从他们的基本取向上讲,所有古代的哲学流派都反对把哲学仅仅当作是纯理论化、纯形式化的理智的活动;他们视哲学为一种抉择,一种整个嵌入生活与灵魂中去的抉择。哲学之修习因此不仅仅是理智上的,而且也是精神境界上的。哲学也不仅仅教人会发言、会讨论,而且更要教人会生活,是就这个词所具有的最强力、最高贵的意义上而言的会生活。

　　所以,哲学家所采用的论说方式,不仅是提高学生理智能力的修习,而且也是改变学生生活的修习。倘事实如此,那它就不仅是教育学上的无奈之举,而且也是心理学上的需要,是塑造灵魂的需要。古代哲学论说就不会因此成为一种绝对的体系。组建哲学论说的那些命题便不完全是哲学家思想的理论表达,而是要从它们在听众灵魂中所产生的效果去看它们。有时,如在柏拉图的论说中,理智上的修习同时也就是精神境界上的修习;《会饮》中,苏格拉底的论说被描述为咒语、叮咬、撞击,扰乱听者的灵魂③。在希腊化和罗马时期,这一现象最为明显:这时期的哲学论说只被当作

---

① Diogène Laërce, Ⅳ,18。
② Épictète,《论说集》,Ⅲ,23。
③ 《会饮》,215。

是使灵魂不动心、使内心宁静的方式。伊壁鸠鲁有不少关于这一主题的文本："我们的唯一要务是治愈我们自己①。""如果天空中的怪异景象不会使我们惊恐，死亡不令我们烦恼，而且我们能够认识到痛苦和欲望是有界限的，我们就根本不需要自然科学了②。""认识星辰现象，目的无非是获得灵魂的宁静③。"正是在此意义上，如下格言被归为伊壁鸠鲁的："哲学家的这种空洞论说不能治疗任何人的激情④。"从这一角度来看，怀疑派的恩披里柯⑤用阿派勒斯（Apelle）的马所作的比喻，有双重教益。他说："画师阿派勒斯想画幅图，以再现马吐的白沫，却无法成功，于是打算放弃，就扔了块海绵在画布上，本想用它擦拭画笔，但当他用海绵抹画布时，却成功地抹出了马的白沫。""怀疑论者妄图，"恩披里柯继续说，"对显示给我们的与我们对它们的思考，这二者间的差别下一判断，一旦判断不成功，他们就把判断悬置起来。碰巧，灵魂的宁静也随判断的悬置而到来，就如身影相随身体。"

　　我说这段话有双重教益的作用，是因为：一方面怀疑论者首先想模仿别的哲学家，亦即想在判断能力的修习中找到灵魂的宁静。但另一方面，由于不满其他学派的判断，他们最终在悬置判断这件事情本身中找到了灵魂的宁静。　　　　　　　　　　　　213

　　另外还有普鲁塔克⑥所转述的克律西波的文本："从自然出

────────

① 《梵蒂冈格言集》（*Gnomologium Vaticanum*），§64。
② 《基本要道》（*Kuriai doxai*），11。（中译文取自伊壁鸠鲁：《自然与快乐——伊壁鸠鲁的哲学》，包利民、刘玉鹏、王玮玮译，中国社会科学出版社，2004年，第39页。——译注）
③ 《致比索克莱》（*Lettre à Pythoclès*），85。
④ Porphyre，《致马其拉》（*Ad Marcellam*），§31。
⑤ Sextus Emp.，《皮浪学说概要》，Ⅰ，28。
⑥ Plutarque，《论自相矛盾的斯多亚主义》，9，1035 c。

发，从研究对世界的治理出发，而获得德性，没有别的方法或比这更好的方法了［……］教授物理学理论，不过是传授好与坏之别，［这是自然与幸福的前提］。"

这一观念——哲学乃是一种建基于哲学论说形式的精神修习——会得出什么样的结论？

首先得清楚，这一观念必须以一种体系化程度很高的理论论说为前提。从古代起，人们就钦羡，例如斯多亚体系的高严密性；可能也承认伊壁鸠鲁主义物理学很强的体系化特征。唯有这类哲学论说在生活的基本抉择中把握住了出发点。如斯多亚派："道德方面的好是唯一的好；这种好由与自身的一致构成。"如此这些抉择体现在一些为数不多的根本原则中，这些根本原则的基本功能是引导哲学家进行生活选择。此乃生活的教义、生活的准则。哲学家必须沉思它们，领会它们，必须把它们变作生活的基底。如伊壁鸠鲁所云[1]："心灵宁静乃在于持续不断地回想那些普遍原则、根本原则。"学生进行精神修习，就是尽力使精神专注于这些生活准则。必须从这个角度出发而理解斯多亚和伊壁鸠鲁的体系化努力。他们的体系不是作为有自为目的之理智结构来构建的，而是为着一种跟斯多亚或伊壁鸠鲁的生活方式相关的伦理结果。诚然，斯多亚或伊壁鸠鲁确实有把各种不同教义联成一个系统的强烈愿望，但其目标不是为了以论述的方式介绍他们，而是把它们集中起来，以便哲学家在生活的每一刻都能将它们握在手里。体系化的表现方式可于灵魂中生出确定性，亦即生出平和与宁静。

以上是伊壁鸠鲁在《致希罗多德》(*Lettre à Hérodote*)首尾处所说的。它解释了伊氏进行体系化概括的用意所在。无论对有暇探

①　Épicure，《致希罗多德》(*Lettre à Hérodote*)，82。

究自然细节的人还是对无暇的人,皆可适用:对前者,可以使他们随时回顾要义,即体系之关联性;对后者,对那些无暇顾及局部精微之人,可使他们迅速通览根本教义,以获内心的宁静。

斯多亚主义与伊壁鸠鲁主义一样,其体系也只联其根本教义为一系统。细节方面的物理现象(诸如天上的彩虹、彗星等)则易于作多种解释,它们不构成体系要义,如伊壁鸠鲁所强调的①。

可见,成体系的理论论说,一般是用来使听者或读者的灵魂产生效果。这并不等于说,理论论说无须符合逻辑的严密性,而是说,其表现、其文字、其内容,得随作用于学生灵魂这一意图而加以修正;出于此目的,修辞法也广为哲学所采用。我们只需迅速浏览一下那些劝勉性质的理论报告,如普罗提诺的那些专论,便可知。经阿里安所辑《论说集》(*Entretiens*),我们得知爱比克泰德的某些关于教学的观点,虽不是关于他的全部教学(他的教学在于注释本文,此乃那一时代的常态,本身也就是一种真正的精神修习),但我们至少能看出他在课堂上的情况:他与学生进行讨论,并让他们自由发言②;可看出,所有的努力皆集中于对学生的精神指导、劝勉,使他们变好。 215

与教师的精神修习所对应的是学生的精神修习。哲学家,无论伊壁鸠鲁或爱比克泰德,皆悉力带领学生沉思根本教义:"所有这些教诲,你要日夜沉思它们③。""这些话就是哲学家们应该反复演练的话,这些就是哲学家们应该每天记录的话,这些就是

---

① Épicure,《致比索克莱》(*Lettre à Pythoclès*),86。

② 参 J. Souilhé,《爱比克泰德〈论说集〉导论》(Introduciton à *Épictète*, *Entretien*),Paris,1949,p. ⅩⅩⅨ。

③ Épicure,《致梅瑙凯》(*Lettre à Ménécée*),135。

哲学家们应该坚持锻炼的话①。""不管是在白天还是黑夜,请你时刻准备好这些思想吧②。"马可·奥勒留的《沉思录》从头至尾便是这种精神修习的撰写,也正由于这部作品,我们在一定程度上竟可说,对于改变自我,一切方法都是可行的。为矫正扭曲的看法、根深蒂固的偏见、非理性的错误,必须在另外一种意义上歪曲它们,夸大它们。所以,断断不能因马可·奥勒留坚持正统的斯多亚教义,主张对自身之外的事务漠不关心,便认为他是悲观主义者。

　　沉思修习也联系着诸多别的修习:对外部对象与个人的超脱、对未来困难的准备(斯多亚主义的);回顾往日的快乐、朋友间的相互矫正(伊壁鸠鲁主义的);良心检验(所有学派的)③。

216　　**Ⅱ. 希腊化时期,哲学作为"实践",与哲学论说相对**

　　希腊化时期与罗马时期的哲学,非常紧密地与精神修习的实践联系在一起,我认为这一点是难以否定的。但这些修习确切地位于整个哲学活动的什么位置呢?

　　最有诱惑力的答案是:位于哲学的伦理学专业中。哲学三专业之分:辩证法、物理学、伦理学,可追溯至老学园,甚至可能在柏拉图之前就有④。至少可肯定,这一划分在斯多亚派处起着极为

---

①　Épictète,《论说集》,Ⅰ,1,25。(中译文取自爱比克泰德:《爱比克泰德论说集》,王文华译,商务印书馆,2009 年,第 16 - 17 页。——译注)

②　Épictète,《论说集》,Ⅲ,24,103。(中译文取自爱比克泰德:《爱比克泰德论说集》,王文华译,商务印书馆,2009 年,第 440 页。——译注)

③　参 P. Hadot,《精神修习与古代哲学》,Paris,1981 [3ᵉ éd.,1992]。

④　参 V. Goldschmidt,《关于柏拉图体系的问题》(«Sur le problème du système de Platon»),*Rivista Critica di Storia della Filosofia*,t. 5,1950,p. 171。

重要的作用①。人们可能会认为,逻辑学与物理学代表斯多亚的理论论说部分,伦理学代表斯多亚的精神修习、沉思、劝勉等部分。实际上,实践部分与理论部分的界限,并不等于伦理学与其他部分的界限,其实每一学科之内都有如此界限。因为伦理学本身也包括理论论说:既论那些伦理原则,也论那些实际应用——即我们称为精神修习的东西。伦理学的理论论说不满足于表达概念、生活准则;而且包括一系列十分精微的区分,所区分的首先是斯多亚称为无所谓的那些东西,其次,包括对激情、恶习、德性非常细致的心理学分析,最后,还包括对智慧者形象的描绘。不过,斯多亚派反复说,哲学不是由这些区分、界定、分析所构成,而是根本上由对生活准则的实践构成。爱比克泰德说:"泥瓦匠不会走过来说,'听我给你讲讲瓦工活儿是怎么回事儿';相反,他会去盖所房子,做出来,向人们证明自己了解这门手艺。你也要做一些这样的事情出来才行。你得像个人似的吃饭喝水,像个人似的穿衣打扮、结婚生子,像个人似的做公民、忍侮辱②。"

　　在逻辑学和辩证法中,事情甚至更复杂,因为必须区别逻辑的四种状况。首先是逻辑的抽象理论,它揭示命题的各种定义、三段论推理的各种方式、反诡辩的各种方式。第二是学生在课堂上所做的学术训练。据爱比克泰德叙述③,他曾因没有发现三段论推理中的遗漏而遭其师穆索尼乌斯·鲁福斯(Musonius Rufus)训斥。第三是逻辑规则应用到其他专业的理论论说中,应用到物理学与

217

---

①　参 P. Hadot,《古代的哲学专业划分》(《La division des parties de la philosophie dans l'Antiquité》),*Museum Helveticum*,t. 36,1979,p. 201 - 223。

②　Épictète,《论说集》,Ⅲ,21,4 - 6。(中译文取自爱比克泰德:《爱比克泰德论说集》,王文华译,商务印书馆,2009 年,第 385 页。——译注)

③　Épictète,《论说集》,Ⅰ,7,32。

伦理学中:我们可在斯多亚伦理学中发现丰富的逻辑术语、技术术语。第四是逻辑规则应用在日常生活中,也可说成逻辑的日常实践,这种实践必须在判断和同意的领域中发挥作用。这一点对斯多亚派尤为基本。因为,在斯多亚派看来,欲望、激情、烈性习气恰好就处于判断和同意层面。准确地说,是处于对表象或拒绝或同意的这种能力中。而拒绝或同意,其依据是该表象是否可理解,是否充分。爱比克泰德清晰地把理论逻辑与实践逻辑置于对立①:"这就好像是我们谈的'同意',周围全是表象,有的你可以理解,有的你理解不了。这时候,我们不是力图对它们进行剖析,而是想着要读读别人写的"论理解"的书。"因此,日常生活中有实践逻辑,以保证对错误的东西、可疑的东西不予同意。

　　或问:实践伦理学(éthique pratiquée)我们可以领会,实践逻辑学(logique pratiquée)我们也可以准确理解,但是,实践物理学(physique pratiquée)究竟是什么意思呢?在斯多亚主义处,同样也在伊壁鸠鲁主义处,确实有一种实践物理学,一种与生命体验相关的物理学(physique vécue),这可见于爱比克泰德与马可·奥勒留处。爱比克泰德(奥勒留延续他)区分了哲学家的三种修习②。第一种修习用于规训烈性习气(hormê),对该领域的修习斯多亚派称为职责(kathêkonta),涉及的是我们讨论过的与生命体验相关的伦理学(éthique vécue)。第二种修习用于控制情感、判断、表象,涉及的是我们也讨论过的与生命体验相关的逻辑学(logique vécue)。第三种修习与对欲望的规训相关,即我们只对那些取决于我们自身的东西产生欲望,并按普遍自然、天意、命运的要求来

---

① Épictète,《论说集》,Ⅳ,4,13。(中译文取自爱比克泰德:《爱比克泰德论说集》,王文华译,商务印书馆,2009 年,第 504 页。——译注)

② Épictète,《论说集》,Ⅲ,2,及Ⅲ,12。

接受它们。这种同意要求人作如下理解，即我们遭遇的种种事件并不取决于我们，而是取决于一种必然的因果链条，其实就是命运。爱比克泰德建议，无论什么情况，你都不必恼怒，不必"怨恨宙斯本人［亦即普遍理性］的安排，怨恨神和命运之神一起安排让你出生并且纺就你的命运之线。难道你不明白，与整全相比，你只不过是很小的一部分吗?①"因此，对欲望的规训意味着，理论物理学所规定的涉及因果链的教义，必定被沉思、被吸收，因而把对象变为道德意识的产物，由此，哲学家方能把自己领会为整全之一部分。所以，与生命体验相关的物理学（physique vécue），这是一种对自然意愿的顺应态度。在这一态度之外还得加一点，在爱比泰德处②，我们不时可见一种对宇宙之美的凝视。与生命体验相关的物理学，这种观念亦见于伊壁鸠鲁处。其实我们已经知道了伊壁鸠鲁关于物理学的理论论说，物理学乃用于获得灵魂的宁静与平和。人唯有从对死亡与神灵的畏惧中解脱出来，快乐，这一伊壁鸠鲁哲学的目标，才可能是纯净的。而这一切又得求助于物理学的理论论说。不过我的主张与费斯蒂吉埃（A. -J. Festugière）③的一样，关于自然的科学并不只起预备教育的作用。事实上，对自然景象的凝视，如伊壁鸠鲁所说，它本身就包含快乐。我们都知道卢克来修的著名文本④，其中讲到，灵魂因了伊壁鸠鲁的理论论说，看见宇宙的新景观，从而感欢欣鼓舞："精神中的恐怖飞散了，世

219

---

① Épictète,《论说集》, Ⅰ,12,25。（中译文参考爱比克泰德:《爱比克泰德论说集》,王文华译,商务印书馆,2009 年,第 79 页,稍有改动。——译注）

② Épictète,《论说集》, Ⅰ,6,19。

③ A. - J. Festugière,《伊壁鸠鲁与他的神》(Épicure et ses dieux), 2ᵉ éd., Paris, 1968,p. 54。

④ Lucrèce,《物性论》(De nat. rerum.), Ⅲ,14 - 30。（中译文参考卢克莱修:《物性论》,方书春译,商务印书馆,2012 年,第 144 - 145 页,稍有改动。——译注）

界的墙垒分开了,我看见宇宙在整个虚空中的运动。"壮丽如此之景象:视明者眼瞧诸神安详地停留于苍穹的光芒中,顿时也就瞥见了他们那平和的灵魂。"在这些事物前面,"卢克来修继续说,"在这种景象面前,啊,就有一种新的、神圣的喜悦和颤栗的敬畏流遍我全身;因为由于你的力量,自然终于如此清楚而显明地各方面都被展露在人的眼前!"这种对世界整体的想象景观,同样也见于伊壁鸠鲁主义者梅特洛多卢斯(Métrodore)的一句格言①:"注定要死的人啊,你接受了一段有限的生命,你要记住,领你升到永恒境地的,乃是关于自然的知识,你因此得以看到万物的无限性,不管是现在已有的还是今后将有的事物。"

　　这些文本所告诉我们的物理学,不仅仅是一种物理理论的构建,而是一种看世界的方式,是一种真正的精神修习,一种与生命体验相关的修习,带给灵魂的是快乐与欣喜。在《论动物的构造》(*Sur les parties des animaux*)开篇②,亚里士多德就已说过,自然给沉思它的人带来绝妙的快乐。这一主题亦见于柏拉图传统,在斐洛和普罗塔克处,沉思自然,即沉思大地、海洋、天空、苍穹、星体,会使哲学家每一天都如节日般地度过③。从这一角度看,我们可220 在一定程度上说,柏拉图《蒂迈欧》对自然的论说,不仅是一种理论论说,而且还伴随着双重的精神修习。首先,通过游戏的叙述方式,柏拉图使人们把它理解为一场神之间的高贵游戏,一场对雅典娜的献祭。就是说,这是一次快乐的活动,是一次与神的游戏相应

---

①　Métrodore,《残篇37》(fr. 37),见:A. Körte,《伊壁鸠鲁主义者梅特洛多卢斯的残篇》(« Metrodori Epicurei fragmenta »),*Jahrbücher für classische Philologie, Supplementband* 17,1890,p. 557。

②　Aristote,《论动物的构造》,644 b - 645 a。

③　Philon,《论特殊律法》(*De specialibus legibus*),II,44 - 48。Plutarque,《论灵魂的宁静》(*De tranquillitate animae*), § 20,477 c。

的节日。尤其关键的是,这一祭品乃灵魂的一场现实的、亲历的运动。灵魂经由这场运动重新回到了整全的视野中,并意识到了它与整全的亲缘性①。我相信,《蒂迈欧》(90 c)篇末便是这种意义:"我们身上的神圣部分的运动,与神的原则具有亲缘性,都属于整全的思想及其运转,都是每个人必须遵循的:在我们头脑中所发生的运转,在与未来的关系中已经起了错乱,必须通过了解整全的和谐与运行,来对其进行校正;必须重新恢复灵魂的理性部分——即同它原来的本性相符的部分——与它所凝视的对象之间的相似性,通过这种相似性,便可完全实现神给人安排的美好生活,无论是现在的还是将来的生活。"可见实践物理学(physique pratiquée),这一观念作为一种精神修习,并非专属于斯多亚派②。它植根于漫长的历史传统中。

　　总之,每一哲学专业内都有理论与实践之界限;既有理论论说联系于物理学、逻辑学、伦理学,也有实践物理学、实践逻辑学、与生命体验相关的伦理学。

　　如此便不难理解,第欧根尼·拉尔修所说斯多亚派——除芝诺(Zénon de Tarse)这一例外——对哲学论说(hoi kata philosophian logoi)与哲学本身的区分③。斯多亚派说,他们所分为物理学、逻辑学、伦理学三部分的,乃是哲学论说;这意味着,严格地说,哲学本身是不可划分的。我觉得必须以如下方式来解释斯多亚派

　　①　参 P. Hadot,《柏拉图〈蒂迈欧〉中的物理学与诗学》(«Physique et poésis dans le Timée de Platon»),*Revue de Théologie et de Philosophie*,t. 115,1983,p. 113 – 133。

　　②　参 P. Hadot,《作为精神修习的物理学》(«La phusique comme exercice spirituel»), *Annuaire du Collège de France*,t. 88,1987 – 1988,p. 401 – 405,及《作为精神修习的物理学或马可·奥勒留著作中的乐观主义与悲观主义》(«La physique comme exercice spirituel ou optimisme et pessimisme chez Marc Aurèle»),dans l'ouvrage cité à la n. 19。

　　③　Diogène Laërce,Ⅶ,39 及 41。

的这一区分。

对于斯多亚派而言,哲学本身,作为德性与智慧之修习,是独一无二的行动,每一刻都在不断更新,只能以不间断的统一体来描述它,只能作为与生命体验相关的逻辑学实践、与生命体验相关的物理学实践、与生命体验相关的伦理学实践而存在。从这一视野看,逻辑学、物理学、伦理学是一些相互平等的德性,并且互相蕴含:实践其中之一即等于实践全部。正如布雷耶所说:"好人不可能不是物理学家、辩证法家,因为,要在这三个分开的领域中使理性成为现实,这是不可能的。比如,若我们不在自身行为中实现理性,就不可能在宇宙的运行事件中把握理性①。"在这一意义上,对这种独一无二的行动而言,逻辑学、伦理学、物理学实际上没有区别,它们仅只是这种行动与不同对象——世界、人、思想——的不同关系而已。

只是出于论述和教学的需要,布雷耶说②,我们不得不在哲学论说中,把整块的哲学切割为三块:物理学、逻辑学、伦理学。

我们又一次看到,哲学与对哲学的论说,这二者之间的对立。对立的一方是:关于物理学、逻辑学、伦理学的理论论说;另一方是:与生命体验相关的物理学、逻辑学、伦理学。因此,就在哲学自身中,我们所说精神修习的实践,找到了自己的位置。

关于这二者间的重要对立,还得申述两点。第一,切勿以为这种与生命体验相关的哲学(philosophie vécue),这种实践哲学(philosophie pratiquée)就是伦理学与道德学。因为我们已看到,首先,伦理学这一说法本身就是模糊的:它既指理论论说,也指实践的、

① É. Bréhier,《哲学史》,t. Ⅰ,2,Paris,1961,p. 303。

② É. Bréhier,同上,p. 300。

与生命体验相关的伦理；其次，与生命体验相关的哲学不限于道德职责方面的实践，而且还包括对思想活动的控制，以及对宇宙的道德意识。因此，与生命体验相关的哲学是实践，是生活方式，包含人的全部活动，而不仅是狭义的伦理。

　　第二，也不能因哲学论说与哲学二者之对立即下如此结论：哲学的理论论说不是哲学本身之一部分。爱比克泰德就同时强调论说的必要性与危险性①："施教必须借助于一定的原则，使用一种独特的风格，而且这些原则的形式要有一定的变化且能令人难忘；但有些人就被这些东西所吸引而停留在他们所在的地方了；有人为风格所吸引，另一个被三段论所吸引，再一个又被带模糊前提的论断所吸引。"

　　显而易见的是，哲学家，即实践哲学本身的人，唯有以论说方能对自己和他人采取行动。作为生活方式的哲学，本身就包含某种不可或缺的论说方式。甚至可以说，哲学，其实就是练习把握某种属于自己内心的论说，而这一过程须借学校所传授的理论论说而完成。从这种理论论说进而产生一种根本的生活选择，一种生存抉择。因此，这种理论论说既是一种世界观，也是一种生活方式，它对吸纳它的人进行生存选择上的引导。学生在内心温习乃师的理论论说，以这些论说由之出发的那些根本原则和抉择作基础，使这些论说在心里有条有理。如此，哲学论说由人之心外进入心内。唯师生相合，学生的精神方向受老师影响而转化，纯粹的理论便入了人的灵魂。理论的这一内在化过程，既由对话——与自身对话也与他人对话——而实现，也由书写而实现。因此，论说在哲学生活中扮演首要角色。不过，哲学生活也不能归约为论说，即

---

　　①　Épictète,《论说集》，Ⅱ,23,40。

使是内心的论说。其基本质素,可以说是"非论说性的",它体现
223 为对生活的选择,体现为以这样那样的方式而活下去的意愿,而生
命中的每一天都伴随着这些选择和意愿的结果。

　　如上所述,堪为斯多亚哲学之最高要义,亦适于伊壁鸠鲁主义
哲学,因其定义自身为:以论说和讨论为助,实现幸福生活之
活动①。

　　总之,唯在希腊化时期哲学中,我们发现对哲学与哲学论说的
确切区分。但也可说,这一区分在先前的柏拉图和亚里士多德处
就已暗含。在他们那里,哲学论说没有自足目的,不能与哲学混为
一谈。

Ⅲ. 柏拉图、亚里士多德处的哲学实践与哲学论说

　　但这一主张会触犯一种成见,这种成见非常顽固,今日仍屡见
不鲜。比如,布雷耶在《克律西波》(Chrysippe)尾处写道:"我们认
为,理解亚里士多德之后的、希腊化时期的那些宏大体系,最好的
办法是:把它们理解为对教育的关注远远超过对纯粹沉思的关
注②。"言下之意,柏拉图和亚里士多德所致力的是纯粹沉思,也就
是纯粹的理论论说。这种成见今日仍屡见不鲜。它坚信,希腊的
城邦生活在希腊化时代已然衰落,这使得哲学家放弃纯粹的、理论
的沉思,转而自满于建设针对个人的生活艺术,本是柏拉图和亚里
士多德哲学要义的理论沉思,现在被抛弃了。事实上,最近一些学
224 者,如罗贝尔(L. Robert)就证明,希腊的城邦生活并未像 19 世纪

---

　　① Sextus Emp. ,《驳博学家》, XI , 169; H. Usener,《伊壁鸠鲁》(Epicurea), Leip-
zig,1887, § 219 , p. 169 , 5。

　　② É. Bréhier,《克律西波》(Chrysippe), Paris,1951 , p. 270。

的史学家们所归结的那么衰落。此外，要证明纯粹的理论沉思比对教育的关注（这被人们看作希腊化时期的专利）更适合于古典希腊城邦的民主制生活，也十分困难。

相反，我们倒是能证明，就在柏拉图和亚里士多德时期，就在他们的教学活动中，哲学首先是 *paideia*，是教育：目的是引导“和谐地发展人的全部个性，最终获得作为生活艺术的智慧①”。关键在于教育人，以及，苏格拉底在柏拉图《申辩》（24 d 及 36 e）中所说“使他们成为最好”。这可以是在哲学学校的严格环境中，进行专门的哲学教育，也可以是在宽松的城邦环境中，进行政治教育。这一教育学的企图，首要结果就是弱化哲学论说的纯粹理论化特点。哲学论说，尤其柏拉图的辩证法论说——当然亚里士多德的亦然——很少进行知识传授，更多是使对话者或听者获得一种 *habitus*，一种理智能力，以实现出色地讨论，出色地发言②，当然也要会出色地判断，出色地行事。柏拉图式的对话，就连柏拉图本人也承认，它不是为解决这样那样的特殊问题（《政治家》，285 - 286），而是为成为最好的辩证法家。我们可借普鲁塔克论一般辩证法的话来论柏拉图辩证法③：“哲学论说并不想雕刻一些‘僵化的、高高在上的’塑像［我们或许可说，这些漂亮的塑像即哲学体系］，而是想使它们成为灵动的、有功效的、有生机的；想激发它们行动的欲望，激发它们有效行动的生发性判断［……］，激发灵魂的伟大。”

---

① I. Hadot，《古代思想中的人文学科与哲学》（*Arts libéraux et philosophie dans la pensée antique*），Paris，1984，p. 15。

② 对于柏拉图，参 W. Wieland，《柏拉图与知识形式》（*Platon und die Formen des Wissens*），Göttingen，1982。

③ Plutarque，《哲学家尤其应该同有权力的人交谈》（*Maxime cum principibus*），1，776 c。

同样,亚里士多德的主要关注点之一,便是培养学生把方法恰
225 当地用在逻辑、自然科学、道德之中。而且,对我们所说古代哲学
乃实践哲学,亚里士多德给出了准确表述。我们往往以为亚里士
多德哲学本质上是理论性的,因为他确实为知识而求知。其实,人
们把"théorique"、"théorétique"、"Théorique"不加区别地与"pra-
tique"对立起来。诚然,理论论说(discours théorique)对立于实践
哲学(philosophie pratiquée)、与生命体验相关的哲学(philosophie
vécue),因此可以对立于"pratique"。但"théorétique"这个形容词,
指的是沉思活动,是人最高级的活动,与实践哲学、与生命体验相
关的哲学并不对立,因为它是与生命体验相关的,是生活的修习,
是使神和人获得幸福的实现活动。关于"théorétique"与"pratique"
并不对立,亚里士多德在《政治学》中有准确说法①:"'实践'(pra-
tique)并不一定与外在于我们的对象相关[……]:实践,不只是估
量行为结果的思想。毋宁说,沉思和理性活动除了以自身为目的,
也以对象为目的。"因此,在亚里士多德这里,沉思生活(vie
théorétique)不是一种纯粹的抽象,而是一种精神性质的生活,它可
以利用理论论说,甚至它也可以让位于非论说性的思想活动。比
如,当它以理智直觉来对不可分的对象或神本身进行感知时。但
无论如何,它都始终是生活,是实践(*praxis*)。

在柏拉图哲学中,还有另一方面对教育的关注显得十分突出。
众所周知,在柏拉图处,爱情扮演着重要角色,但我们未必都清楚
此一事实的全部内涵。依《斐德若》(249 e),灵魂一旦堕于身体,
便遗忘它于理知世界所见一切,亦即真理、正义、智慧。堕于身体
的灵魂,再也认识不到这些东西的重要性,即使在尘世中依然有它

---

① Aristote,《政治学》,Ⅶ,3,8,1325 b。

们的影像。如柏拉图在《政治家》(286 a)所说,灵魂可做的就是 226
谈谈它们,费劲地用辩证法试着定义一下,但灵魂再也看不到它们
了。灵魂的目光可见者,唯有美人身体。灵魂受爱情的鼓动,乃焕
发无意识的回忆,无意识的回忆渐变成有意识的回忆,回忆它于前
世所见那超验的美。这种感性而又壮丽的爱情体验,乃柏拉图哲
学不可或缺之部分,作用有二:一方面(《会饮》209 b - c),对美人
身体的爱,尤其对美人灵魂的爱,使爱者灵魂产生一种生育力。这
种生育力表现于美的论说,即表现于与所爱之人所进行的哲学讨
论中。于是,便有了对论说的爱。但这一必须的爱情体验在柏拉
图的辩证法中引入了一种成分,它既不可归约为论说,也不可归约
为理性。辩证法不再仅仅是逻辑练习,而且还是两个灵魂间的对
话。目的显然是为了双方的好,既然它们是两个相爱着的灵魂。
对这种对话而言,与其说重在论说本身,不如说重在所爱之人面对
面;与其说是为以种种命题的推理而下个什么结论,不如说是为在
爱人的影响下变得更好。教师在教育上的影响,某种程度上说完
全是非理性的。而在爱情的教育中,有些东西则更完全是魔法
般的。

另一方面,依《会饮》(210 a),倘对爱情体验加以引导,从爱
身体之美上升到爱灵魂之美、操持之美,以及知识之美,灵魂将会
突然看见令人讶异之美、永恒之美,如同厄琉西斯奥义传授所达之
终境。我们注意到,在所有的上升步骤中,爱情体验引导灵魂进行
生育,生育出美丽且壮丽的论说;而于顶点所得之景象,却是超越 227
了论说的,乃灵魂育出德性本身(212a)。哲学成为一种活生生的
体验(expérience vécue)。从与所爱之人面对面的体验,最终上升
至面对超验的体验。

又如《斐多》(67 c - d)中,哲学被描述为超越身体的努力,以

便灵魂集中于自身,这就是哲学作为死亡练习的定义。这里面同样包含哲学与哲学论说之分。哲学的理论论说完全不同于与生命体验相关的修习:灵魂由这些修习而实现净化,实现与身体精神性地分离。

这些具体的、与生命体验相关的修习,可见于整个柏拉图主义传统,斐洛处尤为显著①,普罗提诺处又尤为显著。在灵魂通往美和善的全部阶梯上,斐洛都特意把哲学论说与哲学本身分开。首先,如果灵魂不进行道德方面的净化,就不能从不属于自身的东西中解放出来,也就是从激情中解放出来,就不可能意识到它的非物质性质②。其次,若灵魂想升到理智层面,它必须抛弃论说,以尝试对思想本身进行直接的、不可分的直观,这继承的是亚里士多德思想③。当普罗提诺描述灵魂朝向善的上升时,他主张,一方面有教导我们朝向善这一主题的,即理性神学论说,如类比法或否定法;另一方面,有实际引导我们到善的,即诸如净化、德性、对内心秩序的调节,总之:实际的精神修习④。尤其,普罗提诺的神秘体验延伸和发展了柏拉图爱情体验的全部内容。柏拉图的爱情体验赋予了灵魂面对美的情感,普罗提诺的神秘体验则赋予了灵魂面对善本身的体验,而且这种体验也是一种神秘的奥义启示,与论说的理性彻底无关。

综上所述,在古代的所有哲学传统中,例如,在柏拉图、亚里士

① Philon,《谁是神的继承人》(*Quis rerum div. her.*),§ 253;《律法的寓意解释》(*Leg. alleg.*),Ⅲ,§ 18。
② Plotin,《九章集》,Ⅳ,7,10,27 及其以下。
③ Plotin,《九章集》,Ⅴ,8,11。
④ Plotin,《九章集》,Ⅵ,7,36,5 及其以下。

多德、波勒蒙（Polémon）、伊壁鸠鲁、芝诺、爱比克泰德、普罗提诺之
处，我们看到，他们一致拒绝把哲学等同于哲学论说。诚然，如果
哲学家没有或外在或内在的论说，就不可能有哲学。但我们说，所
有这些哲学家之为哲学家，原因不是他们阐发了哲学论说，而是因
为他们以哲学之方式生活着。哲学论说与他们的生活融为一体，
共同作为教育活动施以别人。无论作为沉思活动，或是作为对沉
思的表达及阐述，都再也不是论说性的了。对他们而言，哲学本身
首先是生活方式，而不是论说。也许我们可以把苏格拉底看作这
样一种哲学之创始者和楷模，当西庇亚斯（Hippias）问他有关公正
的定义时，他回答道："我不说，我将用我的行为让你明白它①。"

　　苏格拉底作为哲学家的楷模留在了历史传统中，他重"活"不
重"说"，即使"说"，也只据生活而说。这是后人对他的描述，如普
鲁塔克把哲学论说与哲学生活对立起来，前者具体考虑对哲学进
行专业的论说，后者则改变哲学家的日常生活。在他这里，苏格拉
底本人体现出了一位真正的哲学家的风范。在这个语境中，普鲁
塔克②以政治生活作比，他想要人明白，政治生活并不局限于职业
的政治活动，而是渗透到全部生活中。同样，哲学生活也不局限于
哲学家的专业论说："大部分人以为，哲学就是高高在上，进行说 229
教，照本宣科。但与这些人所想象的完全不同的是，我们可看到，
政治活动和持续不断的哲学，每天都在以一种同它们自身相配的
完美方式，进行着操练。如狄凯阿尔库（Dicéarque）所说，在廊下
走来走去，人们会称之为'以漫步方式（peripatein）教哲学课'；但
如果是去田野或去看朋友，人们就不会再用这一表达［……］。苏

---

①　Xénophon,《回忆录》,Ⅳ,4,10。

②　Plutarque,《政治是否是老年人的事务》(*An seni sit gerenda respublica*),26,796
c‑d。

格拉底不会为听众布置阶梯座位,不会以训人的口吻说教;也没有同学生讨论或散步的固定时刻表。但他会同一些学生玩笑、饮酒,也会上战场或者集会广场,最终进了监狱,饮下毒鸩。这些正是他做哲学的方式。是他最先证明了,无论何时,无论何地,不论我们碰到什么,不论我们在做什么,每一天的生活都可以给哲学以空间。"

12

希腊–拉丁古代世界的智慧者形象 *

在我们生活于其中的这个文明里,科学完全是自主的、独立的,不具伦理意义和存在意义。正如弗里德曼(G. Friedman)的《权力与智慧》①一书所表现的,这是我们时代的问题,甚至是时代的悲剧。现代人如何能找到一种智慧、一种学识、一种觉悟,它不仅关涉认知的种种对象,而且关涉忙碌的日常生活本身,关涉生活方式与存在方式呢?

希腊–拉丁的古代世界并不存在科学与智慧的分离。我们译为"智慧者"或"智慧"的 *sophos* 或 *sophia*,很早便见于古典希腊的诗歌作品或哲学作品中,既表示手艺方面的灵巧,也表示音乐艺术或诗歌艺术方面的优异。它们暗指一种本领,这既是教师教育的结果,也是一段漫长经历的结果,还是神赐

---

* 发表于:《世间智慧》(*Les sagesses du monde*),colloque interdisciplinaires sous la direction de Gilbert Gadoffre,Institut Européen,Paris,Éditions Universitaires,1991,p. 9 –26。

① G. Friedman,《权力与智慧》(*La puissance et la sagesse*),Paris,1970。

的礼物①。正因得益于雅典娜的指教,《伊利亚特》(15,411)中的
木匠才有了 sophia,才有了建造技艺方面的灵巧和学识;同样,承
缪斯点化,诗人才知道他该歌唱什么,以及怎么歌唱②。于此,我
们看到了一种关于智慧的古代学说:智慧首先是神所固有的属性,
是隔开神与人的距离的标志。

　　Sophos 和 sophia 也被用以形容政治本领。尤其当谈到"七贤"
时,这些人本是公元前 7 世纪和 6 世纪的历史人物,既有手艺技术
也有政治本领,但历史随即变成了传说。他们是一些立法家和教
育家,如梭伦。归于他们名下的那些格言被镌刻在德尔菲神庙近
旁、城市中心的石柱上,这种习俗使这些格言流传甚广。因为,我
们在当时的巴克特里亚纳(Bactriane),即如今的阿富汗边境地区
阿里-坎拉姆(Aï-Khanoun)的石柱上发现了它们,大约是在公元 3
世纪,由亚里士多德的弟子克雷阿科(Cléarque)刻上去的。这些
格言中较著名的有:"认识你自己"、"勿过度"、"懂得好时机"、
"有度即最好"、"万事在练习"③。

　　这些格言尤用于提醒人们注意自己与神之间的距离,意识到
自己的学识或智慧的低劣性。人的最大智慧就在于认识自身的有
限性。或者更准确地说,如苏格拉底所引德尔菲神谕云:"世人

---

　　①　G. B. Kerferd,《柏拉图之前的希腊智慧者形象》(《The image of the wise man
in Greece before Plato》),载 *Mélanges Verbeke*, *Images of the man*, Louvain, 1976, p. 18 – 28;
F. Maiter,《智慧者:论这个概念从荷马到欧里庇得斯的意义、地位及演化》(*Der Sophos
Begriff. Zur Bedeutung, Wertung und Rolle des Begriffes von Homer bis Euripid*), Muniche,
1970; B. Gladigow,《智慧与宇宙》(*Sophia und Kosmos*), Hildeshein, 1965。

　　②　赫西尔德,《神谱》,35 – 115。

　　③　B. Snell,《七贤》(*Die Sieben Weisen*), Munich, 1952; L. Robert,《从德尔菲到阿
姆河:巴克特里亚那的希腊语新铭文》(《De Delphesà l'Oxus. Inscriptions grecques nou-
velles de la Bactriane»), *Comptes rendus de l'Académie des inscriptions et belles lettres*, 1968,
p. 416 – 457。

啊,你们之中,唯有苏格拉底这样的人最有智慧(*sophôtatos*),因他自知其智慧(*sophia*)实在不算什么①。"

到了公元前 4 世纪,确切地说,是随着苏格拉底和柏拉图对 *philosophia*(对智慧之爱)一词的用法进行的反思,智慧者的形象发生了决定性的转变。人们意识到智慧超越于人的特征。智慧具有超凡的、神性的状态,人类唯可认识的,只是自身与智慧之间存在着的巨大鸿沟。与此同时,智慧越来越等同于 *epistêmê*,即明确的、严密的知识,但决不可把它认作近代意义上的知识,因为它所探寻的是怎么做(savoir-faire)②,怎么活(savoir-vivre),亦即一种明确的生活方式。事实上,自柏拉图始,希腊人就深刻领会到,知识必定是针对整个灵魂而言的知识,因而是能改变灵魂的整个生存方式的知识,否则它就不是真正意义上的知识。

柏拉图的同时代人,演说家伊索克拉底已把智慧看作一种超群状态,他在《论交换》(*Sur l'Échange*)的第 271 节写道:

> 倘若我们能够掌握如是知识(*epistêmê*),我们将知道该做什么,该说什么,但既然人不具备如此本性,我便在可能的限度内把智慧者(*sophoi*)看作是那些能凭借臆测而最大概率地获得最好答案的人;所谓哲学家,即那些致力于探究,并因此而最快、最可能获得判断能力的人③。

---

① Platon,《苏格拉底的申辩》(*Apologie de Socrate*),23 b(trad. M. Croiset)。

② 参 W. Wieland,《柏拉图与知识的型式》,Göttingen,1982。关于灵魂的转向,参 Platon,《理想国》,518 c。

③ Isocrate,《论说集》(*Discours*)(éd. et trad. G. Mathieu),t. Ⅲ,Paris,1966,p. 169。

　　我们在此引文中见到，首先是理想中的智慧，这是一种以整全的、明确的知识（savoir）作基础的本领（savoir-faire）；其次是与人的本性相符的智慧；最后是通往智慧的修习，即哲学。这里的智慧和哲学对伊索克拉底而言乃是关乎城邦中的生活技艺，也就是说，既与政治效能有关，也与行为的正确性有关。

　　在柏拉图的《会饮》中，智慧者的形象更加理想化，哲学与智慧间的距离更为根本。苏格拉底又一次作为有智慧的人，而且是最有智慧的人出现，原因是他知道自己一无所知。他处于神与某 236 些人之间的位置：神是纯然地有智慧、有知识，而另一些人自认为有智慧却不知道其实没有。处于这两者之间的即哲学家，哲学家之所以渴望智慧，原因正在于他知道自己并未拥有智慧；亦即爱若斯，爱若斯之所以爱美，原因是他并不美。因此爱若斯既非神亦非人，而是神与人之中介，而苏格拉底的形象恰与爱若斯相吻合，亦即与哲学家相吻合。《会饮》（204 a）云：

　　　　爱若斯处于智慧（sophia）与无知之间［……］事实上没有哪个神爱智慧，因为，神已经是有智慧的了；甚至那些个有智慧的人，也不爱智慧。反过来说，无知的人同样不爱智慧或者欲求成为有智慧的；因为，无知的人的麻烦正在于，尽管自己不美、不好、无知，却觉得自己够自足的了。谁不觉得自己欠缺什么，谁就不会欲求自己根本就不觉得欠缺的东西①。

————

① Platon，《会饮》，204 a（éd. et trad. L. Robin），Paris，1924，p. 208.（中译文参考柏拉图：《柏拉图的〈会饮〉》，刘小枫译，华夏出版社，2003 年，第 77 页，但依法文作了改动。——译注）

唯有缺乏智慧并且知道自己缺乏的人才会欲求智慧。这样的人即哲学家。在非智慧者之中有两类人，一类人没有意识到自己无智慧，一类人则意识到，这后一类人即为哲学家。因此哲学是在与它所缺乏之物的关系中加以界定的，此物便是智慧，它是神的所有物。

我们刚才看到伊索克拉底区分了三类人：一类是仅在理想中存在的智慧者，一类是可见于凡人中的智慧者，一类是哲学家。至于柏拉图，在他这里似乎只有两类人：一类为等同于神的理想中的智慧者，一类为哲学家。当然，柏拉图所说的神性智慧再也不仅像伊索克拉底所说的那样，是一种政治的实践本领，而是一种普遍知识，其对象不仅有人的事务，而是还包括神的事务，亦即宇宙整体。在柏拉图看来，政治知识必定建基于普遍知识之上，后者能于善的理念之光中见到所有事物。

因此，与神相等同的智慧者在这里体现为一种理想，一种凡人所不能达到的超凡理想。这一看法，我们还会再次说到，因为它对斯多亚派的智慧者形象有着极大影响。

我们说伊索克拉底区分了三类：理想的智慧者、"人性的"智慧者、哲学家。我们还说柏拉图似乎只区分了等同于神的理想智慧者与哲学家。其实由某些迹象可看出，"人性的"智慧者，即生活于凡人中间的智慧者，在柏拉图这里也是存在的。在《会饮》结尾处，苏格拉底赢得了那场智慧的竞赛，是狄奥尼索斯作的裁判。表面看似乎是因为在边喝边侃了一整夜后，苏格拉底仍然很清醒，而深层原因则是苏格拉底在这场对谈中，自始至终都体现出了一位智慧者的本色①。尤其是阿尔西比亚德在对话的高潮部分对苏

237

---

① Platon，《会饮》，175 e 及 223 d。

格拉底所作的赞辞,展现出的苏格拉底在精神上的全神贯注,以及他的力量和节制①。柏拉图在《泰阿泰德》中还主张,哲学家的任务就是为神所同化,也就是变得近似于理想的智慧者,当然是在可能的范围内(这一限制使人类现实与神性理想之间的距离显得模糊难测)。"为神所同化,"柏拉图进一步解释:"就是要因反思而变得公正、虔敬②。"因此,精神进步是可能的,哲学家所可期望成为的,并非理想中的、神性的智慧者,而是人世间的智慧者,是意识到与神有着距离的智慧者:这是个多么尴尬的处境啊,就像苏格拉底本人的命运所表明那样。

　　如此,哲学家的任务便是:在生活中修习智慧,在哲学论说中描述理想的智慧者。这种描述在哲学学校里被当作实际的口头训练内容,同时也是众多论文的主题。哲学问题往往受这种理想的智慧者形象的规定。在《形而上学》卷一,为描述第一哲学,亚里士多德以传统对智慧者的看法作为出发点:智慧者知道一切,哪怕是那些最难懂的事物;他的知识有确切性,并且这种知识相关于事物本身的原因;他的知识是确定的,并且这种知识支配着别种知识,而且他还知道每一事物均与之相关的那个目的③。同样,在斯多亚派把他们与同时代的学园派(即阿尔凯西劳的学园)作比较时,他们所讨论的是确切知识的可能性问题,但最终却落在了智慧者对种种表象所能给出的赞同上④。我们知道,所有的学派都讨论智慧者在生活中的那些重要场合的行为:他该参与政治吗? 他

---

① 参 Platon,《会饮》,215 d－223 b。

② Platon,《泰阿泰德》(*Théétète*),176 b(éd. et trad. A. Diès),Paris,1924,p. 208。

③ Aristote,《形而上学》,Ⅰ,982 a。

④ 参 Cicéron,《卢库鲁斯》,§§ 57,105,115。也参 G. B. Kerferd,《智慧者知道什么?》(«What Does the Wise Man Know»),载 *The Stoics*,(éd. J. Rist),Berkeley,1978,p. 125－136。

该结婚吗？他可以发怒吗①？此外我们还掌握不少致力于讨论智慧者各方面形象的哲学论文：例如，亚历山大里亚的斐洛论智慧者的自由、塞涅卡论智慧者的坚韧、西塞罗的《图斯库兰讨论集》（*Tusculanes*）诸卷。在早期斯多亚派遗留的著作残篇中，也有许多篇目涉及这一主题。

那么，这些不同学派对智慧者作了什么样的描述呢？其基本要点正如我们在柏拉图那里见到的：他们把智慧者的形象与神的形象等同起来。由此可知，每一学派对神的描述便对应着他们对智慧者的看法。他们以凡人的、有生的特性描述智慧者，赋予智慧者一种凡人的生活，但他们也把神所具有的道德特性转嫁到智慧者身上。我们可把这种对神的描述称为关于智慧者的神学。关于该主题，米舍莱（Michelet）在 1842 年 3 月 18 日的《期刊》（*Journal*）上说过一句深刻的话②："希腊宗教乃完成于它那个真正的神：智慧者。"确确实实，在柏拉图处是这样，在亚里士多德处、伊壁鸠鲁主义处、斯多亚主义处同样如此。借用施耐德（Klaus Schneider）的话来说③，神的形象首先是一个"道德模范"。希腊人一直赋予神以知识，以及超凡的、超越于人的能力，而到了公元前 4 世纪，在神所具有的能力之外，人们又进一步使他成为道德完善的化身。既然这种完善是以人所尽可能的完善而加以设想的，那我们不妨说希腊人所持的是神人同形同性论（anthropomorphisme）。

在柏拉图本人这里，神被赋予了道德价值。他在《理想国》卷三中告诉我们，神是好的、如实的、纯然的；在《斐德若》（246 d）

239

---

① Cicéron，《论题篇》，§ 81；Aulu-Gelle，《阿提卡之夜》，Ⅰ,26。

② J. Michelet，*Journal*，t.Ⅰ（éd. P. Viallaneix），Paris,1959,p. 382。

③ K. Schneider，《沉默的神》（*Die schweigenden Götter*），Hildesheim,1966,p. 31。

中,神是美的、智慧的、好的;《蒂迈欧》(29e - 30a)中的德穆革
(Démiurge)是好的、没有欲望的、总是渴求生产好的东西。

　　这种智慧者的形象与神的形象也见于亚里士多德处。他描述
智慧者为沉思的、博学的,致力于自然现象及其终极原因的探究。
但他也觉察到,人的境况使得这种思想修习极不牢靠,时断时续地
散布于时间中,招致谬误与疏忽。不过我们仍然可以突破限制,设
想一种精神,其思想以一种永恒在场的状态进行着修习。这将是
一种自身行思的思想①。可见亚里士多德的神乃是以完善的智慧
者形象出现的,它是一切人类智慧之楷模。按照《尼各马可伦理
学》的说法②,只有在少数时候,哲学家抑或凡人中的智慧者,得以
修习他们的思想活动和沉思活动,这种时候是最为愉悦最为幸福
的,也是我们凡人可以达到的。《形而上学》卷十二把这种时候与
神性思想那永恒的愉悦作比③。另外,《尼各马可伦理学》卷十还
说④,纯净思想所体现出的这些稀有时刻乃是超越于普通生活的,
是一种高出人类生活的神性生活,但它也正是人们最应该过的生
活,即据精神(l'Esprit)而过的生活⑤。在这里,我们又碰到了这个
基本主题:智慧是一种状态,在这种状态中,人既是人,同时又超越
于人,人在本质上就是一种超越自身的存在。

240　　在伊壁鸠鲁处,智慧者的形象也与神的形象相吻合。不过智
慧不再是对思想的修习,而是灵魂的宁静与纯净的快乐。有关宇
宙的原子理论和物质理论之所以对于他极其重要,原因就在于,这

---

①　参 Aristote,《形而上学》,Ⅻ,1074 b 35。

②　参 Aristote,《尼各马可伦理学》,Ⅹ,1177 b。

③　参 Aristote,《形而上学》,Ⅻ,1075 a 7 及 1072 b 15。

④　参 Aristote,《尼各马可伦理学》,Ⅹ,1177 b 26。

⑤　"esprit"一词是对希腊文"nous"的翻译,中译对应为"精神"。——译注

一理论可用于确证神绝不会以任何方式参与世界的创造与统治；因此神的本质不在于造物之能力，而在于存在之方式：宁静、快乐、愉悦。如卢克莱修所云①：

> 神圣的自然必定远离我们的那些烦恼，永远享有至深的宁静。免却一切困苦与险虞，本领高强，富有计策，全然不需要我们的任何帮助。这样的自然既不会受利益所诱惑，也不会受愤怒所打击。

不过，在伊壁鸠鲁主义者这里，神与人之间的距离有了缩小的趋势。在一定意义上，他们的差别只是时空上的。神生活于伊壁鸠鲁主义者所谓的虚空之中，即世界与世界之间的那些空隙中，于是，避免了原子在运动中所固有的腐坏，正是如此，他们那精微的躯体得以永存。因此，神无非是永恒的智慧者，智慧者无非是有死的神。智慧者，如伊壁鸠鲁本人，他与神乃是平等的，相似的，他就是凡间的神②。关于这点，我们有一则有趣的材料，见于伊壁鸠鲁的一封书信③。某天，很可能是在课上，伊壁鸠鲁正在阐述他的自然理论。突然，弟子科洛特（Colotès）一下子拜倒于他膝下。见此情景，伊壁鸠鲁说道：

> 出于对我所讲内容的崇敬，你产生了同自然哲学不大相

---

① Lucrèce,《物性论》,Ⅱ,646(éd. Et trad. A. Ernout,modifiée),Paris,Les Belles Lettres,1924,p.75.

② 参 Lucrèce,《物性论》,Ⅴ,8；参 Épicure,《致梅瑙凯》,t. Ⅲ,§ 135。

③ 参 Plutarque,《驳科洛特》(*Contre Colotès*),1117 b。翻译见 A.-J. Festugière,《伊壁鸠鲁和他的神》,Paris,1968(2ᵉ éd.),p.67 - 68。

符的强烈愿望,想要紧紧抱住我的双膝,献给我亲吻,做出这般宗教祈祷式的举动。而我呢,我也会赋予你同样神圣的名誉以及同等规格的尊敬。因此,上路吧,既朝着那不朽之神,也把我们看作是不朽的。

241　　　伊壁鸠鲁的意思是,科洛特也是个智慧者,也有权享有神圣的荣誉。尽管伊壁鸠鲁如此说,弟子们仍然视老师为真正的智慧者和福音的传播者;他们对他有着强烈的爱,这种爱使得他们处处效仿他①。做任何事都犹如伊壁鸠鲁是见证人一般,此乃伊壁鸠鲁本人的话②。伊壁鸠鲁学派的拥护者和门生,每年都会环坐在伊壁鸠鲁的画像周围就餐,菲洛德姆斯(Philodème)在一首讽喻诗中称其为"粗茶淡饭"(repas frugal),为的是庆祝先师的生日③。这种对伊壁鸠鲁的崇敬仪式没有丝毫的铺张和隆重之感。它深深浸透着伊壁鸠鲁所发起的精神运动的气氛:宁静、微笑、亲切、友善、纯净的快乐、节俭、轻松。正是这些情感激励着伊壁鸠鲁主义者对神的虔敬。神对他们而言就是宁静、平和、纯净快乐之楷模。这实在是一些朋友,一些身份地位相似的人聚一起,欢庆宗教节日,轮流邀请智慧者与他们分享幸福生活④。像神一般地生活是非常简单的,至少表面如此。伊壁鸠鲁有云:"不饥,不渴,不冻。有谁能

---

①　参 Lucrèce,《物性论》,Ⅲ,5。

②　参 Sénèque,《致吕西里乌斯》(Lettre à Lucilius),25,5。

③　参 M. Gigante,《费洛德穆的藏书与罗马的伊壁鸠鲁主义》(La bibliothèque de Philodème et l'épicurisme romain),Paris,1987,p. 110 – 122。

④　W. Schmid,《伊壁鸠鲁神学中的神与人》(《Götter und Menschen in der Theologie Epikurs》),Rheinisches Museum,t. 94,1951,p. 97 – 156(尤其 p. 120); A.-J. Festugière,Épicure et ses dieux(《伊壁鸠鲁和他的神》),p. 34; W. Schmid,《伊壁鸠鲁》(art.《Epikur》),载 Reallexikon für Antike und Christentum,t. Ⅴ,col. 748。

享受这种状态并期待保持它，他就能和宙斯本人的幸福相媲美①。"所以我说它表面上看来是非常简单的。为什么我们不饥不渴不冻就可与宙斯相媲美呢？因为我们懂得享受这种状态。但要懂得享受这种状态，有两件事情非常困难。首先是必须去除多余的欲望，如财富、名誉、奢华、无度的享乐。按伊壁鸠鲁主义者的说法，它们既不是自然的，也不是必要的。这是针对那些诱惑力极强的东西所作的一种苦行和抛弃。另外，尽管伊壁鸠鲁主义者没有明确说，它还意味着，人们必须会享受所有那些由神一般的生活所带来的快乐，也就是道德生活的快乐。

亦如霍夫曼（E. Hoffmann）所注意到的②，因为伊壁鸠鲁主义者把生活看作一种纯粹的偶然，一种预料之外的成就，所以他们怀着感恩之心，像是对待奇迹或者对待神圣事物那样来迎接生活。

斯多亚派的智慧者同宙斯也无甚差别。但这二者的等同不是在快乐方面，而是在道德目的的纯粹性方面，在德性方面，总之，是在理性完善方面的等同。神的德性并不高于智慧者的德性③。斯多亚派所理解的神无非是理性，这是一种内在于宇宙的有序力量，与宇宙的全部事件同时产生。人的理性乃是从这种宇宙理性所流溢出的小部分，但它有可能被随后的肉体生命，也就是被快感的诱惑所污染和扭曲。唯有智慧者方能使他的理性重新恢复完善，使之与宇宙理性相吻合。

242

---

① 《梵蒂冈格言集》（*Gnomologium Vaticanum*），§ 33，对参 A. -J. Festugière，《伊壁鸠鲁和他的神》，p. 44。

② E. Hoffmann，《伊壁鸠鲁》（art. « Epikur »），载 M. Dessoir, *Die Geschichte der Philosophie*，t. Ⅰ，Wiesbaden，1925，p. 223－225。

③ 参《斯多亚文献残篇》，t. Ⅲ，§ 245－252；参 Sénèque，《致吕西里乌斯》，§ 92。

正是在斯多亚派处,智慧者这个观念所暗含的悖论以最尖锐的方式体现了出来。首先,对斯多亚派来说,智慧者乃是一存在之特例:智慧者非常少,或许只会有一个,甚至可能完全没有。因此智慧者形象对他们而言几乎是一个不可实现的理想,与其说他是一个具体的形象,如伊壁鸠鲁之处的,不如说他是一个超凡的标准。所以,斯多亚派的克律西波在《论正义》(*Sur la justice*)卷三写道:"因为他们实在无比伟大和高尚,我们所说这些东西便显得似乎是杜撰一般,与人以及人的本性不相干①。"

此悖论我们已经在亚里士多德处见过了。智慧所对应的是最符合人的本质的东西:据理性与精神而生活,但同时它也是与人最为陌生的,是超越于人的。

对斯多亚派而言,亦如对柏拉图《会饮》中的苏格拉底而言,在哲学家与智慧者之间有着巨大的鸿沟。理由很简单,既然哲学家追求智慧,他不是智慧者,他是非智慧者,于是,在智慧者与非智慧者之间便形成一种对立:要么是智慧者,要么不是智慧者,绝无中间状态。较于智慧,无知是没有程度上的等差的。斯多亚主义者说,我们沉入水里一肘尺还是五百法寻,这没什么差别,结果都是被溺死。

这又导致一个新悖论。智慧者非常罕见,甚而没有,整个人性都是荒谬的,但人的理性乃是从神的理性流溢出的,是快感之诱惑、激情之力量使它在人这里腐化了、变质了。

由智慧或智慧者与非智慧之根本对立所引出的后果是一个新悖论:人不是一点点地、逐步地变成智慧者的,而是经由瞬间的、根

---

① Plutarque,《论自相矛盾的斯多亚主义》,17,1041(É. Bréhier 译),载 *Stoïciens*,éd. P. M. Schuhl,Paris,Gallimard(Bibl. de la Pléiade),1962,p. 107。

本的、重大的突变,以致智慧者在那一刻完全不知道发生了什么。

但是这依然有悖论,斯多亚主义敦促人们从事哲学,亦即修习智慧,这意味着他们相信精神进步的可能性。若智慧与无知之间果真有不可克服的矛盾,无知便没有程度上的等差,但无知还可分为两类,如我们在柏拉图《会饮》中所见的:某些无知者不知道自己的无知(大部分人皆如此);某些无知者则知道自己的无知并且试着进步,这便是哲学家,他们总在寻找不可及的智慧。所以从这一逻辑看,在智慧者与糊涂的人、荒谬的人之间便有着对立。这种对立承认有中间状态:哲学家①。讽刺作家琉善在《赫尔墨提莫》(*Hermotime*)(c. 77)对哲学家的这种追寻作了一番无目的的嘲笑②:

> 你搞哲学究竟是图个什么? 既然你也看到,不管是你的 244
> 老师,他的老师,这个那个的老师,或者任何人往上数他十代
> 的祖师,都不是完美的智慧者[⋯⋯]你不会说只要尽可能接
> 近至福就满足了吧。这有什么用呢? 在门边与远离门口,不
> 都还是在外面么[⋯⋯]你的生命的大部分已经在克制中,在
> 困倦中,在不寐中消逝了。可你说你至少还要辛苦二十年,干
> 到八十岁(这是哪个给你担保的年纪?),难道就是为了在临
> 终时发现,你依然属于不幸福的人?

总之,理想中的智慧者应该在每时每刻,都能从宇宙和生活的

---

① 参 O. Luschnat,《古斯多亚派的道德进步问题》(《Das Problem des ethischen Fortschritts in der Alten Stoa》),载 *Philologus*,t. 102,1958,p. 178 - 214。

② Lucien,《海尔摩提莫斯或论派别》(*Hermotimus ou les sectes*)(E. Talbot 译),Paris,1857,p. 331。

每一事件中,辨识出神圣理性;领会那支配着事件链的必然的理性秩序,并完全赞同这种秩序;进一步讲,智慧者还要对神圣理性所产生的每一事件及其结果有着强烈的欲求。此即斯多亚派的铭言"顺应自然生活"所表示的意思。所谓顺应自然生活,便是欲求宇宙的理性秩序。智慧者的自由正在于,使他自己的理性同宇宙理性相吻合,从而接受并欲求这种秩序。这是唯一取决于我们自身的事情。除此之外:疾病还是健康,贫穷还是富有,默默无闻还是名满天下,死还是生,都不取决于我们,而是取决于我们意志之外的种种情况,取决于宇宙的事件链。所有这些对于智慧者是无关紧要的,确切说,智慧者并不在乎这些事情,他所能做的只是无分别地接受它们,热爱它们,因为它们是不可抗拒地同宇宙秩序联系着的。美德,亦即道德上的善,便是如此这般的自由行为,它取决于我们,它使我们的意志与宇宙理性相吻合。没有再比拥有道德上的善和德性更幸福的事了。斯多亚派的智慧者乃是道德良心式英雄主义的实践者。

245　　　　因此,斯多亚派的智慧者形象乃是一种设想的完美状态。说它是具体的实存,不如说它是超凡的理想。倘若我们以日常生活的视角、平常人的视角来看,如此这般的形象实在是离奇的、充满悖论的。斯多亚派的芝诺在《理想国》中描绘了一幅社会的自然状态图景,其中有些东西似乎令人难以接受,原因就在于他是把这幅图景当作由智慧者所组成的共同生活体来描绘的①。在这篇《理想国》中,除了这个天国,也就是世界本身之外,什么都没有。没有任何法律,因为智慧者自己的理性足以规定他该干什么;没有

---

① 参 I. Hadot,《格拉古时代的斯多亚传统与政治理念》(《Tradition stoïcienne et idées politiques au temps des Gracques»),*Revue des Études Latines*,t. 48,1970,p. 150 – 179。

任何法庭,因为智慧者不可能犯罪;没有任何庙宇,"因为神不需要它,对神献上任何出自凡人之手的祭品是毫无意义的";没有任何钱财;没有任何关于婚姻的法律,人们可以同他喜欢的任何人自由结合,甚至是乱伦;没有任何葬礼。于此可隐约见出,智慧者对待社会习俗的态度乃是与对文明的某种拒斥联系着的,是与自然状态这种观念联系着的。自然状态之所以能超越一切社会组织和政治组织而生存下去,是因为它的全体公民都是智慧者。文明或者文化只对那些不是智慧者的人起作用。

　　智慧代表一切。智慧者不但不会出错、不会犯罪、泰然自若、幸福、美丽、富裕,而且他还是国家的唯一的主人、唯一的立法者、唯一的首领、唯一的诗人、唯一的国王。这首先意味着,智慧者享有独一无二的、真正的自由,享有独一无二的、真正的财富;其次意味着,智慧既然是理性之完善,则智慧者所拥有的理性便可以使他完美地从事一切活动,不论是政治活动还是文化活动。

　　智慧者的这种理想形象,斯多亚派哲学家当然知道是不可能实现的。但它那魔法般的诱惑力,激发起他们的热情和渴望,召唤他们要活得更好,提醒他们悉力臻至完美。哲学家在所有情况下都这样反躬自问:"智慧者在目前这种场合可能会怎么做?"这对生活在日常中的哲学家,对作为凡间城邦的公民的哲学家来说,是一种有关义务理论或职任理论的制定,它在与神、与人、与自身的关系中对合理的所作所为做了规定。不仅是对晚近的斯多亚主义者,像有人认为的,而且也是对早期的斯多亚主义者。不过,道德生活并不在于种种规则的制定完成,而是在于把这些规则作为理性和德性的材料加以实践运用。这种义务道德绝不会超过智慧者身上所体现的高级准则。因为唯有智慧者能完美地履行这些义务,且无需任何戒律。所以,我们已经看到,智慧者是唯一真正的执法官,唯一真正的首领,唯一真正的国王。

义务道德不会盖过智慧者,但它可以使那相对的、不绝对完美的智慧者,也就是伊索克拉底置于理想智慧者与哲学家之间的,更具凡人性质的智慧者,以不完美的、臆测的方式,最大概率地找到较好的答案。这于西塞罗①和塞涅卡②的作品中可见出。塞涅卡论述二等(secundae notae)好人,因为他说,头等的好人,就是理想的智慧者,"好比凤凰,大概五百年才有一次出生。"而二等的好人,在西塞罗看,可以是罗马史上的某个著名的政届人物或者军士,只要他以一种特别的方式切实践行了某些德性,如勇敢、公正、诚实。这里,我们见到了罗马的现实主义对它所认为的希腊抽象哲学的对抗。但我并不认为,与理想的智慧者相对的好人这种观念,是出自罗马的斯多亚主义。所专属于罗马的,并非这一观念本身,而是所选择的例子。我更愿相信,这一观念是源自斯多亚体系的逻辑学本身。从他们承认有精神进步的可能性开始,就得承认这种进步能够带来某种成果,某种至少是相对意义上的完美。进步者所能正当期望的,不是成为智慧者,而是成为好人。而且,智慧者的理想形象并不是抽象地投射在"绝对"之上的,它不是一种理论上的构造,这一点极其重要。正如我们在柏拉图处看到的苏格拉底形象,亦如在塞涅卡处看到的加图(Caton d'Utique)形象,他们乃是作为五百年才出现一次的,罕有的智慧者。于是,完美的智慧者,终经形象化、封圣化的方式而表现为具体的形象;他们是好人,是生活于凡人中的智慧者。

247

---

① Cicéron,《论义务》,Ⅰ,4,13 - 17。
② Sénèque,《致吕西里乌斯》,42,1。

　　　　　　　　　　　　　　*

　　这篇短论介绍了几个大的哲学派别对智慧者的描绘,现在我
想对它的历史含义和人类学含义作一番归纳。

　　首先,智慧者这个形象的出现所反映的是,对自我、人格、内心
的一种越来越强的意识。苏格拉底的箴言"认识你自己"是这一
意识运动的发端①。它告诉每一个人,你能够管理你的生活。你
自己对你来说有着一种特别的价值,对整个城邦来说也是极为重
要的。柏拉图主义、亚里士多德主义、伊壁鸠鲁主义、斯多亚主义,
就认识人的内心自由这点而言,他们是一致的。智慧者恰恰就是
获得了这种内心自由的人,这种据理性(Raison)与自然(Nature)
而进行思想的自由,它既能抗拒来自城邦的种种观点、种种偏见、
种种命令。也能抗拒欲望与激情所带来的种种妄想。这种无法夺
走的自由,其核心在于进行判断的能力。如爱比克泰德在《道德
手册》中以一种不容置疑的语气说②:"扰乱人的不是事物,而是由
事物所生出的观念。"奥勒留也说③:"事物不可能逼迫我们对它产　　248
生这样那样的判断。没有任何东西会来到我们身边,它们是静止
不动的。"换言之:事物只有在我把它们转化为表象的意义上才对
我起作用。然而,我有绝对自由来思考并选择我想要的,选择我所
想要的表象。斯多亚派在取决于我们的东西(即我们的判断)与
不取决于我们的东西(即事物)之间作了重要区分。正是这一区
分界定了人格无法夺走的核心。

————————————

①　Platon,《阿尔希比亚德》,102 d 4;《苏格拉底的申辩》,36 c。

②　Épictète,《道德手册》,c. 5。

③　Marc Aurèle,《沉思录》,XI,16,2。

　　自由与独立确保智慧者内心的平和,即确保 *ataraxia*。灵魂的
这种平和、宁静,在古代具有无上的价值;不论在厄运中,还是在城
邦的纷争中,在宇宙的灾难中,都能保持镇静的人,是十分令人迷
恋的:

　　　　公正的人、意志顽强的人,既不会像普通公民们那样盛
　　怒,行凶作恶,也不会像僭主那样,恐吓人们不许怀疑和动摇
　　他的意志,更不会像那疾风暴雨般的亚得里亚海之主奥斯特
　　(Auster),或是像那来势汹汹的朱庇特之手;即使世界崩溃和
　　塌陷的残骸击打在身上,也毫无畏惧之感①。

　　修习智慧的哲学家用以构建这种无法夺走的内心自由的方式
有:惕厉及关心自己之精神修习、良心考验、意志和记忆的磨砺以
确保对欲望和激情进行判断时保持自由与独立。这是一种内心生
活,它围绕人的精神或神灵(*daimôn*)而展开,在柏拉图主义处、亚
里士多德主义处、斯多亚主义处皆如此。

249　　我们必须准确理解刚才所说的关心自己。我不主张像福柯那
样理解这种自我关系②:“可通过对自己的关心而在自己身上获得
一种恬静的、常驻的快乐,以取代那些狂暴的、靠不住的、短暂的快
乐。”为此,福柯引用了塞涅卡《书简》(23,6 - 7)。我认为这里有
些误会。首先,在福柯所引塞涅卡本文中,哲学家所谈不是快活
(plaisir),而是心悦(joie),即不是 *voluptas* ,而是 *gaudium* 。这一差
别对斯多亚派而言非常要紧。若我们去读塞涅卡的文本,就知道,

---

　　① Horace,《颂歌集》(*Odes*),Ⅲ,3,1 - 8(éd. et trad. Villeneuve) ,Paris,Les Belles
Lettres,p. 98。

　　② Michel Foucault,《关心自己》(*Le souci de soi*) ,Paris,1984,p. 83。

他所说几乎与福柯所说相反："把你的目光(*specta*)转向真正的好,对真正属于你的东西感到幸福(*gaude*)。' 真正属于你的东西' 是什么呢,便是'你自己,你自己的最好的那一部分。'"

若我们把这段本文与《书简》(124,23)作一比较,便可见其中的相同点:真正的好,这是属于自己所固有的东西;自己的最好的那一部分,无非是那完善的理性,亦即神圣的理性,如我们已经看到的。因此,自己的最好的部分,便是一个超凡的自己,一个我们刚才所说的神灵(*daimôn*),或者对亚里士多德来讲,便是精神(l'Esprit),这是神圣的、高于人的某种东西。所以说,塞涅卡并非是在"塞涅卡"之中找到心悦,而是在"超凡的塞涅卡"之中找到心悦。这个超凡的塞涅卡能把塞涅卡提升到一个更高的生存境界,此时的塞涅卡便不再是塞涅卡了,不再是那个受时空所限的塞涅卡了,而是宇宙理性(Raison universelle),是精神(l'Esprit),是塞涅卡的神灵(*daimôn*)。超凡的塞涅卡与塞涅卡在此合二为一。这是从个体到普遍的转化。或者也可以说:塞涅卡变成了超凡的智慧者,而这个智慧者本就属于塞涅卡,可以说是更高级的塞涅卡自己。可见,人所特有的东西,也就是高于人的东西,或者更准确地 250 说,我们每个人那真正的自己,乃是高于我们的。

尽管在伊壁鸠鲁的学说中,不能明显见到有"超凡的自己"之说,但伊壁鸠鲁的智慧者也同样不是在自己之中找到快乐的,而是在其他事物中,在与其他哲学家的友爱中,在对茫茫无尽的世界所进行的沉思中,在对出乎预料的神恩所发出的赞叹中,找到快乐的。

更准确地说,在古代智慧者形象的各种要素中,最重要的便是他与世界,与宇宙的关系。格罗杜森(B. Groethuysen)已经指出了这一点:"世界意识对智慧者乃是某种特殊的东西,唯有智慧者的精神能总是保有全体,从不忘记世界,在同宇宙的关联中思考与行动[……]智慧者是世界的一分子,他是宇宙性的,绝不会同宇宙整体相脱离①。"

　　古代智慧者的箴言亦见于塞涅卡处②:"专注于世界整体"(*Toti se inserens mundo*)。柏拉图《蒂迈欧》(90 d)也建议我们校正脑袋里的运动,使之与整全的运动相一致。至于斯多亚的智慧者,他把生活的每一时刻都重新置于自然之中,置于宇宙的视野之中;他赞同自然之意志,他对宇宙说道——以马可·奥勒留为例:"我和你一起去爱,"(Ⅹ,21)意思便是,我爱一切你所希望产生的事物;他还自问道:"这是一个怎样的宇宙? 为什么需要这样的事物存在? 它对于宇宙整体和对于作为最高之城邦的一员的人有什么价值?"(Ⅲ,11)③

　　伊壁鸠鲁主义的智慧者,如罗班在为卢克莱修的诗歌作注时所说④,"也处于静止中,与时间隔绝中,永恒的自然中。"借助于伊壁鸠鲁的物理学,他也专注于世界的无限性以及宇宙的虚空,正如伊壁鸠鲁主义者梅特洛多卢斯(Métrodore)所说⑤:

251　　　　记着,必死的、生命有限的人们,你乃是凭着自然理论,攀
　　　　升到那些永恒、无限的事物,得以目睹一切已经存在的、将要

---

　　①　B. Groethuysen,《哲学人类学》(*Anthropologie philosophique*),Paris,1952,p. 79 – 80。

　　②　Sénèque,《致吕西里乌斯》,66,6。

　　③　中译文取自马尔库斯·奥勒利乌斯(即马可·奥勒留):《沉思录》,王焕生译,上海三联书店,2010 年,第 28 页。——译注

　　④　A. Ernout et L. Robin,《卢克莱修〈物性论〉评注》(*Lucrèce, De la nature, Commentaire*),t. Ⅱ,Paris,Les Belles Lettres,1962,p. 151。

　　⑤　见 Clément d'Alexandre,《杂文集》,Ⅴ,14,138,2(cf.,dans la coll. Sources Chrétiennes,t. 279,p. 369,la note d'A. Le Boulluec)。

存在的事物。

在这里,古代的智慧者形象让我们瞥见了那不可思议的可能性:生命,尽管它是那么短暂,却仍然可以作为通往无限之路;智慧者,凭借自然所特许他的某些时刻,变成了宇宙的意识本身,于是,他在宇宙的无垠中膨胀,终于进入了宇宙的五彩光芒中。古代作者们曾对生活于无意识中的人们给予了细致描述,可以说他们在宇宙面前就是盲人。由此推知,唯有智慧者能看见宇宙。卢克莱修在展现了天之蓝、日之耀后,说:

> 这一切,如果现在对人们第一次出现,如果不曾预见地它们现在突然就显露,那么还能说有什么东西比这个更奇异,还有什么是人们所事先更不敢相信的?没有,我想,这景象会是如此地新奇。现在,大家都已倦于去看这个景象,竟无人肯抬头望望那些光辉的领域①。

因此,智慧者有两个向度异于常人:内心自由与宇宙意识。他要让哲学家明白,还有比社会事务和政治事务更根本、更必须、更要紧的。正如许久以后的尼采所说②:"一切社会制度不都是不断地驱散人们的思想,从而阻碍人们感受自己的生命吗?"我们已经在芝诺所设计的那个由智慧者所组成的"理想国"中,看到了智慧者乃是与自然状态相联的,在这种状态下生活的人们不需要任何

---

① Lucrèce,《物性论》,Ⅱ,1034(A. Ernout 译)(中译文取自卢克莱修:《物性论》,商务印书馆,2012 年,第 133 页。——译注)

② F. Nietzsche,《不合时宜的沉思》(*Considération inactuelles*),t. Ⅲ,4(G. Bianquis 译),Paris,1966,p. 79。

252 法律和制度来告诉他们该做什么，他们也不会因风俗习惯的障碍而与宇宙相隔离。

智慧者虽生活于众人中、城邦中。但他既可以像犬儒的智慧者楷模第欧根尼那样，以恬不知耻的方式而对社会约束加以拒绝。也可以像普罗提诺的学生、公元 3 世纪的罗马元老院议员罗伽提亚努斯（Rogatianus）那样，不是恬不知耻，而是毅然决然地在他行使总督职权之时，辞去所有职务，抛弃所有财产，释放所有奴隶，并且不必每天皆吃两餐①。还可以像帝王马可·奥勒留那样（《沉思录》，Ⅵ,13），惯于实践对事物从"自然的"、"物理的"角度下定义的精神修习，以抛开文明带来的偏见和习俗，揭示事物本身所是。他说："紫袍，其实是用扇贝的血浸染的羊毛；考究的佳肴，其实是鱼、鸟、乳猪的尸体。"如此，便可在他所谓人间的喜剧中，保持着判断的自由。

对于凡人的生活，也就是说像个普通人那样活着，某些智慧者采取了一种因循守旧的态度，也同样可保持内心的宁静与平和。这是被怀疑主义视作启示者的皮浪的做法。关于该主题，古代史家曾记述过如下佚事："他虔诚地与作为智慧者的姐姐相依为命；有时去市场卖卖雏鸡和乳猪，有时做做家务，洗洗乳猪，事无亲疏②。"智慧者在这里显然与普通人无异，关键在于内心自由，我不禁要把它与庄子所转述的列子作一比较："三年不出，为其妻爨，食豕如食人，于
253 事无与亲。雕琢复朴，块然独以其形立。纷而封哉，一以是终③。"

---

① Porphyre,《普罗提诺生平》,c. 7（Bréhier 译）,Paris,Les Belles Lettres,p. 9。

② Diogène Laërce,《名哲言行录》,Ⅸ,61。

③ 《庄子·内篇·应帝王》（Tchouang-Tseu）,c. 7,载 *Philosophie taoïstes*, Paris, Gallimard（Bibl. de la Pléiade）,1980,p. 141.（此处我们没有从法文转译，而是直接采用了中文原文。——译注）

以事无亲疏的状态和绝对自由的内心状态而生活,向更简单、更朴实的生活回归,这在某种意义上是从种种形式规则,向自然状态回归,向无雕琢的朴素状态回归。

在伊壁鸠鲁处亦可见类似的运动。抛弃多余的欲望,因为它们既非自然也非必需,回归自然之朴实①:"回归真正幸福的自然。凡是自然的都是容易获得的,凡是难以获得的都是不必需的。"

在某种意义上,斯多亚的义务理论或职责理论也是一种使内心获得自由的因循守旧的态度。智慧者实践他作为家长的义务,作为城邦居民的义务,作为国家公民的义务。把这些义务作为介质,目的便是为实现那唯一必要的事情,即与自然和宇宙理性相符的生活。

与一种普遍而又顽固的观点相反,古代的智慧者并未放弃政治活动。在古代的每个哲学流派中,智慧者实在没有放弃对其他人采取行动的愿望和想法。如果说不同学派所采取行动的程度可以不同,但目标却总是同一个:改造、解放、拯救其他人。为此,伊壁鸠鲁的做法是,建立一些虔诚的、为热忱的友情所支配的小型共同体。至于柏拉图主义、亚里士多德主义、斯多亚主义,他们往往从制度和君王上着手,为改造整个城邦不遗余力。概略地说,我们在所有这些学派中,或多或少皆可发现以理想智慧者为楷模的对理想君王的描述。而对犬儒主义而言,他们所力图要做的事情是,使自己的生活样式对其他人造成冲击。

总之,若以为哲学家所描绘并仿效的智慧者,容许逃避日常生活的现实,以及社会政治的斗争,这实在是一种误解。首要一点,智慧者总是敦促哲学家要拿出行动来,不只有内心行动,还要有外

---

① 参 H. Usener,《伊壁鸠鲁》(*Epicurea*),Leipzig,1887,§ 469,p. 300。

在行动:"据正义而行,以为人类共同体服务。"马可·奥勒留如是
说(《沉思录》,Ⅷ,54;Ⅸ,6)。依我看,得出这样的智慧者形象是
不可避免的。它是人的境况所固有的张力、极性、二元性之必然体
现。一方面,为适应这种境况,人需要融入社会、政治组织,融入一
个令人安心的世界,融入熟悉的、舒适的日常性中。但是这个日常
领域并不能完全保护他。因为他无时无刻不在以一种不可避免的
方式,面对着他那不可言说的、可怖的此在(être-là)之谜,无时无
刻不在宇宙的无垠中遭遇着死亡:意识到生存于世界中的自我,就
意味着习以为常的安全感的破灭。常人力图逃避这种不可言说的
体验,因为在他看来这是空洞的、荒谬的、可怖的;某些人则敢于直
面它,因为对他们而言,这种空洞和反常反而才是日常生活。智慧
者的形象便是一种必要需求的反映,因为他把人的内心生活统成
了一体。是以智慧者可以生活于两个向度:彻底融入日常生活,如
皮浪,但同时也专注于宇宙;致力于人的各种杂务,但同时他的内
心生活又是完全自由的;清醒而又温和;永不忘那唯一的本质;最
后,也是最重要的,英雄主义般地固守道德良心的纯净性,没有它,
生活便不值得再过。这些就是哲学家所力图要实现的①。

---

①　结束时,我们可再回顾 J. Perret 那极富见识的研究论文:《智慧者的幸福》
(«Le bonheur du sage»),载 *Hommages à Henry Bardon*, Bruxelles, coll. Latomus, t. 187,
1985, p. 291 -298。

13

古勒(R. Goulet)《古代哲学家辞典》序言[*]

　　理查德·古勒(Richard Goulet)刚完成了第一卷作品,可堪纪念,这项伟业不仅填补了法国在哲学史研究,甚而在古代研究领域中的空白,而且也给国际学界奉献了一部极为宝贵的工具书。

　　这项工作的第一个益处在于它的详尽性,这可从双重意义上说:一为哲学家的名录详尽,一为原始资料的详尽。迄今为止,没有哪一部手册或百科全书为我们提供了全部古代哲学家的索引。而这样的索引对于一部古代哲学通史来说乃是必不可少的,后面我们还有机会再谈这个问题。并且,古勒并不满足于运用希腊的文字资源,他还诉诸各种图画资料、莎草纸资料、碑铭资料,甚至还有亚美尼亚的、格鲁吉亚的、希伯来的、叙利亚的、阿拉伯的各种资 料。从这角度看,像那些叙述阿拉拖斯(Aratos)、阿弗洛狄斯的亚历山大(Alexandre d'Aphrodise)、赫米亚斯(Hermias)之子阿莫尼

---

* 《〈古代哲学家辞典〉序言》(Préface au *dictionnaire des philosophie antique*), publié sous la direction de R. Goulet, t. Ⅰ, Paris, Éditions du CNRS, 1983, p. 7 - 1。

奥斯（Ammonios）、雅典的阿里斯底德（Aristide d'Athènes）、亚里士多德的条目便很有趣味。所以，我们不用再去不同图书馆就能方便地找到一些线索的汇编，而这在以往那些百科全书或手册里是不可能的，我们不得不翻阅不同书籍来寻找它们。

　　为完成这个项目，古勒召集了 80 名大学教员和研究员，其中有法国的，也有别国的。专家们尽可能考证论著的作者或者论著的写作年代，丰富的介绍已不仅是疑问的表达，而是极具个人独创性的研究成果。

　　这部书区分了那些很容易混淆的哲学家，如阿尔庇诺斯（Albinos）和阿尔金诺斯（Alkinoos）、两个塔索斯的阿塞诺多鲁斯（Athénodore de Tarse），剔除了那些有名无实的人，如阿克多里德斯（Actoridès）、艾内西达莫斯（Ainésidamos），他们是由莎草纸文献研究者的误读或不可靠的臆测造出的。但我们也发现一些罗马人的名字，如阿尔西达莫斯（Alcidamas）、阿里斯泰内拖斯（Aristainétos），出现在琉善的作品中。简要名录为我们介绍了亚里士多德学派、柏拉图学派的成员，以及杨布里科斯所建学校的师资传承。我们还要感谢那些对诺斯替主义（特别是阿派勒斯［Apelle］）和柏拉图主义的异端基督教徒（尤其是阿里斯拖克瑞特［Aristocrite］）的介绍，它引我们进入哲学史家至今很少涉猎的一个研究领域，而且对进一步理解基督教主义和新柏拉图主义也非常重要。

　　我们刚才说，古勒为我们提供了一部研究"哲学文献"（textes philosophiques）的出色工具书。对亚里士多德论著的介绍便是著例。这些可贵的指南，引领我们进入希腊传统、叙利亚传统、阿拉伯传统的迷宫，为我们揭示亚里士多德作品传播的极端复杂性，以及传播中所引发的令人印象深刻的评注和对它的不同归类。这些介绍修正了一些前人所认可的观点,刷新了问题的模式,对我们习惯上称作"亚里士多德神学"的系列研究尤为出色。关于阿弗洛狄斯的亚历山大的出色介绍同样有用:"很少有古代作者的作品流传这么广:既有直接传承也有间接传承,有叙利亚文版、阿拉伯文版、希伯来文版、拉丁文版,虽然许多篇目已被阿拉伯的文献学家考证过,但其真实性有时还会受专家们质疑。"

　　关于该主题,我们不能太过强调古代史家尤其第欧根尼·拉尔修所记录的篇目。要记住,古代的大部分哲学作品均已佚失。我们所能知道的只是极小的一部分。例如斯多亚派的克律西波曾写下 700 卷作品,不过已全部佚失。再说阿弗洛狄斯的亚历山大,在这卷辞典中,我们了解到他留下的 10 卷作品皆是评注亚里士多德的,而其余的 19 卷"个人"作品则已全部佚失。同样,我们在这卷辞典中还可看到,仅以一些重要哲学家为例,如阿美里乌斯(Amélius)、阿斯卡龙的安提俄库(Antiochos d'Ascalon)、塔索斯的安提帕特(Antipatros de Tarse)、推罗的安提帕特(Antipatros de Tyr)、安提斯泰尼(Antisthène)(共 65 卷)、居勒尼的阿里斯提波(Aristippe de Cyrène)、开俄斯的阿里斯顿(Ariston de Chios),他们的作品皆已全部佚失。假若我们可以知道哲学家的全部作品,譬如,知道色诺克拉底、斯彪西波、克律西波的全部作品,那我们关于古代哲学的观念将会发生革命性的变化。我们由在阿耶-卡努尤尼(Aï-Khanoun)发现的对话残篇而推测他们有这些佚失了的作品①,所论主题为形而上学,论证之谨严堪比柏拉图和亚里士多德。不过,他们至少留下了作品篇目,稍可弥补这些无法挽回的损

262

---

　　①　参 Cl. Rapin et P. Hadot,《阿耶-卡努尤尼的希腊语文献宝库》(《Les textes littéraires grecs de la Trésorerie d'Aï-Khanoun》),*BCH*,t. 111,1987,p. 244 – 249。

失。本辞典在介绍中对它们收录了。

这些篇目可作为对佚失的哲学作品进行外部研究的材料。孟德斯鸠就曾考虑过这类著作①："时下人们喜好文集或丛书，这需要有那么几个勤勉的作家，自愿为古代著者引用过的所有佚书编纂一份目录表。这需要一个悠闲的人、细心的人，甚至还要有点娱乐精神的人。他必须对著者的这些作品、天资、生活有某种看法，以便整理那些保留下来的残篇，以及其他著者引用过的段落。这些段落因被引用而没有随时间和新生的宗教虔诚而消逝。我们似乎应该把这份成就归功于那么多学识渊博的人们。伟人之为人所知，不是因其作品，而是因其行为。"孟德斯鸠的这些评论很公道，但我们也能合理地以为，他并没有完全看到这项事业的价值和意义。其实，做这些篇目需要一种精细的研究。

首先，这些篇目本身就含有一些术语，它们可以启发我们理解著者的哲学。克律西波的著作目录尤其如此，其中全是斯多亚派的逻辑学词汇。

我们也可从这些篇目上了解学派里的常见主题，这些主题便是"论题"（即学术讨论）的内容，如王权、友谊、快乐、激情。

263　　　篇目表的归类或据字母次序（如塞奥弗拉斯特的部分著作），或据哲学专业次序（克律西波的著作便是著例）。在后一种情况下，我们可以考察每一专业之内的问题次序，进而获取甚宝贵的信息。亚里士多德的著作次序则混合了两种因素：一是文学批评方面的考虑（既有从文学上看属于精心计划和构思的作品，也有简单的笔记收集；既有著者与其他人进行对话的作品，也有著者独白的作品），二是学术上的归类（逻辑学、自然科

---

① Ch. De Montesquieu,《札记》(*Cahiers*)(1716－1755),Paris,1941,p. 92。

学、数学)①。

因此,篇目表既告诉我们篇目选择者的注意力所在,也告诉我们列表制定者的注意力所在。一方面,考察其中的作品篇目,可以清点各个哲学学派所提出并讨论的种种问题,而著作便是对问题的回答。另一方面,考察篇目的归类次序,以及强行支配着这种归类方式的体系,我们甚至会为学术差异所造成的对学派缔造者思想的歪曲而感惊愕不已。

有条理地清点问题,经推理而归类问题,可以引致更为宽广的研究。这种研究以一般意义上的"哲学问题"(questions philosophiques)为对象,亦即以作为提问的哲学为对象。比之对问题本身,哲学史家——除去少数例外——对哲学家所构建的、用以回答问题的宏伟结构要有兴趣得多。但我们仍然可以设想一部由问题史所组成的哲学史,它将对古代哲学家所提出的全部问题作一清点,并且问,哲学家们何以提出这些问题,以何种形式提出这些问题,以何种方式解决这些问题。在做这种研究时,对书籍篇目进行一些探究,这对从各种哲学作品中得到的信息来说,将会是非常有 264
益的补充(对亚里士多德的《论题篇》尤其如此)。

如孟德斯鸠所预料,有了作品的篇目,我们便能把它与其他著者的同一题目的作品内容进行比较,而对其内容进行某些揣测。因为在古代,人们一般不会用离奇的、现实的标题来吸引读者,像什么《秃头歌女》(*La cantatrice chauve*)、《舞者与绝缘胶布》(*La danseuse et le chatterton*)、《女厨师与男食客》(*La cuisinière et le mangeur d'hommes*)。与此相反,古代的标题在于提示著作内容,

---

① Ilsetraut Hadot,《新柏拉图主义对亚里士多德作品的划分》(«La division néoplatonicienne des écrits d'Aristote»),载 *Aristoteles - Werk und Wirkung. Mélanges Paul Moraux*,t. Ⅱ,Berlin,1987,p. 249–285。

所以它一般要与所论主题相符。或《告慰》（*Consolation*），或《劝勉》（*Protreptique*），或《论王权》（*De la Royauté*），或《论灵魂的宁静》（*De la tranquillité de l'âme*），在每个学派内部，甚至从这个学派到那个学派，都大致差不多。如沃伏纳格（Vauvenargues）所说，古代著作者认为，"新颖的、独创的书，是那些让人们爱上古老真理的书①。"

有趣的是，在希腊化-罗马时期，人们更喜欢创造一些有诱惑力的标题：《蜜巢》（*Rayons de miel*）、《阿玛勒特的角》（*Corne d'Amalthée*）、《牧场》（*Prairies*）、《灯》（*Lampes*）、《地毯》（*Tapis*）、《牧场》（*Le Pré*）、《果园》（*Le Verger*）。这是"奥卢斯-该留斯（Au-lu-Gelle）"这一词条所指出的。该词条还告诉我们，奥卢斯-该留斯冠名其著作为《阿提卡之夜》（*Nuits attiques*），为的便是影射上述方式。须注意，这些标题乃专属于某种非常具体的文学门类：回忆性质的对话集或课堂笔记。总之，探究作品的命名方式史，这是一件甚有趣的事情。

对弥补哲学著作的灾难性空白而言，莎草纸研究资料虽很有限，却极为有益。有关此方面，不得不援引意大利弗罗伦撒（"Corpus dei Papiri filosofici greci e latini"）和那不勒斯（"Centro internazionale per lo studio dei papiri ercolanesi"）这两个中心的研究成果。他们所开展的研究，使得对斯多亚主义和伊壁鸠鲁主义的认识取得了长足进步。这卷辞典已经广泛采纳了他们的成果，愿法国的研究者们意识到这一领域的重要性。

古勒所作的详尽清点，虽不能使我们轻松地就进入哲学本文，但若要对哲学以其整体所呈现的历史现象进行研究，他所提供的

---

① 　Vauvenargues,《反思与格言》（*Réflexions et maximes*），§ 400。

原材料则是必不可少的。或许有人会讶异,在这份哲学家名册中,会看到一些在其他哲学手册中看不到的人物,不仅有医生(如:Acron d'Agrigente、Adraste de Myndos、Aiphicianos、Apollonios d'Antioche、Apollonios de Citium、Asclépiadès),还有音乐家(如:Agathoclès、Agénor de Mytilène)、数学家(如:Athénaios de Cyzique、Andréas、Andron)、文法家(如:Aristophane de Byzance)。因为在古代,"哲学"这个概念的"外延"与我们今天的完全不同。曾经一度,诸如文法、音乐、数学等所谓的博雅科目,它们要么被看作是哲学的不同专业,要么被看作是哲学的必不可少的预备课程①。

甚至我们还在这卷辞典中见到,有些人既非学问家,亦非哲学教育家,更不是与哲学有关的著者。其中有女性,如大阿里亚(Arria maior)、小阿里亚(Arria minor)(还有盖伦的朋友、柏拉图主义者阿里亚),有政客阿格里皮努斯(Agrippinus)、阿里斯提翁(Aristion)、国王提戈诺斯·戈那塔斯(Antigonos Gonatas),最后还有一些令人敬重的亡故者,他们作为哲学家的名誉只留在了墓碑上。

本卷辞典收录这些人物,在我看来,这是针对传统的哲学史观念所作的一种合理反对。

我们刚才说,哲学(及哲学家)这个概念的古今"外延"并不 266
相同。其实还可补充说,其"内涵"也不同。可以说,当代哲学家总体上是大学教员或者著作家,且这两种身份大多同时兼具。作为大学教员,他是专家,是职业者,并且培养其他专家。作为著作家,他著书,生产产品,并在其中提出对世界、历史、语言的解释,对他来说,作品便是产品。并且大学教员也需对别人的著作进行解释,对自己的著作进行评论。因此我们同意瓦莱里(P.

① Ilsetraut Hadot,《希腊思想中的人文学科与哲学》,Paris,1984。

Valéry)的说法①:"用文字作品而加以界定的哲学,客观上乃是一种独特的文学,它以某些主题为其特征,以某些术语和程式的频繁出现为其特征。"并且它"不需任何外部的验证",不以"创建任何权力制度为结果",它就站在"离诗歌不远的边上……"总之,在这种情况下,如果就像我们平常所做的,哲学史就是剖析哲学家所写作品的起源及结构,在理论环节的研究时、在对体系化的论述作内在逻辑的梳理时,尤为如此,这没什么可奇怪的。

但我们得问,当把如此这般哲学以及哲学史观念应用到古代哲学时,它是否依然有效。其实,在古代,哲学有着全然不同于近代之内涵②。或许,在智者派的影响下,古代哲学也很早就有了职业化、学术化、文字化之倾向。然而,古代哲学总是不断变换着手段,竭力成为鲜活的论语而非文字,竭力成为生活而非论语。我们知道《斐德若》的著名结尾③,柏拉图告诉我们,唯有鲜活的对话才能持久不朽,因为它乃写于鲜活的灵魂中而非僵死的纸页上。古代哲学首先是生活方式,这是我们从大量古代哲学文本中可得的结论。在此,仅引普鲁塔克为一例④:"大部分人以为,哲学就是高高在上,进行说教,照本宣科。但与这些人所想象的完全不同的是,我们可看到,政治活动和连续不断的哲学,每天都在以一种同它们自身相配的完美方式,进行着操练。如狄凯阿尔库(Dicéarque)所说,在廊下走来走去,人们会称之为'以漫步方式

267

---

① P. Valéry,《杂集》(*Variété*),载 Œuvres(Bibl. de la Pléiade),Paris,t. Ⅰ,1957, p. 1256。

② P. Hadot,《精神修习与古代哲学》,2e éd.,Paris 1987。

③ Platon,《斐德若》,276 – 277。

④ Plutrque,《政治是否是老年人的事务》(*An seni sit gerenda respublica*),26,796 d。

（*peripatein*）教哲学课'；但如果是去田野或去看朋友，人们就不会再用这一表达。城邦里的日常生活与哲学是完全类似的。苏格拉底不会为听众布置阶梯座位，不会以训人的口吻说教；也没有同学生讨论或散步的固定时刻表。但他会同一些学生玩笑、饮酒，也会上战场或者集会广场，最终进了监狱，饮下毒鸩。这些正是他做哲学的方式。是他最先证明了，无论何时，无论何地，不论我们碰到什么，不论我们在做什么，每一天的生活都可以给哲学以空间。"

所以，在古代，哲学家不必是教员或著作家。他首先是一个自愿选择某种生活方式，并对之加以实践的人，甚至他都不教学不写作。如犬儒派的第欧根尼，或者如皮浪，或者如罗马的那些著名从政者，加图（Caton d'Utique）、鲁提利乌斯·鲁夫斯（Rutilius Rufus）、昆塔斯·穆修斯·斯卡沃拉·斯喀埃沃拉（Quintus Mucius Scaevola Pontifex）、罗加提亚努斯（Rogatianus）、色拉斯（Thrasea），他们就被同时代的人称为哲学家。

这些人也活在世上，也和同胞们生活在一起，但他们的生活与别人不同。他们以道德行为、直言坦诚、饮食和衣着、对待财富和常规价值的态度，与其他人区别开来。苏格拉底便是哲学家的典型楷模。他证明了每一天的生活都可以给哲学以空间，还用其生 268 其死证明了，在人们所习惯的生活与哲学家的生活之间，有着激烈冲突。柏拉图的对话形容苏格拉底为 *atopos*，即"另类"（inclassable）①，这并不是没有理由的，因为他不能融入日常所习惯的生活框架中。这是古代哲学生活的悖论：它在日常生活的内部，与日常生活有着一种或深或浅的断裂。

加入古代的任一哲学学派，或柏拉图主义、或与柏拉图主义往

---

① Platon，《会饮》，215 a；《斐德若》，229－230；《阿尔西比亚德》，106 a。

往难以区分的毕达哥拉斯主义、或亚里士多德主义、或斯多亚主义、或伊壁鸠鲁主义、或犬儒主义、或怀疑主义，便意味着选择了一种特定生活方式，一种特定生活风格，一种特定的日常生活举止。因此，对理解古代哲学而言，仅仅分析柏拉图对话或亚里士多德著作的思想结构，是不够的。在作分析时，必须尽量在哲学的生活实际、具体实际、生存实际之中，全方位地把握哲学的各种活动，不仅从文献方面，而且还要从社会、政治、宗教、制度、法律、地理、人类学等诸方面。

倘要理解一种嵌入生活整体中的现象，就不能不在上述这些具体方面中对该现象进行研究。比如，若闭口不谈修道院生活，不谈虔诚修炼，不谈饮食制度，又怎能对修道士运动加以描述呢？而在古代，哲学运动与修道主义很是类似（这不奇怪，因为基督教的修道主义在很多方面乃是古代哲学的继承者，它自身即呈现为一种哲学①）。诚然，古代哲学家并未隐居在修道院中，而是活"在世上"（dans le monde），甚至随时会有政治活动。但是，如果他虔诚地加入了某一学派，他将不得不改变自己，做出选择，使自己在世上的整个生活方式发生转变，从而融进那个生活群体。在精神导师的引导下检查良心，忏悔错误，还要时不时礼敬学派的创建者，与学派的其他成员聚而进餐②，这些在伊壁鸠鲁学派中便很常见③。即使他只是同情某个学派，也将会竭力使自己变得更好，以一种与众不同的方式去生活。

因此，如果哲学史家想从整体上把握哲学现象，那我们便可拟

---

① 参 P. Hadot，《精神修习》，p. 62。

② 关于普罗提诺学校的生活，见 M. -O. Goulet-Cazé 的重要研究:《〈普罗提诺生平〉的学校背景》，载 *Porphyre, La vie de Plotin*, t. Ⅰ, Paris, 1982, p. 231 – 280。

③ 参 W. Schmid，《伊壁鸠鲁》(art. «Epikur»)，*RAC*, t. Ⅴ, 1962, col. 741。

出一些问题给他。我们认为,必须以如下三重关系来考查哲学家:
生活于学派之内的哲学家,生活于城邦之中的哲学家,独自生活
(以及和超验的东西生活)的哲学家。

　　为了研究生活于学派之内的哲学家,必须研究那些学派在古
代世界的法律地位,研究它们内部的组织结构,研究它们在运转中
所提出的问题。正是这些问题成为非常有趣的遗训(尤其是伊壁
鸠鲁的),留在了第欧根尼·拉尔修的记述中①。同时,还必须查
考教师的活动。哲学课程是怎么开展的? 精神导师如何发挥作
用②? 文字作品与口头教学之间有何关系? 此外还有,学生在学
派内处于何种位置? 门徒与同情者是不是一直有区别? 学派内的
生活是什么样子的,以及师生关系、集会、节庆、友谊、言谈自由等
情况又如何? 教学步骤是什么样的? 博雅科目处于何种地位?

　　关于生活于城邦之内的哲学家,首先得界定学派与城邦之关
系,认清这个经常受人忽视的事实,即哲学学派从未放弃对他们的
同胞采取行动。为达成此目的,他们所采取的方式或许会有不同。
某些哲学家试图采取直接的政治行动,行使权力。某些则满足于　　270
给领导者进谏。某些则通过教育美少年而为城邦作贡献,或担任
出使任务而援助城邦。还有一些则以自己的生活为楷模,希望同
胞们明白什么是真正的生活。其实,所有哲学家都希望改变同胞
们的生活方式。这种行动的最终结果是什么? 哲学家,以及一般
意义上的哲学,对政治生活和道德风尚的改变究竟起着什么样的
作用?

---

　　① 参 J. P. Lynch,《亚里士多德的学校》,Berkeley/Londres,1972(该书即属我在
这里所勾勒的研究模式)。

　　② I. Hadot,《精神向导》(《The Spirituel Guide》),载 *World Spirituality*, vol. 15:
Calssical Mediterranean Spirituality,New York 1986,p.444-459。

　　而为了研究哲学家与他自身的关系,则需要集中探索精神修习的一切领域(良心考验、思想沉思或书写沉思),还需要探索内心生活和神秘主义生活。

　　总之,解释哲学著作时必须考虑不同的背景。首先必须把著作置于学校中,从它提供给学生使用的角度,考察它的创作环境和创作目的。正是在学校中,著作得以保存,得以归类为作品集(corpus),并以传统的解释规则加以评注。其次必须考虑由政治意图所决定的著作形式和著作内容:例如对理想君王的描绘可能是向统治者进谏,也可能是批评统治者。最近的一些研究表明,在柏拉图的创作过程中,对政治的关注和忧虑起着很重要的作用①。最后决不能忘记的是,理论不可能与精神实践完全脱离;哲学著作的目标与其说是传播知识(informer),不如说是培养塑造(former);哲学论说只不过是把人们引向某种生活方式的手段,而生活方式正是哲学本身。

　　我们刚才很不完整地勾勒了哲学史的研究大纲,其目标是在哲学整体中探究哲学现象。这也正是该卷辞典所执行的大纲。它对这种研究作了难能可贵的贡献,同时,也为今后的研究提供了非常丰赡的材料。

　　我特意举一个值得注意的例子:关于哲学与政治活动的关系,若就伊壁鸠鲁学派的拥护者而言,我们从这部辞典中能获得何种教益。事实上,与往常对这个学派的介绍不同,我们见到好几个伊壁鸠鲁主义者参与了政治活动。首先是两个罗马人:萨丁尼亚(Sardaigne)的行省总督阿尔布西乌斯(Albucius)、西塞罗的朋友

271

---

　　①　参 entre autres K. Gaiser,《柏拉图谜语般的"论善"讲课》(《Plato's enigmatic lecture "On the Good"》),*Phronesis*,t. 25,1980,p. 5 – 37。

阿提库斯(Atticus)——他曾几次牵涉政治。阿提库斯这一词条的作者合理指出,不可因阿提库斯对政治生活的这几次涉入,便质疑他作为伊壁鸠鲁主义者的确实性。有意思的是,这并非是仅仅针对罗马的伊壁鸠鲁主义才有的态度,因为我们也发现,在希腊的伊壁鸠鲁主义中,有两位哲学家受到人们的尊崇,城邦为他们立了塑像,以纪念他们的工作,尤其是纪念他们出使罗马之功。这两位哲学家便是萨莫斯的阿米尼亚斯(Amynias de Samos)和帕加玛的阿波罗芬尼(Apollophanès de Pergame)。也许除了他们,还需补上那个抵制苏拉的雅典僭主阿里斯提翁(Aristion)(据阿庇安,《米忒瑞达特》[*Mithridate*],28),尽管这也不是肯定的。由此可见问题之复杂。一般而言,哲学家,哪怕是鼓吹戒绝公共事务的学派信徒,通常也会毫不犹豫地为他们的城邦效力的。

同时我们还看到,碑铭学材料可能给哲学现象的整体研究提供的一些支持。J. 罗贝特(J. Robert)和 L. 罗贝特(L. Robert)在1958 年的《碑铭学通报》(*Bulletin épigraphique*)(第 84 号,所讨论的是拖德[M. N. Tod]于 1957 年发表于 *JHS* 上的那篇有趣论文《希腊哲学家侧面观》[*Sidelights on Greek philosophers*])写道:"人们应从拖德所收集的卡片材料出发,以一种历史学的、社会学的视角来研究哲学家的那些铭文。如年代划分,我们得以认识这些铭文的地理中心,亦即这些铭文的汇聚地和崇拜地,尤其他们在不同时代的城邦生活中所处的位置、在执政官和行善者的富裕家庭中所处的位置以及它们所涉及的公民生活。"这卷辞典特别注意这些铭文,注意这些有很强教育意义的尊贵教谕,为今后的研究提供了极为宝贵的材料。将来要有一种关于哲学地理学的研究:例如,研究哲学传统在某些城市延续性,如在色拉西(Tarse)、阿巴米亚(Apamée)、居勒尼(Cyrène)、帕加玛(Pergame),亚历山大里亚和

272

雅典就更不用说了，研究这些中心地之间的关系，研究哲学家们的旅程。

　　这卷辞典收集了许多基础资料，叙述了哲学家的著作和生活，有了这项庞大的调查研究，我们对古代哲学究竟是什么这一问题或许会有一个更清晰的想法。

　　但对于哲学史家而言，任务并没有就此结束。或者更准确地说，他还必须把位置让给哲学家，让给一直活在哲学史家手里的哲学家。这项终极任务便在于哲学史家向他自己提问，以更清楚的神智问自己："如何做哲学？"

V
古代思想的不同侧面

14

柏拉图《蒂迈欧》中的物理学和诗学*

人们常说《蒂迈欧》是一首诗,甚或一篇小说①。我们在这里想对柏拉图这篇作品的文学种类提出一些看法。在简要分析过它的内容,并定义它为某种"创世记"(Genèse)之后,我们将试着确定柏拉图这篇对话所采用的叙述方式所具有的意义,即他所称

---

　*　发表于:《神学与哲学杂志》(*Revue de Théologie et de Philosophie*),t,113,1983,p. 113 - 133。曾于 1979 年 6 月 19 日在纳沙泰尔大学(Université de Neuchâtel)的研讨会上宣读。

　①　参 F. M. Cornford,《柏拉图的宇宙论:柏拉图的〈蒂迈欧〉》(*Plato's Cosmology:The Timaeus of Plato*),Londres,1937,p. 31:"《蒂迈欧》是一首诗,堪比卢克莱修的《物性论》,在某些方面甚至还超过它。"亦参 P. Shorey,《柏拉图、卢克莱修与伊壁鸠鲁》(Plato,Lucretius and Epicurus),载 *Harvard Studies in Classical Philosophy*, t. 11,1901,p. 206:"《蒂迈欧》和《物性论》的创作灵感直接源自前苏格拉底的诗人哲学家。它们都是'宇宙的赞诗',而非干巴巴的现象罗列。在几个伟大理念的引导下,它们的宏伟修辞席卷了人类知识的所有领域,从世界的起源直到人类身体的疾病。对自然的探究既有惊讶的精神也有敬畏的精神;既有由宇宙之美、万物之荣所带来激动之情,也有由节奏、音节、栩栩如生的比喻所带来的紧张之感。"亦参 R. Helm,《古代小说》(*Der antike Roman*),Göttingen,1956,p. 8 - 9;Th. Gomperz,*Griechische Denker*(《希腊思想家》),Ⅱ,3,3ᵉéd.,Leipzig,1912,p. 475。

"*eikôs logos*"（discours de vraisemblance，近似真实之论说）的方式。
接着我们将竭力表明柏拉图选择此方式的理由：自然（*phusis*）领
域乃是一个神圣的领域，超出了人类精确知识的涵盖。人类唯有
语言的 *poiêsis*（制作、诗）可试图仿效那神圣的 *poiêsis*（制作、诗）。
于是我们会看到，文学虚构被柏拉图看作一类宗教祭品，同时还是
一种用以回应神圣游戏的游戏。最后，我们将以简评《蒂迈欧》对
整个西方文学史中的一个主题，即宇宙诗这个主题所产生的影响
而结束。

I.《蒂迈欧》作为"创世记"

　　《蒂迈欧》作为"创世记"，是就这个词的哲学意义和文学意义
而言的："创造之书"（Livre de la création）和"生成之书"（Livre de
la génération）①。

　　言其为"创造之书"，乃因《蒂迈欧》始于对世界形成的描述，
成于人类的诞生。世界，作为产品，乃由一位造物神所生产，而他
生产所依的基本原则是：挑选最好。所以说世界是 照着一个实际
存在的模型来生产的②。于是，柏拉图先描述构成世界的元素：它
的身体，它的灵魂，这二者结合后便产生天空和时间的运行。世界
的身体特征源自世界的基本生产原则：挑选最好。因此世界的身
体是有理智的、有生命的、独一无二的，由各种元素按最可能完美
的比率组合而成，其中有土、水、气、火。并且还是绝对匀称的、球

---

　　① 《创世记》，2，4 a；5，1。参《蒂迈欧》90 e：*mechri geneseôs anthrôpinês*.（本章翻译
时参考过柏拉图：《蒂迈欧篇》，谢文郁译，上海世纪出版集团，2005 年。以下不再逐一
注明。——译注）
　　② 《蒂迈欧》，29 b－31 b。

状的、光滑的①。

　　神把可分物、不可分物、可分物与不可分物的混合物,以一定的数学比率混合在一起,从而产生出世界的灵魂。此过程同样是按"挑选最好"这个选择来进行的。这般制造好以后,世界的灵魂便围绕它自己做圆周运动,而就在这个灵魂的内部,天空那可见的身体,也在世界灵魂的各种成分的指导下运动着。与此同时,天空的这种运动便产生出时间,还产生用以确定时间数目(日、夜、月、年以及大循环年)的各种天体②。

　　造好了世界的大体结构,接下来便该制造生活于其中的生命存在了。以理念型式作永恒模型,这些生命存在分为四类,即:活在火中的众神、活在空中的鸟、活在水中的鱼、活在地上的人及其他动物。但造物神把他的成果,亦即作为产品的鸟、鱼,包括人在内的其他动物,全都委托给了他所造的众神,即天体和别的神灵,来完成。这些较次等的生命存在是有死的,因为他们的制造者,也就是那些次等神,本身就是易灭的,这些神唯有从造物神的自由意志而获得不朽。造物神把制造个体灵魂的任务留给了自己,而只让次等神去制造身体③。身体之间的接触,对灵魂就是一种冲击,造成它们思想的有序"运行"发生骚乱,而它们本来是仿照世界灵魂的运行而运行的。这种骚乱可以用教育来逐步平息④。但为更好理解这种身体接触所致之纷扰,必须考察创造世界的其

---

　　①　《蒂迈欧》31 b - 34 b。
　　②　《蒂迈欧》,34 b - 39 e。参 L. Brisson,《柏拉图〈蒂迈欧〉本体论结构之中的同与异》(*Le Même et l'Autre dans la structure ontologique du Timée de Platon*),Paris,1974,p. 394(该书对《蒂迈欧》的宇宙论作了基本评论)。
　　③　《蒂迈欧》,39 e - 43 a。
　　④　《蒂迈欧》,43 a - 47 e。

他基本原因。这里的原因不再是由造物神的理智来加以实现的
挑选最好,而是一种盲目的必然性,这种必然性虽使自己的惯性
与由最好加以引导的行为处于对立,却是理性的智慧最终所能加
以说服的。因此,现在要换另外一种视角来描述世界的诞生,这
就是物质机械论的视角。于是,我们会看到从几何学的基本形状
出发而产生的那些元素①。我们将再次回到感觉的问题,即外部
物体在我们自己的身体内所产生的印象,并且我们还将考察人类
身体本身的结构②。这种研究将创立医学③,尤其是伦理学④,伦
理学乃是贯穿这篇对话通体的基本教义:人,在变成智慧者后,要
不断地向神灵献上崇拜;一直使他自身之内的神灵(daimôn)保持
好状态,这样才会幸福(eudaimôn)。因为,他培育自己的灵魂来
思考整全及其循环运行:这是与我们自身之内的神圣原则最为接
近的运动⑤。

280　　　　作为对世界与人的创造的叙述,《蒂迈欧》是一部文学上的
"创世记",亦即一部"圣史",抑或一部"生成"之书,一部"谱系
学"之书,这在古代人看来,是极为珍贵的文学品种。其实,我们
刚才所简要分析的整个创世叙述,在柏拉图所设想的计划中,不
过是个别历史的一个片段,即雅典历史⑥。这在《蒂迈欧》的序
幕中已昭然可见。苏格拉底在其中回顾了前一天为他的对话

---

①　《蒂迈欧》,48 a - 61 c。
②　《蒂迈欧》,61 c - 81 e。
③　《蒂迈欧》,81 e - 89 d。
④　《蒂迈欧》,89 d - 92 c。
⑤　《蒂迈欧》,90 c。
⑥　关于《蒂迈欧》中的雅典史,参 P. Vidal-Naquet,《雅典与大西岛:一个柏拉图
神话的结构与意义》(« Athénes et l'Atlantide. Structure et Signification d'un mythe pla-
tonicien »),载 Revue des Études Grecques,t. 77,1964,p. 420 - 444。

者,包括蒂迈欧、赫墨克拉底、克里底亚,用描绘理想城邦的方式,所提供的一场精神筵席①。于是,他扼要地总结了那次谈话的要点。其实,也就是苏格拉底在《理想国》中所提出的护卫者的位置问题。蒂迈欧、赫墨克拉底、克里底亚共同承诺,现在,该他们奉献一场同样的筵席了。苏格拉底即建议说,这次他希望有人能在行动上给他展示理想的城邦。换言之,他希望有人能在历史中找出理想城邦②。他的对话者们也确实没有误解他。苏格拉底所期待的,是描述理想城邦本来的完美:因它近乎本来,未曾经受退化,所以完美。因此,克里底亚以复述他亲耳从他祖父那里听来的梭伦的描述开始。他说③,梭伦旅行至塞斯(Saïs)时,曾向埃及的祭司们咨询有关"古时候"的事情,并告诉他们我们的先人福洛纽斯(Phoroneus)、尼俄柏(Niobé)、洪水泛滥时的普卡里恩(Deucalion)、皮罗(Pyrrha),对他们讲述这些人的传说并追溯他们的家谱。但埃及的祭司们回答他,周期性的灾难——这灾难只有埃及人能幸免——导致了希腊人缺乏真正的古代概念。其实,在那场特大灾难之前,已曾有过雅典,是该亚(Gaia)借赫淮斯托斯(Héphaistos)之种所生之子厄里克托尼俄斯(Érichthonios)建立起来的。那时雅典的法律是完善的,尤其涉及社会阶层方面,涉及知识方面的教育也颇具典范性。那时的雅典凭其伟大以及英雄气概领先于其他城邦,而其中最大的功绩便是挫败那些强大的大西洋人。埃及人所效仿的,正是原来的这个 9000 年前的雅典。

281

把苏格拉底在《理想国》中所描绘的理想城邦,与早先的雅典

---

① 《蒂迈欧》,17 a。
② 《蒂迈欧》,17 b-20 d。
③ 《蒂迈欧》,20 d-26 c。

联系起来后,克里底亚取出了这场将要奉献给苏格拉底的筵席菜谱;其精华在于对苏格拉底的理论进行历史的证实:"我们要把你昨天讨论的城邦和它的公民从理论变为现实:它就是雅典;而你提到的公民就是那祭司所说的我们的真正祖先。他们在远古时真的存在过。这并没有什么难以理解的地方;我觉得它合情合理。我们可分工合作,尽最大的努力来支持你的理想。你说,苏格拉底,这个故事可用吗? 还是我们还得继续找别的①?"苏格拉底的回答对于理解这篇对话的文学类别极为重要:"还有更好的吗,克里底亚? 这个故事和女神相关,特别适合她的节日②。"据普罗克鲁斯说③,这个节日是小泛雅典娜节(Petites Panathénées),它紧接着本狄狄斯节(Bendidies)举行,而本狄狄斯节正是《理想国》的对话所发生的背景;不过在近代史家看来,这个节日更可能是普吕尼特瑞阿节(Plyntéria),而不是小泛雅典娜节④。但不论在哪个节日中,雅典娜的绣袍(péplos)均起着重要作用。依普罗克鲁斯的寓意解释⑤,泛雅典娜节意味着一种从理性降至宇宙的秩序,还意味着一

———————————

① 《蒂迈欧》,26 c - 26 d。柏拉图译文取自"法国大学文丛"(Collection des Univ. de France,即"Budé"丛书),Paris, Les Belles Letttres:Platon,《柏拉图作品全集》(Œuvres Complètes),但译文细节或有修改。

② 《蒂迈欧》,26 e。

③ Proclus,《〈蒂迈欧〉评注》(In. Tim.),t. Ⅰ,pp. 26,18;84,25;85,28 Diehl 版(对参 Proclus,《〈蒂迈欧〉评注》(Commentaire sur le Timée),A.-J. Festugière 翻译并作注,Paris,1966,t. Ⅰ,pp. 55,121 及 122)。

④ 参 A.-J. Festugière,《普罗克鲁斯,〈蒂迈欧〉评注》(Proclus. Commentaire sur le Timée),t. Ⅰ,p. 121,n. 2:"本狄狄斯节的庆祝时间是 5 月 19 日,大泛雅典娜节(每四年一次)和小泛雅典娜节的庆祝时间是在 7 月(主要是 28 号这天[……])。普罗克鲁斯(或其所本者,参 In. Tim. t. Ⅰ,p. 85,28 Diehl 版)可能把它与普吕尼特瑞阿节(Plyntéria)搞混了,普吕尼特瑞阿节的庆祝时间是 5 月 25 日[……]所以搞混,原因是在这一天,雅典娜的绣袍扮演着新角色;人们在海水中盥洗这位女神的绣袍,以及雕像"。

⑤ Proclus,《〈蒂迈欧〉评注》,t. Ⅰ,p. 85,10 Diehl(t. Ⅰ,p. 122 Festugière)。

种阻止诸宇宙成分相混的界线,因为雅典娜同时是"智慧之友和战争之友①"。关于雅典人与大西洋人的战争叙述,普罗克鲁斯认为②,这是献给女神的"另一件绣袍,它代表着战争,获胜者属于雅典娜的子弟们,好比泛雅典娜节的绣袍代表被奥林匹斯众神所击败的巨人们。"正如普罗克鲁斯在别处所指出③:"绣袍,作为织造品,是对女神在乃父的帮助下所领导的宇宙之战的'仿制',是对德穆革(Démiurge)所作安排的'仿制'。"但若相较于《蒂迈欧》的叙述本身,也就是说,若相较于"柏拉图用论说和谜语所织造的这件绣袍,超越一切对立、超越雅典娜的所有作品的这件绣袍",它只能算是一件低级的仿制品。这种解释当然是寓意式的。不过,柏拉图本人也有可能确实考虑了雅典娜绣袍与论说绣袍之隐秘关系。无论如何,克里底亚对苏格拉底细致讲了他所安排的筵席:"我们打算先让蒂迈欧讲。他主要是研究宇宙本性的,关于天文学的知识他比我们都懂得多。他将从宇宙的产生开始讲,讲到人的诞生(phusis)。然后,我以此为基础,谈一谈你讨论过的,即根据人的本性提供最优秀的教育计划来培养人的问题。我们就从这里开始。根据梭伦的法律和他的故事,我要让他们当着我们的面,像在法庭那样,亮亮相,认定他们就是我们的公民,他们就是那由于年代的缘故而被遗忘的,但还是被那神庙祭司记载下来的,远古时代的雅典人。我们要把这一点当作确定的史实来对待④。"柏拉图没有明确告诉我们第三个人——赫墨克拉底(Hermocrate)——

① 《蒂迈欧》,24 d 1。

② Proclus,《〈蒂迈欧〉评注》,t. Ⅰ,p. 85,13 Diehl(t. Ⅰ,p. 122 Festugière)。

③ Proclus,《〈蒂迈欧〉评注》,t. Ⅰ, p. 134, 27 Diehl (t. Ⅰ , p. 182 – 183 Festugière)。

④ 《蒂迈欧》,27 a – b。

的任务,但我们不讨论这个问题①。有关这场筵席,我们所拥有的是《蒂迈欧》及残篇《克里底亚》。在《克里底亚》中,克里底亚延续了《蒂迈欧》中所遗留的问题。在人类创造之后,众神统治着由正义神(Dikè)抽签所决定的不同地区。赫淮斯托斯和雅典娜即统治雅典,因为雅典天生便适于德性和思想,于是,他们组建起城邦。《克里底亚》接着描述了大西洋岛,也许在柏拉图原计划中,该有对雅典人和大西洋人战争的叙述。

283　　　　于此可见,《蒂迈欧》的宇宙论嵌在何种背景当中。它把政治-历史成分糅合在了一起。叙述宇宙的生成本身并不是目的,而是用以解释人的诞生以及雅典的诞生②。所以,在宇宙论与传说史之间,有着一种隐蔽的呼应关系。如普罗克鲁斯所云③,雅典与大西洋岛之间的战争,所对应的是理智与必然性之间的根本对立,而必然性乃是感觉在灵魂之内产生纷扰及无序的最终缘由。因此,《蒂迈欧》的宇宙起源说并不依一种自洽的物理学理论而展开,而是在一种神话史的背景和范围内而展开。在此意义上,《蒂迈欧》确属圣经式的创世文学叙述种类,乃是一部"生成"(générations)之书,它使雅典民族忆起自己的出身和祖先,并把这个由神所遴选出的民族重新归给神,最后再让他们扎根于宇宙秩序和绝对起源,此即创世神的缔造行动和组织行动。那些基督教会的神父们④怎能不由《创世记》而联想到《蒂迈欧》呢,怎能不在这两个所谓西方思想的奠基文本的开头一行便产生联想呢?

---

① 参A. Rivaud,《关于〈蒂迈欧〉导论的说明》(*Notice d'introduction au Timée*)(Collection des Univ. de France),p. 14 – 19。

② 如A. Rivaud所指出的,同上,p. 119。

③ Proclus,《〈蒂迈欧〉评注》,t. Ⅰ,p. 205,4 – 15 Diehl(t. Ⅱ,p. 25 Festugière)。

④ 如Eusèbe de Césarée,《福音的准备》(*Prép. év.*),Ⅺ,31,1,t. Ⅱ,p. 68,5 Mars;Ⅺ,29,1,p. 66,9及其以下。

Ⅱ."似真论说"的文学类别

　　柏拉图在《蒂迈欧》中采用了一种颇为独特的文学类别,即
"*eikôs logos*①",可译为"似真论说"(discours de vraisemblance)。
他反复强调这种论说方式,以指出它的独特性,并提醒人们,"似
真"并非偶然。这种文学类别反复见于《蒂迈欧》,多作 *eikôs log-*
*os*②,也偶作 *eikôs muthos*③。不必惊诧于 *logos* 与 *muthos* 的等同,
因为我们将会看到,论说的"似真",需要一种相当于神话杜撰的
想象虚构。柏拉图明确主张,有一文学类别,有一文学形式(柏
拉图所用之词为"*idea*④")能向我们确保这点,它就是"似真论
说"。如伊索克拉底所证实的,在柏拉图时代,这个词可表示文
学形式⑤。

　　这种文学形式由什么构成? 首先,如康福德(F. M. Cornford)
所说⑥,柏拉图用 *eikôs logos* 这个短语告诉我们,他之构思《蒂迈
欧》,所本乃是那些伟大的神谱诗人和宇宙起源诗人,因为赫西尔

284

---

　　①　B. Witte,《柏拉图〈蒂迈欧〉中的"EIKÔS LOGOS":论柏拉图后期的科学方法
与认识理论》(《Der EIKÔS LOGOS in Plato Timaios. Beitrag zur Wissenschaftsmethode
und Erkenntnistheorie des späten Plato》),载 *Archiv für Geschichte der Philosophie*,t. 46,
1964,p. 1 - 16. E. Howald,《Eikôs logos》,载 *Hermes*,t. 57,1922,p. 63 - 67。
　　②　《蒂迈欧》29 c 2 及 8;30 b 7;40 e 1;48 d 2(两次);53 d 5;55 d 5;56 a 1;56 b
4;57 d 6;59 d 1;68 b 7;90 e 8。
　　③　《蒂迈欧》29 d 2;59 c 6;68 d 2。
　　④　《蒂迈欧》59 c:*tên tôn eikotôn muthôn metadiôkonta idean*。
　　⑤　Isocrate,《致尼各科勒》(*À Nicoclès*) § 48;《论交换》(*Sur l'échange*),§ § 45 - 46。
　　⑥　F. M. Cornford,《柏拉图的宇宙论》,p. 30,他援引了赫西尔德、克塞诺芬尼、巴
门尼德(见如下注释)。亦参 P. Shorey,所引见注释 1;以及 H. -J. Krämer,《柏拉图主义
与古希腊哲学》(*Platonismus und hellenistische Philosophie*),Berlin,1971,p. 16,n. 60。

德①、克塞诺芬尼②、巴门尼德③也用了同一短语来指他们的哲学诗。表面上看，柏拉图采用这种形式带有某种反讽性质，但这实在是一种代表他本人企图的反讽，因为他一而再、再而三说，我们不可能再用别的方式来谈论宇宙神的诞生。

更进一步，我们发现，此处关于文学理论的反思，其线索延续至后来的学园中。亚里士多德也曾在《诗学》中对此作过呼应。若要谈论"生成"（genesis），谈论"事件"（événement），譬如，宇宙的诞生和人类的诞生，唯一种文学类别可行，即我们称之为 *muthos* 或 *logos* 的叙述。这种叙述将是再现（*mimêsis*）④，是在语言中来再现有关事件，但这种叙述仅仅是似真的，因为它不能确切地叙述所发生的事，而只能叙述应该发生的事。

《蒂迈欧》的叙述便是在语言中对宇宙这位神的诞生所进行的一种再现，一种模仿。《克里底亚》开头所暗示的即为《蒂迈欧》在语言中所进行的这种 *mimêsis*："这位神在过去的某一天其实已经诞生，但他刚刚又再次诞生于我们的论说中⑤。"蒂迈欧所以作为德穆革形象出现于普罗克鲁斯的寓意解释中，皆因蒂迈欧在叙述中创造了宇宙⑥。

---

① Hésiode：《神谱》,27（缪斯说）："我们知道如何把许多虚构的故事说得象真的。"

② Xénophane, B 35 Diels："这些东西被认为象（*eoikota*）真的。"

③ Parménide, B 8, 60 Diels："通过告诉你所有象真（*eoikota panta*）的东西，来对你阐述事物的规则。"

④ 故亚里士多德在《诗学》(1450 a)中称，在悲剧中，*muthos* 是对事件的 *mimésis*，也就是叙述、情节、"故事"。

⑤ 《克里底亚》(*Critias*), 106 a。亦见《蒂迈欧》,27 a："我接受他的说法，接受诞生于语言中（*tôi logôi genonotas*）的人们。"

⑥ Proclus,《〈蒂迈欧〉评注》, t. Ⅰ, p. 9, 15 Diehl（t. Ⅰ, p. 34 Festugière）："说'论说之父'（père du discours）类似'作品之父'（Père des œuvres），这是很恰当的，语言中的 *kosmopoia* 其实便是理智的 *kosmopoia* 图景。"

我们刚说了，这种 *mimêsis*，是且只能是叙述。我们在这里可 285
把寓言（*muthos*）理解为亚里士多德在《诗学》中所赋之意义，即
"事情的安排"（agencement de faits）①。事实上，《蒂迈欧》绘制了
宇宙事件的各个阶段，描述了不同角色，如德穆革（Démiurge）、必
然性（Nécessité）、哺育者（Nourrice）在该事件中的行为。

如亚里士多德所说②，一场安排妥当的叙述，需要有开头、
中间、结尾。柏拉图本人在《蒂迈欧》中也注意了这种叙述的安
排："尽量给我们的叙述（*muthos*）一个与之前的内容相配的结尾
和句号③。"并且，他看到，对于复杂事件，叙说时必须调整该事
件所发生的先后次序。因此，柏拉图不得不先讲④世界身体的
创造，再讲世界灵魂的创造，而实际上，神造灵魂比造身体要
早："但正如我们常常会遇到很偶然的事情，我们的论说也就难
免有些偶然⑤。"柏拉图在这里告诉我们，"似真论说"之不完
美，这乃是与人本身的状况联系着的。我们很快还会碰到这种
说法。

对人类而言，叙说原初事件，叙说宇宙神的生成，这等于是叙
说一场隐匿的、不可及的事件。这一点我们在下文会再讲。因此，
《蒂迈欧》的宇宙论叙述仅仅是一篇"似真寓言"（faible vraisem-
blable）。此外，其实所有寓言（*muthos*）都应该是似真的，因为，如

---

① 亚里士多德：《诗学》，1450 a："*suthesin tôn pragmatôn*"；1450 a 15："*tôn pragmatôn sustasis*"。参 I. Düring，《亚里士多德》，Heidelberg，1966，p. 165：对亚里士多德而言，*muthos* 即是"情节"，归根结底即是"活动"本身。亦见柏拉图：《斐德若》，268 d。
② 亚里士多德：《诗学》，1450 b 25。
③ 《蒂迈欧》，69 a - b。
④ 《蒂迈欧》，34 b - c。
⑤ 《蒂迈欧》，34 c。

亚里士多德所说①,寓言并不满足于如实叙述所发生的事,而是叙述所可能发生的,或者所应该发生的事。所以亚里士多德说诗比历史更接近哲学:"因为诗所讲述的是普遍性的事,而历史所讲述的只是个别性的事②。""所谓普遍性的事,"亚里士多德补充道,"是指根据似真或必然的原则,某一类人可能会说的话或会做的事——诗要表现的就是这种普遍性,虽然其中的人物都有名字。所谓个别性的事,指的是阿尔西比亚德做过或遭遇过的事③。"作了必要的改动后(Mutatis mutandis),《蒂迈欧》所进行的便是这种普遍性的叙述:由叙述开头提出的因果性的根本原则出发,由挑选最好与来自必然性的抵制之相互作用出发,柏拉图叙述了宇宙的理想生成,叙述了理应发生的事件。因此,《蒂迈欧》中的似真神话,关于远古雅典的传说史,皆被柏拉图赋予了哲学的深度。显而易见地是,这些普遍原则虽支配着柏拉图对宇宙的解释,但在具体方法的选择上却大有自由。例如,在确定何种三角形对构建元素起作用时④,柏拉图优先考虑不等边三角形中那最美的:"我们必须在那无数的三角形中找到找到最美的,并以此为本原。根据这一原则,如果有人说他找到了一种更好的图形来构造这些立体,那他就将作为朋友而不是对手成为赢家⑤。"在接下来对元素图形的描述中,"似真论说"这一主题不断反复出现。他往往说"所应该是",而非"所是":"根据合适的论说,根据似真性,我们把正四面

（左栏）286

---

① 亚里士多德:《诗学》,1451 b 4 - 5。
② 亚里士多德:《诗学》,1451 b 6 - 7。
③ 亚里士多德:《诗学》,1451 b 8 - 11。(中译文取自亚里士多德:《诗学》,陈中梅译,商务印书馆,2002 年,第 81 页,稍有改动。——译注)
④ 参 B. Witte,《柏拉图〈蒂迈欧〉中的"EIKÔS LOGOS":论柏拉图后期的科学方法与认识理论》,p. 8 - 9。
⑤ 《蒂迈欧》,54 a。

体归为火元素或火种子①。""我们把这个图形分配给土,这是符合我们的似真论说的②。"

　　这种"似真论说"的目的在于提供模型,用近代术语来说,也就是思考宇宙生成的一种可能图式。笛卡尔出于其他理由③,又用了这种手段。他在《方法谈》(*Discours de la Méthode*)中把自己的《宇宙论》(*Traité du Monde*)说成是"一种恣意的虚构,完全缺乏历史的真实性"。吉尔松(É. Gilson)④对笛卡尔这篇文本注解云:"我只决定谈谈在一个崭新的宇宙中所可能发生的事,假如神现在在假想的空间中创造足够多的物质以便组合它们。[……]之后,我将说明这一团物质,它的主要部分应该怎么安排整理,从而使它与我们的理想相似⑤。"正如米特尔斯劳斯(J. Mittelstrass)所指出的,柏拉图在《蒂迈欧》中并不精确考察宇宙之所是,而只是说明它对我们所呈现出来的样子,若它是依据我们的理念所制造的。因此,如果它确实是依理想的方式而展开的,问题的关键便在于我们所不知道的一种理想过程⑥。

　　如此,"似真的"这个定语可纠正我们现代人对 *mimêsis* 一词所怀有的偏见。"似真寓言"重构所可能是、所应该是,因此,《蒂

287

---

　　①　《蒂迈欧》,56 b。

　　②　《蒂迈欧》,55 e。

　　③　参 É. Gilson,《笛卡尔:方法谈》(*Descartes. Discours de la Méthode*),Paris,1939,p. 390 - 391:其意图在于掩盖笛卡尔的理论与创世叙述之间的分歧。

　　④　É. Gilson,《笛卡尔:方法谈》,p. 391。

　　⑤　É. Gilson,《笛卡尔:方法谈》,p. 42,第 17 行及其以下,p. 43,第 12 行。

　　⑥　J. Mittelstrass,《拯救现象》(*Die Rettung der Phänomene*),Berlin,1962,p. 111 - 112. 他把柏拉图《蒂迈欧》的有关论述与《理想国》的有关论述作了对比,因为《蒂迈欧》被表达为一个"神话",一个"想象"(26 c - d)。关于"似真论说"的不可证实性,参《蒂迈欧》,72 d:"一种学说是否为真理,先得有神的肯定才行。我们这里只能大胆地说,我们所说的是相似解释。"

迈欧》不完全是照模型画样,不仅是"模仿"或"复制",而是一种反思与想象的努力,是就这个词的最强意义而言的"虚构"。有解释者①还强调,mimêsis 一词其实相当于现代人所说"创造性想象"(i-magination créatrice),至少在亚里士多德那里是如此。在对柏拉图的 mimêsis 这个观念②进行一般研究后,我们可大胆地说,《蒂迈欧》的"似真论说"调用了全部的想象手段,以便按似真的模型而"虚构"(feindre)宇宙神的诞生。

柏拉图用尽各种方式来生产这个似真模型,有隐喻或拟人,如创世神(Démiurge)、哺育者(Nourrice),或构成灵魂的物质在它里面进行混合的火山口(Cratère);还有数学假设,如用于构想元素形成的三角形。因此,《蒂迈欧》的"似真寓言"组合了一些表面上十分不同的成分。其中可见对神谱文学的回应和效仿,如德穆革行动之前的思索,或对儿子及负责完善他产品的次等神的训斥。其中也可见对前苏格拉底哲学关于"自然的"探索的回应,有时采取形象的、诗的方式来回应恩培多克勒,例如,创世神把混合物倒入火山口;有时则采取"科学的"、数学的方式③,论述元素的组合、

288

---

① 参 I. Düring,《亚里士多德》,Heidelberg,1966,p. 167. 其所引主要是亚里士多德,《诗学》,1451 b 21:"该剧[阿伽通的《安修斯》(Anthée)]事件和人名都出自虚构(pepoiêtai),但仍然使人喜爱。"亦参 J. Hardy,《亚里士多德〈诗学〉》导论(Introduction à Aristote, Poétique)(Collection des Uni. de France),Paris,1932,p. 12。

② 关于这一论题,参 W. J. Verdenius,《Mimesis:柏拉图的艺术模仿学说》(Mimesis, Plato's doctrine of Artistic Imitation),Leyde,1949;G. Sörbom,《Mimesis 与艺术:关于美学术语的起源及其早期演进》(Mimesis and Art. Studies in the Origin and Early Development of an Aesthetic Vocabulary),Uppsala,1966;J. -P. Vernant,《柏拉图 Mimesis 理论之中的图像与外形》(《 Image et apparence dans la théorie platonicienne de la Mimesis »),载 Journal de Psychologie,1975,p. 133 – 160。

③ 关于《蒂迈欧》数学结构的确切意义,参 J. Mittelstrass,《拯救现象》,p. 109 – 110。

矿物的形成。

Ⅲ. 神圣奥秘与文学虚构:作为游戏和节日的物理学

对重构或重建宇宙神的生成所作的这番努力,柏拉图并未受其所骗。在开始讲述宇宙起源论时,蒂迈欧就提前告诉听众:"因此,苏格拉底啊,在涉及诸神和宇宙生成的问题上,我们可以多方证明,是无法在每一细节上都十分准确一致的。对此你不要吃惊。如果我们能够把这些似真解释讲完,就该感觉满足。要知道,你我作为听者讲者都只是人而已,因而要是我们在这个问题给出'似真寓言(muthos)'而不去奢求,我觉得是应该的①。"

在以人的存在条件为这种"似真寓言"辩护的情况下,物理学被引入了。实际上,一切自然过程皆是神的过程,如《智者》所言:"自然,用源自神的神圣理性和科学,而产生出各种生命存在物②。"因此,唯有神才知道这种神秘活动的秘密所在。人绝不可能通过自然过程来生产出产品来。所有,真正的实验便是不可能实施的。柏拉图针对颜色的合成,写道:"这些例子已足以说明其他颜色的合成了。因为,我们求的是'似真的寓言'。如果有人想付诸实践检验,那就是对人性和神性的区别一无所知。也就是说,神具有能力把多合为一,又把一分为多;而人无论现在还是将来都不能这样做③。"自然对象因此乃是一种人无法达到的秘密制造术

①　《蒂迈欧》,29 c–d。

②　《智者》,265 c。

③　《蒂迈欧》,68 c–d。72 d 处也说,只有一位神可以对我们保证他所说的是真的。

的产物。所以人不可能在实际的生产中,在实际的生成(genesis)中模仿自然,而只能在论说中模仿自然。准确地说,神的这种秘密产品是一种模仿(mimêsis),也就是说,这是德穆革对永恒模型的一种复制①。人在这种秘密生产中所可能有的唯一方式,便是在言语中进行"模仿",也就是对模仿(mimêsis)再进行模仿(mimêsis)。因此,必须从对话开头所提出的原则或法则出发,制造一种"似真寓言",虚构一种叙述,以讲述事物是如何被生产出来的。

人的这种 mimêsis 是何等遥远的模仿!柏拉图并不期望它有多高价值。当谈到不同种金属时,他说:"从这似真寓言出发,对这类存在的其他物体作一一例解并非难事。如果一个人因消遣之故把关于永恒的讨论放在一边,却研究这些关于变化的似真性,以便能从中获得一种不会令他悔恨的娱乐,那他的研究就会给他的生活增加一段明智的娱乐时间。因此,让我们放开思路,按着前面的似真寓言,继续讨论这个话题②。"

通过似真寓言的方式,柏拉图反讽性地告诉我们,他的物理学只是一种游戏,一种消遣。但切勿误解了柏拉图所说游戏的含义③。欲解释它,我们且借助《斐德若》。倘《蒂迈欧》果真存在对立,其中一方是关于永恒存在的严肃性论说,另一方则是关于神所制造的自然对象的游戏性"似真寓言",那么,这一对立可由《斐德若》中的另一组对立来解释,这就是严肃性的活对话与游戏性的

---

① 《蒂迈欧》,28 a;39 e。

② 《蒂迈欧》,59 c-d。亦参 J. Mittelstrass,《拯救现象》,p.110。

③ 参 B. Witte,《柏拉图〈蒂迈欧〉中的"EIKÔS LOGOS":论柏拉图后期的科学方法与认识理论》,p.12;P. Friedländer,《柏拉图》(Plato),Ⅰ,2ᵉ éd.,Princeton,1969,p.123。

文字论述之间的对立。我们知道,柏拉图在《斐德若》的那个著名段落①说明了文字作品的危险性:它使灵魂健忘,因为它让人们不再练习使用记忆;它不是塑造人,而是给人提供信息,也就是说,它最终所提供给人的是似真观点(doxa),而不是真理(alêtheia)之过程。因为文字作品的读者不是亲自通过活生生的讨论去发现真理,而是接受完全现成的观点;它是针对匿名的公众说话,而不是对某个灵魂作某种论说,因此不能回应怀有更好理解的谈话者所提之问题。文字作品好比阿多尼斯(Adonis)的花园②,在盛夏的阿多尼斯节里,雅典人在一些小土钵中栽上谷类和蔬菜,组成花园。如德提昂尼(M. Detienne)所说③,这小花园迅速开花,又旋即荒芜,代表阿多尼斯那早熟的青春、诱惑的力量。因此,阿多尼斯的形象与农业女神德梅特的形象正好相反。明智的师者不会把教学的种子播在阿多尼斯花园般的文字作品中,而只会播在学生那肥沃的灵魂之地中。于是,借助时时翻新的对话,这精神的种子缓缓地、自然地结出果实。换言之,真正的耕作(culture)只能在哲学的爱欲(eros)④氛围中来开展,也就是在学园,即柏拉图的哲学学校内部中来开展。

乍一看,人们或许会得出结论说,《蒂迈欧》中的"似真寓言"所代表的消遣娱乐,作为一种文字论述,在柏拉图眼中几无价值可言。但是,在《斐德若》中,柏拉图意识到,明智的师者还得借助文

---

①　《斐德若》,275 d,及其以下。

②　《斐德若》,276 b。

③　M. Detienne,《阿多尼斯的花园:希腊的香草神话》(*Les jardins d'Adonis. La mythologie des aromates en Grèce*),Paris,1972,p. 194 及其以下。

④　L. Robin,《〈会饮〉导言说明》(*Notice d'introduction au Banquet*)(Collection des Uuiv. de France),p. XCI－XCII。

291　字，"怡然自得地看着自己所耕种的草木抽芽发条①"，"意图既在
消遣，或许也在参与节日②"。这些文字无论是对他本人，还是对
学生，都是一些有益的笔记（hupomnêmata），以便记起这样那样的
思索时光③。且让我们试着分析柏拉图所乐意创造的语言与文字
之间的精妙镜像游戏④。柏拉图的对话作品是文字，旨在使自身
作为文字而被遗忘。相对活生生的对话而言，这些对话作品不过
是游戏，其中掺杂进了种种回忆，回忆在学园的教学环境中，以公
共讨论的方式所进行的这样那样的辩证探研及其乐趣。这些文字

---

　　① 《斐德若》，276 d。（中译文取自《柏拉图文艺对话集》，朱光潜译，商务印书
馆，2013 年，第 159 页。——译注）

　　② 《斐德若》，276 b。

　　③ 《斐德若》，276 d。此处的比喻有些矛盾：阿多尼斯花园凋零得很快，但文字
却作为"一种记忆宝藏"而保留。

　　④ 关于柏拉图的"文字"论题，参 P. Friedländer，《柏拉图》（Plato），t. Ⅰ，p. 108 -
125。作为口头语言与文字作品的镜像游戏的例证，我们可引《泰阿泰德》和《巴门尼
德》的开场部分。虽则《泰阿泰德》的精华是文字文献，但它却赋予了对话形式，并经奴
隶之口来宣读。这部作品的开场是欧几里得与忒尔西翁之间的对话，欧几里得说他记
录苏格拉底曾给他叙述的一场对话，即苏格拉底与塞奥多洛、泰阿泰德之间的一次对
话。但他记录这场对话时略去了一些叙述性的语言，如"他对我说"、"我回答他"。因
此这部文字作品乃是一场活生生的对话，而不是叙述，不是欧几里得的奴隶读给忒尔
西翁听的叙述。所以，便有了柏拉图《泰阿泰德》这部"文字作品"（écrit）。它是欧几里
得与忒尔西翁之间的一场对话。这场对话又暗涉欧几里得与苏格拉底的另一场"对
话"（dialogue）。而欧几里得与苏格拉底的对话又是出自另一部"文字作品"。这部作
品跟塞奥多洛、泰阿泰德、苏格拉底之间的一场"对话"有关。《巴门尼德》的开场所上
演的是，有个人叫凯发卢斯，他对匿名听众讲述安提丰对他叙述从皮索多鲁处听来的
事情，即发生于苏格拉底、巴门尼德、芝诺之间的一场对话。所以，便有了柏拉图的这
部作品，其中暗含四场对话：一，苏格拉底、巴门尼德、芝诺之间的对话；二，皮索多鲁、
安提丰之间的对话，是对对话一的转述；三，安提丰、凯发卢斯之间的对话，是对对话二
的转述；四，凯发卢斯、匿名听众之间的对话：它解释了凯发卢斯与安提丰碰面的情况，
以及安提丰对凯发卢斯所转述的事情。关于《泰阿泰德》和《巴门尼德》这些表现手法
所可能有的哲学含义，参 J. J. Alrivie，《〈泰阿泰德〉和〈巴门尼德〉的开场》（《Les Pro-
logues du Théétète et du Parménide》），载 Revue de Métaphysique et de Morale，t. 76，1971，
p. 6 -23。

给我们造成一种谈话的感觉。但对这些文字,必须再把它们分为
两类。一类对话,因确实表现为对话,便给读者造成一种感觉,以
为自己在实际参与辩证交锋,也就是说,每一步推理都要接受对话
者的检验和批评。其论述必须征得对话者-读者的不断认可,对话
方能往前推进。另一类对话,则依靠连续性的论述和独白而往前
推进。这种对话可以说只考虑它开始时所提出的支配性法则本
身①,然后以这些法则为出发点自由发挥,不顾检验这些创见有何
内在一致性和真实性。相比第一类,这种连续论说乃属修辞一类,
非常接近柏拉图在《斐德若》中所谴责的那一类文字。它强加给
读者一些完全现成的观念,所提供的是意见(*doxa*)而非真理,因
为真理唯有读者本人在活生生的对话中方能使其产生。第一类文
字对柏拉图是游戏,因它是被写下来的。不过,这种游戏给读者的
印象是严肃的,因为它给读者的感觉是在参与对话。与第一类文
字相反,第二类文字则是柏拉图本人不愿作为游戏告诉读者的游
戏,因为它实际上抛弃了对话。换言之,我们可以说,有一类文字, 292
它们比别的文字还更"文字",因为它们所提出的连续论述,需要
一种更关注书写本身的书写。柏拉图欣然看着自己的思想在这些
文字中自由绽放,就如阿多尼斯花园一般,在《斐德若》、《会饮》、
《蒂迈欧》中的某些段落,他也贸然讲出似真性的、说服性的寓
言②。因此,《蒂迈欧》的"似真论说"相当于《斐德若》所说的哲学
修辞。其功用在引导灵魂,目标只在灵魂本身③。如柏拉图所言,
这种哲学修辞不该拒绝怀有宇宙的视野,"除了雄辩(*adoleschia*),

---

① 例如,《斐德若》245 c,尤见《蒂迈欧》27 d - 29 b 所提出的定义。

② 参 L. Robin,《〈会饮〉导言说明》(Collection des Uuiv. de France),p. CXVI 及
CXLVIII。

③ 《斐德若》,269 d - 274 a。

它还需要别的,即对自然进行崇高的沉思(*meteôrologia*)①。""其实,思想之崇高,技巧之完美,皆源于此②。"伯利克里的雄辩便得益于阿那克萨哥拉式的沉思。柏拉图告诉我们,希波克拉底的办法是,必须把对身体的探究置于整全的视野中来进行③。这种哲学修辞践行其方法,也必须把灵魂置于整全之中。《斐德若》与《蒂迈欧》以其各自的方式,给予我们有关这种哲学修辞的样本。在《斐德若》中,灵魂神话是以对宇宙中的运动次序作一般性的、逻辑性的描述而开始的。在给我们讲述有关灵魂结构的传说之前,他并不打算仅为我们描绘一幅适于人类能力的图景④。柏拉图说这是"一种得体的、虔敬的消遣方式⑤"。罗班(L. Robin)也指出:"依理性的初级要求,《蒂迈欧》所安排的仅是似真神话,这么做,使人们沉湎于一种消遣,一场游戏。如此,这篇对话的神话部分,几乎也就是这篇对话的全部。便是《斐德若》所要求的一个例子,即哲学修辞把灵魂当作目标,作为'灵魂引导',向自然与整全进行扩展⑥。"我们可对罗班的评论作一点补充,《蒂迈欧》在本质上相关于灵魂,因为它置灵魂于整全中,以便解释灵魂在身体中

293

---

① 《斐德若》,269 e。L. Robin 译为:"所有的技艺……都额外要求人们夸夸而谈,要求人们有一颗伸向天空的头脑。"分别对应 *adoleschia* 和 *meteôrologia* 的贬义。诚然,苏格拉底式的反讽可以有这种含义之差。但正如接下来的文本所说,既然 *adoleschia* 和 *meteôrologia* 带来的是"崇高的沉思",最好还是把这两个术语的意义译得严肃些。关于柏拉图的 *meteôrologia*,参 CI, Gaudin,《评柏拉图的" *meteôrologia* "》(« Remarques sur la " *meteôrologia* " chez Platon»),载 *Revue des Études Anciennes*,t. 72,1970,p. 332 –343。

② 《斐德若》,270 a。

③ 《斐德若》,270 c。

④ 《斐德若》,246 a:"至于灵魂的性质,要详说起来,话就很长,而且要有神人的本领,较简易且是人力所能做到的是说一说灵魂的形似。"

⑤ 《斐德若》,265 c。

⑥ L. Robin,《〈会饮〉导言说明》(Collection des Uuiv. de France),p. CXLIX。

的位置。还有，我们经常强调，当要谈论灵魂的运动及遭遇时①，柏拉图每每借助于神话。尽管如此，《蒂迈欧》的物理学依然符合于崇高的沉思（*meteôrologia*），即在论说中体现其崇高性。因为，作为一种哲学修辞，物理学归根结底是从属性的，从属于灵魂引导（*psychagôgia*），从属于跟灵魂有关的行为，从属于政治，从属于对哲学的皈依。

　　阿多尼斯花园是一场游戏，不过是一场敬神游戏，因此也是亲近自然的唯一方式。这场游戏作为一部漂亮的虚构作品，讲述了一段"似真寓言"，代表对神的敬祝。人们种植阿多尼斯花园不仅为消遣，也为敬神，"因节日之故②"。同一个词 *prospaizein* 在柏拉图作品中既表"游戏"，也表"敬神"。苏格拉底在《斐德若》中用这个词以总结前面的对话过程，并界定他所讲述的神话文学类别："通过这篇不乏说服力的讲辞，通过得体且虔敬的消遣（*prosepaisamen*）方式，我们对你的导师，也是我的导师，对美少年所注目的爱神赠献了一曲神话般的赞歌③。"《蒂迈欧》的"似真寓言"亦有此目的，它也是一曲赞歌，但不是针对爱神，而是针对雅典娜："还有更好的吗，克里底亚？ 这个故事和女神相关，特别适合她的节日④。"它们的这种"相似性"，正如普罗克鲁斯所指出⑤，漂亮论说好比雅典娜绣袍，都是适于节日气氛的织造品。

　　我们再折回宇宙生成的神话。普罗克鲁斯说⑥，在布料织造　294

---

① 　例，J. Mittelstrass，《拯救现象》，p. 129；W. Hirsch，《柏拉图的神话之路》（*Platon Weg zum Mythos*），Berlin，1971，p. IX。

② 　《斐德若》，276 b。

③ 　《斐德若》，265 b–c。

④ 　《蒂迈欧》，26 e。

⑤ 　Proclus，《〈蒂迈欧〉评注》，t. I，p. 85，13 Diehl。

⑥ 　Proclus，《〈蒂迈欧〉评注》，t. I，p. 135，2 Diehl（t. I，p. 183 Festugière）。

的绣袍和论说织造的绣袍之上,"是雅典娜的理性之光在整全中所编织的绣袍[……]按俄耳甫斯所说,在所有的不死者中,数雅典娜最擅长这门手艺,因此那才是最原本的编织技艺。那件绣袍才代表雅典娜女神的本质,它所用的理性方式,完全就是宇宙所用的方式。"这当然是普罗克鲁斯的寓意解释,他把柏拉图本人所未意识到的神秘象征进一步突出,并加以体系化。但在柏拉图那里,游戏这个主题本身无论如何都有宇宙的意义。《法律篇》那段著名文字我们都知道:"人是作为消遣的对象被神制造出来的,正是这种消遣的对象实际上构成了神身上的最好部分。与这个观念一致,即所有男人女人都要尽可能在最美好的消遣中度过一生。而最好的消遣便是在为神专门准备恩典的情况下,对神献上牺牲和歌舞①。""似真论说"给神的神话赞歌,不就是"尽可能在最美好的消遣中度过一生吗"? 如果说,人只是神手中的木偶,原因在于神的作品是一场游戏,一场人唯有用游戏的方式才可理解的游戏。人要回应神的游戏——这是以后"自然的多样游戏"(*natura varie ludens*)②这一主题所讨论的——唯有用专门的游戏,如牺牲、歌舞,但虚构的寓言作品。同歌唱、赞歌、牺牲一样,也是对神的礼敬。

这种神圣的游戏,是对宇宙大诗人(Poète de l'Univers)的诗歌献祭,但这种献祭还是一种精神修习③。也就是说,是灵魂置

①　《法律篇》,644 d。亦见 653 c;654 a;803 d。参 P. Vidal-Naquet,《雅典与大西岛》(《Athénes et l'Atlantide》),p. 444。

②　K. Deichgräber,《自然的多样游戏:对希腊自然概念的一个补充》(*Natura varie ludens，ein Nachtrag zum griechischen Naturbegriff*),Mainz,1954 (Akademie der Wissenschaften und der Literatur,*Abhandl. der Geistes Sozialwiss. Kl.*,1954,no. 3)。

③　参 P. Hadot,《精神修习与古代哲学》,Paris,1981,p. 40 - 44。

自身于整全视野中,并在对自身与整全之间的亲缘关系有清楚
意识的情况下,而进行的一场实在在的、活生生的运动。"我们
身上的神圣部分的运动,与神的原则具有亲缘性,都属于整全的
思想及其运转,都是每个人必须遵循的:在我们头脑中所发生的
运转,在与未来的关系中已经起了错乱,必须通过了解整全的和
谐与运行,来对其进行校正;必须重新恢复灵魂的理性部分——
即同它原来的本性相符的部分——与它所凝视的对象之间的相
似性。通过这种相似性,便可完全实现神给人安排的美好生活,
无论是现在的还是将来的生活①。"诚如维特(B. Witte)所说②,
似真寓言作为对神的节日的赞歌,在这里成为一种静观
(*theôria*),一种对宇宙的哲学视界,而且还将在后来的哲学传统
中,成为一种哲学生活,一种永久的节日。亚历山大里亚的斐洛
和普鲁塔克这两位《蒂迈欧》思想的信徒说,通过把物理学看作
一种似真的理性,从而所进行的宇宙沉思③,使得第欧根尼的那
句名言成为了现实:"对好人来说,每一天不都是在庆祝节日
吗④?"在柏拉图这里,这种物理学是一种《斐德若》意义上的崇
高的沉思(*meteôrologia*),亦即一种对宇宙的宇宙性的、想象性的

295

---

① 《蒂迈欧》,90 d。

② B. Witte,《柏拉图〈蒂迈欧〉中的"EIKÔS LOGOS":论柏拉图后期的科学方法与认识理论》,p.13,其所指为杨布里科斯《毕达哥拉斯生平》(卷十二,节 58)归于毕达哥拉斯的格言:生活即节日,哲学家仅因对最完美的事物的静观(*theôria*)而得以参与其中。不过斐洛和普鲁塔克的译文则与归于犬儒第欧根尼的格言更接近。

③ Philon,《论特殊的律法》(*De special. leg.*),Ⅰ,§ 39(trad. Daniel, légèrement modifiée, dans la coll. Les Œuvres de Philon d'Alexandrie, t. 24, Paris, 1975):"同样,我们完全不用确切知道每一星辰的材料是什么,并且我们也完全没有那能力来对之进行细致勘察,而是仅在满足'似真论说'(*tois eikosi logois*)的情况下,充满热情地探究它。"

④ Philon,《论特殊的律法》,Ⅱ,§ 46,亦参 § § 44 – 45;Plutarque,《论灵魂的宁静》(*De tranquill. Animae*),20,477 c。

视界,这种视界使我们生活于宇宙视野中,从而在我们的灵魂之内产生出宏大气概。如柏拉图在《理想国》所说①:"你可别疏忽了任何一点胸襟偏窄的毛病。因为,哲学家在无论神还是人的事情上总是追求完整和完全的,没有什么比器量窄小和哲学家的这种心灵品质更其相反的了[⋯⋯]一个人眼界广阔,观察研究所有时代的一切实在,你想,他能把自己的一条性命看得很重大吗?"显然,"似真论说"不是武断的虚构发明的结果,而是来自于对话开头所提出的基本原则,即存在与生成之对立、挑选最好。它乃通过似真演绎从这些原则中引出来,不会超出我们人类的表象以及我们弱小的研究手段。无论如何,在这种物理学中,重要的不是得出某种科学结论,而是实践某种想象力修习、在灵魂中产生某种印记、找出灵魂和城邦的病源以及治疗理路②。

　　这种物理学作为一种精神修习,用了一些文学的手段,即"似真寓言"这种文学类别,就是说它含有连续性论说以及修辞方面的要求。此种修辞特征,我们刚刚才看到,首先保证的是柏拉图物理学的灵魂引导目的甚或政治目的:它意在帮助灵魂意识到自己在整全中的位置,及其与整全的关系。而如果这种关于整全的论说所以成为一部文学性的作品,大概原因正如我们已提到过的,即蒂迈欧在《克里底亚》开头向宇宙神所祈求说:"这位神在过去的某一天其实已经诞生,但他刚刚又再次诞生于我们的论说中,我祈求他把我们所留心分寸的话保存下来③。"

296

---

① 《理想国》,486 a。(中译文取自柏拉图:《理想国》,郭斌和、张竹明译,商务印书馆,2002 年,第 231 页。——译注)

② 《蒂迈欧》,86 c 及其以下。

③ 《克里底亚》,106 a。

他告诉我们,唯有通过人的论说事件,方能模拟和再现宇宙神的诞生事件,并且,人的论说还必须是有分寸的、协调的,因为它所模拟的宇宙的生成(genesis)这一过程本身便是有分寸的、协调的。

在这里,我们看到了两种紧密联系起来的意象,它们在柏拉图之前虽已存在,但《蒂迈欧》的巨大影响无疑又在整个西方哲学和文学传统上强化了它们。这两种意象便是:世界作为诗(Monde comme Poème)、诗作为世界(Poème comme Monde)。例如,我们在亚里士多德处就可见其踪影,因为亚里士多德说,自然不像一出糟糕的悲剧,只是一些片段连成的系列①。在到新柏拉图主义为止的整个古代世界,这两类主题均以不同方式保持着活力②。我们在这里只回顾一下它们的最后反响。在公元4世纪的新柏拉图主义者撒路修(Saloustios)看,世界本身便是一个神话,因为世界的身体和物体既表现又隐藏世界的灵魂和理性③。而无名氏所著 297
《柏拉图哲学绪论》(Prolégomènes à la philosophie de Platon)称柏拉图的对话就是一个宇宙(kosmos),并且他认为柏拉图一面谴责文字书写,一面又留下文字作品,其意图便在于模仿神明。因为,神明不只创造不可见的作品(柏拉图以口头教义对其进行模仿),还创造可见的作品(柏拉图以文字作品对其进行模仿)④。至于普罗克鲁斯,在我们前面所说的他对《蒂迈欧》的解释中,便已包含这

---

① 亚里士多德,《形而上学》,XII,10,1076 a;X IV,3,1090 b 19。

② 如参,G. Lieberg,《创世诗人:古代诗中的人物形象研究》(Poeta Creator. Studien zu einer Figur der antiken Dichtung),Amsterdam,1982。

③ Saloustios,《众神与世界》(Des dieux et du monde),III,3。

④ L. G. Westerink,《无名氏的柏拉图哲学绪论》,Amsterdam,1962,III,13,12,p. 27 et IV,15,2,p. 29。

两种意象。此外①，他还称阿波罗为宇宙的诗人、神话的创造者，并且，阿波罗还推动了神圣灵魂的运行②，"所有以灵魂为本原的事物皆是阿波罗的诗作，因为，阿波罗赋予了它们协调与节奏③。"作为结束，我们怎能不引奥古斯丁那句名言呢？他把世界的历史比作由某位难以言状的、崇高的作曲家所创作的雄伟诗篇："velut magnum Carmen cuiusdam ineffabilis modulatoris（就像某位难以言状的作曲家所作的雄伟诗篇）④"。保罗·克洛代尔（Paul Claudel）曾把这句名言作为自己《诗艺》（*Art Poétique*）的题铭⑤，因为他的《诗艺》正是借了出身相同（co-naissance）这一概念而论我们所说的这两个主题。

　　世界作为诗、诗作为世界，这两个主题一直伴随着整个西方的历史命运。我们在这里只能强调它特别的丰富性。第一个主题激励着整个哲学传统致力于在自然进程中，发现神话创造和创作想象的手段，在自然形式中，发现文学结构和语言结构。总之，它的

---

① Proclus，《〈理想国〉评注》（*In Remp.*），t. Ⅰ，p. 68, 16 Kroll（t. Ⅰ，p. 84 Festugière）。

② 《蒂迈欧》，36 c。

③ Proclus，《〈理想国〉评注》，t. Ⅰ，p. 69, 15 Kroll（t. Ⅰ，p. 85 Festugière）。关于新柏拉图主义的这一主题，参 James A. Coulter，《文学的小宇宙：晚期新柏拉图主义者的诠释理论》（*The Literary Microcosm. Theories of Interpretation of the Later Neoplatonists*），Leyde，1976，关于普罗克鲁斯的诗学，参 Anne D. R. Sheppard，《普罗克鲁斯〈理想国评注〉之第五论、第六论研究》（*Studies on the 5th and 6th Essays of Proclus' Commentary on the Republic*），Göttingen，1980。

④ Augustin，《书简》，138，5 p. 130. Goldbacher：《Donec universi saeculi pulchritudo，cuius particulae sunt quae suis quibusque temporibus apta sunt，velut magnum carmen cuiusdam ineffabilis modulatoris excurrat.》《论文艺》（*De musica*），Ⅵ，11，29：《Ita caelestibus terrena subiecta，orbes temporum suorum numerosa successione quasi carmini universitatis adsociant.》

⑤ Paul Claudel，《诗艺》（*Art poétique*），Paris，1946（2ᵉ éd）。

一个根本理念是，自然在对我们说话，在对我们打招呼，我们要去
理解自然的语言和文字①。第二个主题的基本动机和所有企图
是，在诗中再现宇宙的比例②，把宇宙或者宇宙的某个时刻浓缩于
一片文学的小宇宙中，甚或在诗歌创作的法则中，发现自然本身的
进程和法则③。这两个主题，若把它们的含义全部展开，并相互补
充，或可从中提炼出一种自然哲学来，借凯乐瓦(R. Caillois)④那
部名著的标题以名之，就叫"普遍化美学"(*esthétique généralisée*)。

298

---

　　① 参 P. Hadot，《西方自然哲学与新柏拉图主义之联系》(《*L'apport du néoplatonisme à la philosophie de la Nature en Occident*》)，载 *Eranos Jahrbuch*，1968，Zürich，1970，p. 91 – 132，尤见 p. 92 – 95，p. 99 – 117；H. Blumenberg，《可读的世界》(*Die Lesbarkeit der Welt*)，Francfort sur le Main，1981。

　　② 参 S. K. Heninger，Jr.，《和谐的触音：毕达哥拉斯宇宙论与文艺复兴诗学》(*Touches of Sweet Harmony. Pythagorean Cosmology and Renaissance Poetics*)，San Marino，California，1974。

　　③ 参 G. Lieberg，《创世诗人》(*Poeta Creator*)，p. 159 – 173；E. N. Tigerstedt，《诗人作为创世者：一个比喻的起源》(《*The Poet as Creator. Origins of a Metaphor*》)，载 Comparative Literature Studies，t. 5，1968，p. 455 – 488；H. Tuzet，《宇宙与形象》(*Le Cosmos et l'imagination*)，Paris，1965，p. 115 – 120：《宇宙大诗人优莱卡》(《*L'Univers – Poème d'Eureka*》)。

　　④ R. Caillois，《普遍化美学》(*Esthétique généralisée*)，Paris，1962，p. 8："由于人本身乃属于自然，因此，自然与人所组成的这个圈子是闭合的。而且，人只能在反思自身的生命存在状况时，只能在与宇宙连为一体时，才可能具有对美的情感体验。有如说自然是艺术的模型，不如说艺术是自然的一个特例。"

15

古人与自然[*]

Phusis 与 *natura* 这两个词的含义和情感价值，并不完全对应于我们今人所谓"自然"这一捉摸不定的词。这两个词原本表示某些个别实存的生长过程，抑或该过程的结果。只是从斯多亚主义开始，它们才被用以表示存在整体以及宇宙的产生性质的力量。不过，即使古人也没有明确把"自然"与他们在如此种种景致面前，如此种种自然景观面前所体验到的美感，联系在一起。

古人对自然的基本态度可分为两种。第一种见于普罗米修斯这个形象：他代表一种计谋，这种计谋把神对有死者所隐藏的自然秘密透露出来；他代表一种暴力，这种暴力征服自然而使人的生活更美好。医学本有这种论调（《希波克拉底作品集》[*Corpus hippocraticum*]，《论技艺》[*Traité de l'art*]，XII，3），但尤见于机械学（《机械学》之序 [*Problêmata mêchanica*]）。*Mêchanê* 这个词也表示计

---

* 发表于：《法兰西学院年鉴》（*Annuaire du Collège de France*），1988 – 1989，Collège de France，1989，p. 371 – 379。

谋,该序说,机械学便是利用精密知识来算计自然:"很多时候,自 308
然所产生的结果有悖于人的利益。因为,自然总是以同一种方式
产生功效,没有任何迂回,而我们的利益则随时在变[……]我们
所谓的技艺,恰好就是用以帮助我们解决这些困难的计谋
(mêchanê)。"机械学的计谋从不会不考虑功利关系:它一方面致
力于减轻人类的辛劳(如水磨的发明),另一方面在于满足人类的
欲望,尤其是满足国王和富人们的欲望(武器、宏伟建筑、奢华住
所)。哲学家们普遍反对这些奇技淫巧。

　　这种态度也同样是巫术和秘术的态度。不过机械学是以理智
手段服务于人类欲望,也就是把精密科学应用于生产行为。在古
人看来,这些生产行为是与自然相对的。而巫术所依靠的则是迷
信,他们相信那不可见的力量、神的力量、精灵的力量能够产生与
自然的正常发展过程相反的行为。关键就在于用咒语和仪式来控
制神或精灵,使之为巫师服务。总之,在机械学和巫术的情况下,
人类是竭力算计自然或自然力量,使它们服从自己的意愿,并统治
它们。这种人与自然的关系不可能不考虑功利。

　　与这种"普罗米修斯式的"、用计谋使自然为人类服务的态度
相比,古代还有另一类与自然的关系,可称之为诗的态度、哲学的
态度、作为精神修习的"物理学"的态度。此种态度下,问题便在
于沉思自然之所是,用语言描绘自然,且"依自然"而生活:这是一
种尊重,甚至顺从自然的态度。

　　这种态度首先体现为复归"简朴生活"(vie simple)的渴望。 309
此论题可见于色诺芬的苏格拉底(《回忆录》,I,6,1-10):完美
(尤其神的完美),即意味着没有任何需求,所以就得练习过一种
坚韧的生活,逐渐把物质需求降至最低,摆脱激情所产生的那些无
法满足的欲望。这一主题也见于犬儒主义(《名哲言行录》,VI,

105），尤其是狄米特里乌（Démétrius）（塞涅卡，《论善行》[*Des bienfaits*]，Ⅶ,9,1）。还见于斯多亚主义:必须"依自然"而生活。伊壁鸠鲁主义者也有"自足"（*autarkeia*）的理想,也就是不依赖于由既非自然,亦非必要的欲望所产生的需求（伊壁鸠鲁,《致梅瑙凯》[*Lettre à Ménécée*],130 - 131）。在卢克莱修和贺拉斯处,这一理想跟纯净的快乐紧密联系着,而纯净的快乐又由田园生活所得,由宜人的、迷人的景致（*locus amoenus*）所得:"若能和朋友在柔软草地上逍遥,在流水之边,在大树的绿荫底下,开怀行乐养息身体,而所费不多。特别是如果适逢风和日暖,季节又恰好在草地上点缀了香花。足矣。"（卢克莱修,《物性论》,Ⅱ,17 及其以下。）①简朴生活的理想亦见于新柏拉图主义（波菲利,《论克制》（ *De l'abstinence* ），Ⅰ,51,3）,甚至还见于怀疑主义,就他们不动心的理想而言,例如皮浪,他过着一种极谦卑、极简朴的生活,但又是一种内心完全自由的生活（《名哲言行录》,Ⅸ,66）。

　　围绕这一简朴生活的主题,产生出了诸多神话般的、诗意的、乌托邦式的描绘。

　　首先,是对黄金时代或克洛诺斯时代的描绘。这个时代富裕又和平,其生活符合原始人性:不劳动,无战争;正义处于统治地位,精致的文明尚未形成,对毕达哥拉斯主义者而言,这是一个素食主义的时代。而对黄金时代的神话描绘与对黑铁时代的技术进步的批判,二者紧密地联系着（奥维德,《变形记》,Ⅰ,129 及其以下;塞涅卡,《书简》,90,4 及其以下。）。

310　　同时,也有对简朴生活、乡村生活、男子气概生活的赞颂。人

---

① 中译文参考卢克莱修:《物性论》,方书春译,商务印书馆,2012 年,第 68 - 69 页。——译注

们将这种生活理想要么投射到各种不同人物的传说往事中,有古斯巴达人、古罗马人,要么投射到对蛮族风俗的描述中。针对该主题,整个哲学潮流均强调田野劳作的价值。比如,我们在斯多亚主义者穆索尼乌斯(Musonius),在金嘴迪翁(Dion de Pruse),在西涅修斯(Synésius)处皆可发现这一主题。

简朴生活的理想不只是诗歌或哲学论述的素材,而且还对政治改革有明确的影响。比如,亚基斯(Agis)和克里奥门尼斯(Cléomène)于公元前 3 世纪在斯巴达所进行的改革,格拉古(Gracques)于公元前 2 世纪在罗马所进行的改革,甚或亚里士多尼古斯(Aristonicus)的暴动(参见 Ilsetraut Hadot,《格拉古时代的斯多亚传统与政治理念》[« Tradition stoïcienne et idées politique au temps des Gracques»] , *Revue des Études Latines* , t. 48 , 1970 , p. 133 –179)。

我们所描述的这种对待自然的态度,还意味着用一种非功利的眼光看待自然,如我们看待景色便如此。

就一般意义上讲,景色的特征是什么? 首先,这意味着我们看待自然的方式是美学的,亦即非功利的。田园或者河川之为景色,在于它们不是被看作疆域,不是被看作生产或贸易手段,以及这种手段所涉及的技术问题,而是不带任何实用目的,仅从它们本身去看它们。这种欣赏的眼光从自然整体中切割下某片区域,但绝不仅是划定这片景色的界限便完事,而要把它统一起来,组织起来,赋予它某种结构。它把这片景色理解为一副灵动的面貌,从中散发出某种气味,某种情感,某种特性。在这种可称作自然一隅的感受中,在整体的这一截面中,欣赏者的目光同时也就感受到了整个自然的完整性。换言之,景色让人们感受到他于世间的存在处境。如卡洛斯(C. G. Carus)所说,景色的艺术也就是再现世间生活

（*Erdlebenbildkunst*）的艺术（C. D. Friedrich，《论风景画》[C. G. Carus, *De la peinture de paysage*]，Paris，Klincksieck，1988，p. 118）。

311

　　所以说，没有自在的景色，只有相关于某个观赏者的景色，只有相关于某个懂得观看的人的景色，只有相关于某个懂得于自然整体中对某片空间加以限定的人的景色，而目的是在这片有限的、划定的空间内领会自然整体。景色艺术如此，对景色的文学描绘如此，同样，对自然的普遍感受也如此。换言之，自 17 世纪以来，我们所说的景色，无论是绘画中的还是文学中的，皆如卡洛斯（Carus）所说，无非都是在生活中对自然所进行的美的感受，是对世间生活的感受。这种艺术，这种感受乃以某种观看的方式为前提。

　　我们可把古代的景色分为两类：迷人之景（*locus amoenus*）与雄壮之景。迷人之景即卡吕普索（Calypso）之穴，这种模式在整个古代的想象力与感受性中占支配地位（《奥德赛》，Ⅴ，55 - 73）。在荷马的描绘中，神令赫尔墨斯这位观赏者的感官（嗅觉、听觉、视觉）受迷惑，灵魂因凝视此地之美而迷醉。迷人之地往往包含这些元素：品种繁多的树木、鸟儿、草地、淙淙溪水、花朵、芳香、和风、果实、各个感官的愉悦。这一切使人们感觉到神明的降临。关于该主题，可见于萨福（《祷爱神》[*prière à Aphrodite*]）、索福克勒斯（《俄狄浦斯在科罗诺斯》，668）、柏拉图《斐德若》的著名序幕、忒奥克里塔（Théocrite，《初收的果实》[*Thalysies*]）、卢克莱修（《物性论》，Ⅱ，29；Ⅴ，1392）、贺拉斯（《书信集》[*Épître*，Ⅰ，16]）、昆体良（《论演说家的教育》[*Inst. Orat.*]，Ⅹ，3，22）。

　　倘若"迷人之地"在古代确实是美的凝视对象，那么，自然是否同样能给予人们雄壮的、粗野的、可怖的景象？很多史家对此表示怀疑。马乔里·霍普·尼科尔森（Marjorie Hope Nicholson）说的没错,18 世纪,曾被人们视作可怖且丑陋的悬崖和山岳,如今在欧洲产生了一种感知上的变化:可怖的变成了崇高的(《阴沉之山与壮丽之山:无限之美的发展》[*Mountain Gloom and Mountain Glory. The Development of the Aesthetics of the Infinite*],Cornell University Press,1959)。此一转变之结果尤见于康德对优美与崇高之区分(《判断力批判》,23 及其以下)。崇高对应于这么一种倾向,我们的精神竭力想匹配于自然力之宏大。 312

但事实上,崇高之观念古已有之。约公元前 1 世纪的上半叶,有无名氏著《论崇高》(*Du sublime*)一文,其中一小段甚为明显:"自然把我们领入生命与宇宙之中[……]为的是凝视它所发生的一切;它从开始就在我们的灵魂里产生一种无法遏制的对宏大之爱[……]同样,宇宙若不以普遍性的方式存在,便不能满足人们凝视与思想之需要[……]因此,从自然倾向上说,令我们所感崇敬的不是娇花,尽管它们漂亮且有用,而是尼罗河、多瑙河、莱茵河,乃至茫茫大洋[……]"

可见,《论崇高》已然表达了无限之美这一观念:茫茫大洋抑或埃特纳山,这是自然的力量和宏大的最高体现。我们在它们面前所产生的崇敬之感,反映了人的超越之心与无限之心。此外,在亚里士多德和斯多亚主义处,宇宙之美乃是神存在之见证(亦见奥古斯丁,《上帝之城》,XⅫ,24,5)。

崇高之美还联系着生命之美、生存之美。对亚里士多德(《论动物之构造》,664 b 31)、马可·奥勒留(《沉思录》,Ⅲ,2)、塞涅卡(《书简》,41,6)、普罗提诺(《九章集》,Ⅵ,7,22)而言,与其说美在于比例匀称,不如说在于生命之喷涌,在于存在与生活这一事实,在于存在之奇迹:"一个难看的人,只要他活着,就美过一尊雕塑所展现的美。"(普罗提诺,《九章集》,Ⅵ,7,22,31)"观赏动物 313

的真实大口感觉到的愉悦,不会亚于观赏那些模仿者展示的绘画和雕塑作品时的感觉。"(马可·奥勒留,《沉思录》,Ⅲ,2)

对自然的雄壮景象的崇敬,可见于自荷马(《伊利亚特》,Ⅷ,555;Ⅳ,442)至奥古斯丁的整个古代世界:"人们纷纷去崇敬山峰、巨浪、江川、大洋、星辰。"(《忏悔录》,Ⅹ,8,5)

和迷人之景一样,崇高之景也会产生如神降临之感。在《书简》(41)中,为说明智慧者使某些神圣的东西可被看见,塞涅卡把德性的崇高比作自然的崇高,从而描述了惊讶的、崇敬的感受和神圣的情感,而这些感受和情感是由深幽的密林、勘测不了的洞穴、湖泊、宽广的河道所引起的。在贺拉斯这里,崇高之感则带有一种狄奥尼索斯般的色彩:"你要引我到哪里去,巴克斯(Bacchus),我全受你指挥了? 这急遽的灵感要带我到哪一片森林,哪一个洞穴[……]? 连那么清醒的酒神伴侣(Bacchante)都已在峰顶迷醉,我也渴望远离林中小径,去仰慕海岸和幽林。"(《颂歌》[Odes],Ⅲ,25,1)狄奥尼索斯的这片故土,便是欧里庇得斯《酒神的伴侣》中的那片:山岳、密林、陡峭的峡谷、未开化的自然。

我们已隐约提到,崇高之感既可由自然景象所激发,亦可由智慧者灵魂的景象所激发。

该主题尤见于塞涅卡处,如《书简》(89):"但愿同宇宙面貌整个儿呈现在我们眼前一样,哲学也能整个儿呈现在我们眼前,与宇宙景象相对,令一切有死的凡人心怀崇敬,欣喜若狂。"《书简》(64,6)更明显:"我因对智慧的凝视而迷醉,和其他时候对世界的凝视而迷醉,是一样的,无论我凝视它多少次,每次都像是个头一回见它的人。"所以说,崇高既见于外部世界,同时亦见于内心意识。

可以设想,斯多亚主义关于崇高来源的这两种论述,便是康德写于《实践理性批判》结论中的那段名言在古代的范本："有两样东西，人们越是经常持久地对之凝神思索，它们就越是使内心充满常新而日增的惊奇和敬畏：我头上的星空和我心中的道德律。对这两者，我不可当作隐蔽在黑暗中或是超越的东西到我的视野之外去寻求和猜测；我看到它们在我眼前，并把它们直接与我的生存意识联接起来①。"

我们再回到《书简》(64)这句话："世界，无论我凝视它多少次，每次都像是个头一回见它的人。"我们在此遇到了一个非常特别的标记，这是一个在古代极罕见的、带有很强启示性的标记。塞涅卡说他在世界面前是一个新的观赏者(spectator novus)，就是说他对世界采取了一种新的观察视角。

这种新视角并非随意的、偶然的直观感觉，而是内在努力的结果，精神修习的结果。此番努力和修习，为的是克服我们所习惯看世界的那种平庸且机械的方式，为的是转移我们的兴趣、私心、关怀，因为它们硬使我们把注意力放在那些令我们快乐和得利的特殊事物上，以致不再把世界当世界看。反之，通过对当下此刻的凝神，通过把每一刻都既当作头一刻也当作最后一刻来生活，既不想未来也不顾过去，通过觉察此时此刻那独一无二的、不可替代的特点，我们便可觉察到世界那神奇的在场存在。妨碍我们把世界看作一种奇迹的，无非就是日常生活的习惯、常规，这一观念于西塞罗(《论神性》，Ⅲ，38，96)、塞涅卡(《自然问题》，Ⅶ，1)、卢克莱修(《物性论》，Ⅱ，1023及其以下)、奥古斯丁(《论信的效用》，ⅩⅥ，34)等人的著作中皆可见。而他们所指对世界的这种知觉，确切

315

---

① 译文取自康德《实践性批判》，邓小芒译，杨祖陶校，人民出版社，2003年版，第220页。

说便是崇高,因为它跟智慧者形象一样,是个"悖论",是超越人类日常经验的东西。

希腊人知道风景画吗? 似乎它确实只出现在希腊化时代,要么是阐明叙述式场景(《奥德赛》的种种片段便于这些神话风景中发生),要么是作为剧场布景。悲剧布景包括圆柱、横梁、雕塑,喜剧布景的特征是普通人家的住宅,林神剧(酒神剧亦然)则以高山、岩洞、森林、粗拙元素作装饰(Vitruve, *De architectura*[《论建筑》], V,6,9)。帝国时代,人们习惯在住房的房间墙上绘上剧场布景作装饰,尤其是林神剧布景(Pline,《自然史》[*His. natur.*], XXXV,116;Vitruve,《论建筑》[*De architectura*], Ⅷ,15)。并且这些装饰在某种程度上相互映衬。园艺师仿效剧场布景,风景画师则又把他们所装饰的房间弄成朝着花园开的错觉,从而仿效园艺师(P. Grimal,《罗马园林》[*Les jardins romains*], Paris, 1943, p. 93及其以下)。

与中国画的情况不同,风景画似乎与隐逸主义绝无联系,因为在隐逸主义中,画家常常独自逗留于深山凝思自然。而希腊人不承认孤独有任何积极意义,要有人看你,有人听你,这是希腊人所必不可少的生活条件(P. Friedländer,《柏拉图》[*Plato*], trad. anglaise, Princeton, 1973)。此说虽不中,亦不远。

毕达哥拉斯传统似乎建议去荒凉之地体验孤独。波菲利在《毕达哥拉斯生平》(*Vie de Pythagore*, §32)中告诉我们,毕达哥拉斯选择"最偏远、最美丽的地方"去漫步。杨布里科斯写道:"毕达哥拉斯主义者每日上午漫步,总是独自到那些可以找到孤独和退隐的地方,如庙宇、神圣的森林、以及其他足可愉悦心灵之地。因为他们认为,既然孤独有助于平复灵魂,故在确定灵魂的宁静和思想的和谐状态之前,无需会见任何人。"(《毕达哥拉斯生平》

[*De la vie pyth.*]，§ 96)亚历山大里亚的斐洛所描述的"治疗家团体"(Thérapeutes)生活于地处僻静的花园，以便追寻孤独。

对自然之中的孤独的这份渴求，在毕达哥拉斯传统外的哲学家，甚至非哲学家之中也广泛传播开来。马可·奥勒留说："人们往往寻求退隐，过乡间、海边和山林间的生活。"(《沉思录》，Ⅳ,3)不过他立即补充说，这种想法是很幼稚的，因为，人们可以随时退隐到自己的内心去。

有人还会问，自然之中的孤独是否有利于沉思。昆体良承认孤独对于写作乃是必不可少的，但"这并不意味着必须钻进树林或森林，借闲适的空气和迷人的景色来提神，来激发更幸运的灵感，才能很好地达成这个目的。"(《演说术原理》，Ⅹ,3,22)由"溪流、摩挲树枝的微风、鸟儿的鸣唱、开阔的视线"所带来的快乐，对昆体良而言，不但不能增强思想的活力，反而会使其降低。而贺拉斯的观点则是："诗人们的吟诵都喜爱神圣的树林而回避城市，狄奥尼索斯的狂热追随者在树荫下享受睡眠。"(对参贺拉斯，《书信集》[*Épître*]，Ⅰ,4,4；塔西陀，《演说家的对话》[*Dialogue des ora-teurs*],9 et 12；小普林尼，《书简》[*Lettres*]，Ⅰ,6)

若把贺拉斯的文本与昆体良的文本作比较，可隐约见出，自然之中的孤独这一观念所导致的，与其说是为自己的工作辩护(昆体良所主张的)，不如说是一种于自然之中的消融，一种狄奥尼索斯般的迷醉。(正如卢梭在《一个孤独的散步者的梦》中所说："在这个无穷的美的体系中，他因一种奇妙的陶醉而迷失了自己，感到自己已经与之融为了一体。") 317

尽管如此，正像皮惹(J. Pigeaud)所指出的(《灵魂的疾病》[*La maladie de l'âme*]，Paris,1981,p.452 及其以下)，哲学家还是被描绘为孤独的沉思者，至少在希腊化时代是如此。例如，归在希波克拉底名下的《书简》(*Lettre*,12)(系公元前 1 世纪或公元后 1 世纪之伪作,见 Hippocrate,*Œuvres*,t. 9,trad. par Littré,p. 330)所云:"离群索居在岩洞里,在孤独中,在树荫下,在柔软的草坪上,在溪流边,不分日夜全神贯注于自身,这个人身上所体现出的不是荒唐,而是灵魂的极充沛的活力。"应把这一切置于古代那些讨论天才人物的"忧郁症"的丰富理论中来理解。

这一传统终结果于古代末期的基督教隐修主义。巴西尔(Basile de Césarée)在致朋友拿先斯的格列高列(Grégoire de Nazianze)那有名的《书简》(*Lettre*,14)中对其进行了阐述。书简里描绘了一座山岳,偏远又难以接近,但若从山巅凝视它,其景将如奇迹。正是这种偏远和美丽,使得居住于此的人们灵魂获得平和与宁静(hesuchia)。在该书简中,巴西尔未提到任何的基督教主义,反而把此地比作卡吕普索岛,亦即一切美景之经典范例。由此我们可推断,认可这种对自然进行孤独沉思的特殊价值的,确实是古代的诗与哲学的传统,而非基督教主义,至少在希腊化时代是如此。

一般而言,古代人很少谈论近代人所夸夸而谈的某些体验,就算谈论也很克制。但并不能由此以为,古代人不了解这些体验,没有这些体验,抑或只有些模糊的、残缺的体验。恰好相反,正是这种半沉默的态度透露了这些体验对于他们的重要性。他们对最重要的东西往往更愿意保持缄默。可惜我们变得饶舌了,变得关注语词甚于关注现实了。正如歌德所言:"古人表现生存,而我们,我们则表现效果。他们描写恐怖,我们则以恐怖的方式描写,他们描写愉快,我们则以愉快的方式描写。所有我们的夸夸而谈,我们的矫揉造作,我们的虚情假意,皆源于此。"(《意大利之旅》[*Voyage en Italien*],17 mai 1787)

16

古希腊的守护之地[*]

在古代,最神圣的地点是"在家里"(chez-soi),即家中的火灶,但不是厨房的炊火,而是祭坛上那献于神的火,其火种一直要埋着,女灶神赫斯提亚(Hestia)便降临于此。如《给阿佛洛狄忒的荷马式颂歌》(*Hymne homérique à Aphrodite*)所说,"端坐于家之中央"。火灶可以说是扎根于大地(Terre),大地本身即赫斯提亚,乃宇宙的不动中央。火灶也是与上面的神进行沟通之所,因为祭品的香味、香火的烟味正是从此冉冉上升的。赫斯提亚不仅象征大地,而且象征女人留在家里、男人外出作业[①]。我们的文明也许深深刻上了史诗《奥德赛》的印记,它所描述的是流亡他乡的男人竭力归家的朝圣之途,家里有爱他的女人在等着他:回归故土,实质即回归自身(retour à soi-même)。

---

*　发表于:《高地》(*Hauts Lieux*),dirigé par Michel Crépu et Richard Figuier avec la collabortion de René Louis,Série Mutations n°115,Éditions Autrement,1990,p. 149 – 153。

①　参 J. -P. Vernant,《希腊人的神话与思想》(*Mythe et pensée chez les Grecs*),t. Ⅰ,Paris,1971; p. 124 – 170。

范德莱乌(G. Van der Leeuw)说的好:"朝圣之所,这个故乡,这个家,被赋予了第二等级的权力①。"因为作为家中之灶的这个 320 地点,它享有与神力进行沟通的特权。德尔菲乃大地之脐,它在这些圣地中有着尤为特别的坚固性。阿波罗崇拜出现在德尔菲的时间约为公元前 9 - 8 世纪,此前这个地方所崇拜的是母神(Déesse-Mère),人们视其为该亚(Gê)、大地(Terre),这可追溯至公元前 2000 年。厄琉西斯(Éleusis)、德罗斯(Délos)、爱菲斯(Éphèse)的起源均以同样方式湮灭于史前的暗夜中。不同的文明在这些地点上产生出了各种各样的神,而地点的神圣性却总是一样的。庞大的人群朝这些圣所聚集,在一定时期走完神圣之路,他们往往被看作重现神降临于该地的路线(如雅典的皮塔耶德[Pythaïde d'Athènes]降临于德尔菲)。他们赶来对神圣又神秘的对象,如德尔菲的肚脐(omphalos)敬拜,求神谕,恳请神治好他们。他们呈上不计其数的还愿物,以证圆满的神迹及所沐的神恩。这些聚会发生于各种庆典:体育竞赛、歌唱、舞蹈、喜剧演出、游行。因此,拜神与节日,两者的氛围是紧密联系着的②。

很难估量这些朝圣者的宗教虔诚与宗教热情,因为我们在这方面所掌握的文字材料非常少。不过厄琉西斯稍有例外。那些从雅典列队而来的朝圣者,在这里参与几天的秘传仪式,从而获得启示。此种体验在灵魂中激起真实的震动。据亚里士多德那著名的

---

① G. Van der Leeuw,《宗教的本质及其表现》(*La religion dans son essence et ses manifestations*),Paris,1970,p. 393。

② 关于古代朝圣,参 F. Raphaël, G. Siebert *et alii*,《从圣经的古典时代到西方中世纪的朝圣》(*Les pèlerinages de l'antiquité biblique et classique à l'Occident médiéval*),Paris,1973; J. Chelini et H. Branthomme(éd.),《非基督教徒的朝圣史——在魔法与神圣之间:通向众神之路》(*Histoire des pèlerinages non chrétiens. Entre le magique et le sacré: le chemin des dieux*),Paris,1987,p. 94 - 135。

文本说①,厄琉西斯的启示并不"传授"(apprenaient)人们什么(也就是说它不是对神那边的奥秘进行揭示),而是使人们对某种感受进行"体验"(éprouvaient)。确实,在某些古代作者的提示下,我们所能重构出的发生于厄琉西斯圣地的宗教仪式,都是很平常的:仪式呼喊、穗状表演、光的效用。而解释者却赋予这些仪式一些不恰当的奇特性质。我认为萨巴杜齐(D. Sabbatucci)作了合情理的解释②,他主张厄琉西斯的体验乃是一种朝圣的体验,在一种"神圣的附带"(parenthèse sacrée)的意义上,它导致了与日常生活的决裂:在厄琉西斯中,"启示并不对人们'传授'(appris)另一个世界中的命数,而是在短暂的时间内,让人们亲自'体验'(vécu)另一个世界的超个体的生活。"因此,厄琉西斯的真正的秘密,即是这一体验本身,即是人们完全沉浸于另一个世界的那一刻,即是人们对未知的生存领域的发现。

迄止现在我们只简短地谈论了朝圣。但由对神圣节日的回顾,我们已然瞥见,宗教需要常常是与古代朝圣者渴望远行和迁徙这种心理状态分不开的。从朝圣到旅游,从虔敬心到好奇心,这一转变很快,尤其在希腊化时代与罗马时代;《阿斯格雷彪神庙的女人们》(*Les Femmes au temple d'Asclépios*),这部赫伦达斯(Hérondas)的拟曲之所以冠以这一标题,大概是表示向医神许愿,但她们却在这种场合欣赏起了神庙里的阿派勒斯(Apelle)的画作。为看菲迪亚斯(Phidias)作品中的宙斯,人们远行到奥林匹亚③。他们还参观埃及的金字塔、特洛伊的陵墓、赫勒斯滂(Helle-

---

①　参 J. Croissant,《亚里士多德与秘仪》(*Aristote et les mystères*),Liège,1932。

②　D. Sabbatucci,《论希腊神秘主义》(*Essai sur le mysticisme grec*),Paris,1982,p. 134 及其以下。

③　Épictète,《论说集》,Ⅰ,6,23。

spont)的河岸①、希俄斯岛(Chios)、莱斯博斯岛(Lesbos)、萨莫斯岛②。哲学家与修辞家去拜谒历史上和精神中的圣地;在雅典,他们参观阿卡德米,这个柏拉图和其他声名显赫的人进行教学的地方:"这样,当我们阅读他们的著作时,我们会备受感动③。"也有些地方是给人们寻找健康的,阿俄里乌斯·阿里斯底德(Aelius Aristide)的《神圣论说》(*Discours sacrés*)使我们置身于阿斯格雷彪在帕加玛的圣地,在这个疗养城以及朝圣中心里,虔敬者和忧郁病患者可一起参加开放的课程④。

322 哲学家告诉我们,在这种到远方寻找幸福和热情的渴望中,可见出某种焦虑的症状,内心不适的症状:"换个地方,为的是自我逃避⑤。""使我们不适的不是地点,而是我们自己⑥";"人们不恰当地指责地点,其实是灵魂出现了差错⑦";"那些避到海边的人,所改变的只是天空,而非灵魂⑧";"幸福并不以船舶或马匹而获得⑨"。因为对古代哲学家而言,真正的幸福并不在我们身外的某处,而在心境的改变,在于精神的转变,以带来灵魂的宁静,以带来一种观看世界的新方式。

I . 改变灵魂而非地点

为勾勒这种灵魂状态的特征,对伊壁鸠鲁主义诗人如卢克莱

---

① Maxime de Tyr,《论述集》(*Dissertationes*),XⅫ,6,Dübner。
② Horace,《书信集》,Ⅰ,11,1。
③ Cicéron,《论至善和至恶》,V,Ⅰ,1-6。
④ Aelius Aristide,《神圣论说》(*Discours sacrés*),Paris,1986。
⑤ Lucrèce,《物性论》,Ⅲ,1059 及 1068。
⑥ Sénèque,《论灵魂的宁静》(*De la tranquillité de l'âme*),Ⅱ,15。
⑦ Horace,《书信集》,Ⅰ,14,12-13。
⑧ Horace,《书信集》,Ⅰ,11,27。
⑨ Horace,《书信集》,Ⅰ,11,28-29。

修和贺拉斯作一番观察将是有趣的①。他们描述了缪斯和山林水
泽仙女所居住的圣地，但这个圣地非常容易到达，因为，它更多地
是灵魂状态在自然中的投射，而非客实在的地点。我想谈谈传统
诗歌反复描绘过的乡间景致、田园景致，自卡吕普索（Calypso）的
洞穴到忒奥克里塔（Théocrite）的牧歌。此种景致首先象征纯净的
快乐，因为，它使五种感官皆得到愉悦：眼观树林岩石之形状、天空
之明净、花朵之绽放；耳听鸟儿之歌唱、蝉虫之鸣叫、溪流之淙淙；
嗅着花香；尝着溪水之清凉、果实之芬芳；感受树影之婆娑、晚风之
轻拂。其次象征灵魂的宁静，这种牧歌式的地方意味着回归简单
生活，意味着节制欲望，意味着简朴生活所带来的安宁。最后象征
一种诗意生活。这一田园景致，这些山林、水泽，便是缪斯和仙女
的所居之处。赫西尔德早已看见缪斯在"清凉的溪水源头翩翩起
舞②"，还看见他们沐浴那娇嫩的躯体，而后，隐没在薄雾中。他也
听见她们每天晚上都在唱神的赞歌。赫西尔德是在赫利孔山脚放
羊时从缪斯那儿接受诗歌任务的。同样，贺拉斯也是在缪斯所居
的"绿树成荫的小树林"接受神的启示的③。但这个圣地并非只对
卢克莱修或贺拉斯一个人给予恩赐和恩惠。只是说，若我们把生
活变得简朴些，懂得珍惜现在，便能发现自然之美，并于自然之美
中找到灵魂的宁静与诗意的灵感。

　　斯多亚主义与柏拉图主义也敦促我们改变灵魂，而非改变地
方。没必要游遍世界，看尽奇观④，而是睁开我们的双眼，凝视宇
宙整体，包括太阳、月亮、星辰、大地。宇宙既是人所属之地，世界

323

---

①　Lucrèce，《物性论》，Ⅱ，29-33。

②　Hésiode，《神谱》，1-34。

③　Horace，《书信集》，Ⅰ，11，1。

④　Épictète，《论说集》，Ⅰ，6-23。

公民所属之地,也是唯一的圣地,唯一的庙宇,它不经人手建立,而神自居其中:人在这里度过他的一生,并且每一天对他而言均是节日,因为唯一真正的节日,乃是懂得体会生存的光辉①。

　　再说得确切些,对柏拉图主义而言,遨游完全是在人的内心世界展开的:它在人的灵魂内部完成,在思想中翱翔寰宇,飞越海洋,与太阳、月亮、星辰一起运行。灵魂翱翔于整个宇宙②。这种运动不是离散的,反而是朝向灵魂中心的③,朝向引导灵魂遨游世界的那个自我的最深处,这是灵魂的奥德赛,灵魂的归乡,灵魂的内在朝圣。因为灵魂在这里发现了万事万物的诸理型,发现了一切存在所起源的奥秘。"逃避到我们亲爱的故土,"普罗提诺写道,"但我们逃回的路在哪里呢? 便是奥德修斯逃离喀耳刻或卡吕普索之路。[……]我们的故土就是我们所来的地方,就是我们的父所在的地方。我们不可能靠脚力走回去,因为我们的脚只会把我们从这片土地带到另一片。我们也不可能借助于马车或者轮船,而是要闭上眼睛,睁开我们的内心之眼④。"这是所谓精神性的厄琉西斯奥仪启示的最高阶段:在神秘的体验中(不仅厄琉西斯如此),我们不是学习什么,而是过另一种生活:那个自己再也不是他本人了,他变成了绝对的"另一个"(l'Autre absolu),他再也不知道他是

324

----

　　① 文献见 A. -J. Festugière 所辑录:《赫耳墨斯·特里斯墨吉斯忒斯的启示》(La Révélation d'Hermès Trismégiste),t. Ⅱ,《宇宙之神》(Le Dieu cosmique),Paris,1949,p. 233 及其以下,p. 555 及其以下。(Hermes Trismégiste 字面义为三倍大的赫尔墨斯,喻极其伟大,为埃及人把他们自己的神托特与希腊人的神赫尔墨斯结合而成。——译注)

　　② A. -J. Festugière 所辑录的文献,同上,p. 444 及其以下。

　　③ 如见,Proclus,《柏拉图的神学》,Ⅰ,3,p. 15 - 16,éd. et trad. Saffrey-Westerink,Paris,1968。

　　④ Plotin,《九章集》,Ⅰ,6,8,16。(中译文参考普罗提诺:《九章集》(上册),石敏敏译,中国社会科学出版社,2009 年,第 67 - 68 页,稍有改动。——译注)

谁,也不知道他在哪里①,并且普罗提诺还强调②,他再不是住在某个地方,而是飞升得那么远,到了所有地点之外,到了自己之外,到了一切之外。

---

① 　Plotin,《论文 38》(*Traité* 38)(Ⅵ,7),34,15,22 = p. 171 - 172 éd. et trad. Hadot,Paris,1988。

② 　Plotin,同上,(Ⅵ,7),35,41,voir éd. et trad. Hadot,p. 175,et commentaire, p. 345。

17

古代哲学家所议之幸福模式*

I. 神的至福

对古人来说,"幸福"(*makares*)乃是神所专有的代名词,正如荷马所吟唱的,它是"一种轻松的生活①"。对神而言的这种至福在于不朽,在于青春永驻,在于一种永远有快乐、节庆、宴会的生活。

渐渐地,在初生的理性主义的影响下,神的道德化初露端倪。这一迹象最早见于赫西尔德作品,然后是前苏格拉底哲学和悲剧②。

---

* 发表于:《精神生活》(*La Vie spirituelle*),t. 72(1992),p. 33 – 43。

① Homère,《伊利亚特》,Ⅰ,339;Ⅵ,138;《奥德赛》,Ⅳ,805。关于古代的"幸福"(makar)的意义,见 G. Kittel et G. Friedrich,《新约神学词典》(*Theologisches Wörterbuch zum Neuen Testament*),Stuttgart,1933,article «Makar»。

② 参 P. Decharme 那本虽有些旧但仍有趣的书:《希腊宗教传统批判:从开始到普鲁塔克时代》(*La critique des traditions religieuses chez les Grecs,des origines au temps de Plutarque*),Paris,1904,以及文集《古代古典时期会谈》(*Entretiens sur l'Antiquité classique*),le Ⅰ^{er} vol. :《神的观念:从荷马到柏拉图》(*La Notion du divin,depuis Homère jusqu'à Platon*),Vandœuvres-Genève,1954。

随着柏拉图和亚里士多德的出现,这一运动得以完成。柏拉图《蒂迈欧》中的创世者,是好的、慷慨的,并且还希望所有事物出生后尽可能像他一样,也是好的。所以他所创造的世界本身即是一个幸福的神(《蒂迈欧》,34 b),因为这世界与他自己乃是一致的:"唯一的,独自的,仅凭其卓越便能与他自己相合,而无需他者。他自己既是认识的对象也是友爱的对象,就这么处于一种自足的状态中。"亚里士多德的神也是通过思考自身而获得幸福和愉悦的(《形而上学》,1072 b 28),因为神的这种活动是最卓越的,最自足的。

6 个世纪后,即公元 3 世纪,普罗提诺的神的世界仍然是一个充满幸福和光明的世界。在依次描述万物的最高原则"一"、自行思想的神圣理性、对理性进行沉思的神圣灵魂之后,普罗提诺继续说:"这便是无忧的生活,神所拥有的幸福。"(Ⅰ,8,1,25)在他看来,那些神的宴会,如柏拉图的《会饮》所讲述的关于波若斯和帕尼阿的神话,便是神圣的至福的象征。他采纳了荷马的短语:"过一种轻松的生活",以指称神在精神世界中所过的生活(Ⅴ,8,4,1)。"只有好的存在物才是幸福的,所以,神是幸福的。"(Ⅲ,2,4,47)对精神性的存在物而言,幸福正在于成为精神性的,也就是远离物质,在纯净与透明中认识自己,尤其重要的是与"一/善"(Un-Bien)保持联接,因为"一/善"不仅超越它们,而且它们还是"一/善"所流溢出的。

正如《蒂迈欧》的神-世界,亦如亚里士多德的理性,伊壁鸠鲁的神乃是一些完美的存在物。他们生活于平和与宁静之中。但这些神不同于纯粹的思想,他们有着人的外形,尽管是半透明的、空灵的。他们的至福建立于德性和智慧之上,智慧和德性使他们彻底远离忧虑,得到永恒的快乐。据伊壁鸠鲁说,神既没有创造世界,也绝不影响世界的演变和人类的事务,因为世界乃产生于原子的一种偶然协合。所以,伊壁鸠鲁的神虽像荷马的神,却又比荷马的神更幸福,因为,它们不像荷马的神那样热衷于人类的纷争,而是生活于完全的宁静中,不过问人类事务,不操心世界治理。伊壁鸠鲁因此认为他所提出的神的观念比其他哲学家如柏拉图或斯多亚更为纯粹。在这个意义上,他的神并不受制于管理世界的任务,而是不管其他事物,专心于自身的完善中发现幸福①。

Ⅱ. 分享神的至福

人有可能分享神的至福,这种观念在哲学反思之前就有了。首先,宗教节庆便是共享神的欢乐,如柏拉图所言:"对好人来讲,给神献祭,用祈祷、祭品、一系列神圣的膜拜,与神不断保持联系,这是通往至福的最美、最好、最可靠之路。"(《法律篇》,卷四,716 d)正是在这种集体性的欢乐时刻,人们强力地体验了神的在场。"出于对我们族群所遭之苦的怜悯,神创立了种种相更迭的节庆,以庆祝他们的幸福,这就好比我们工作之余的小憩。并且神还为我们指派了一些节庆伙伴,如缪斯、缪斯的指挥者阿波罗、狄奥尼索斯。"(《法律篇》,卷二,653d)

此外,由"幸福岛"的居民所赋予的"幸福"一名表明,人们认为,某些人可凭卓越的德性,享得与神相类似的至福:"活着时是绝对公正、圣洁的人,死后将会到达幸福岛,远离一切邪恶,享受圆满的鸿福。"(柏拉图,《高尔吉亚》,532 b 2)

---

① 参 A. -J. Festugière,《伊壁鸠鲁与他的神》,Paris,1968,p. 71 – 100; B. Frischer,《铭刻之语》(*The Sculpted Word*),University of California Press,1982,p. 83 – 84。

随着哲学的发展,用以界定人类分享神的至福的方式也更加明确。我们从这一角度区分两种并不冲突的趋势:其一是苏格拉底传统。对这个传统来说,分享神的幸福必须以神现身于人的灵魂为基础,最终则实现于对善好之爱。其二是伊壁鸠鲁主义的看法。他们的看法极复杂,我们后面会进行说明。

尽管我们对历史上的苏格拉底所知甚少,但从柏拉图和色诺芬的记述中可看出,他经常提到神的现身,他心中那著名的“守护神”(*daimôn*)便是证据,“这是一种声音,我听见它让我改变我的所作所为。”(《申辩》,31 d)此外,苏格拉底一直对所有好人以及生活本身所保持的形象是,一位爱慕道德之好的哲学家(《申辩》,29 d)。他说:“人所能做的最大的好事,就是天天谈美德以及其他你们听见我谈的东西,对自己和别人进行考查,不经考查的生活是不值得过的。”(《申辩》,38 a)①

柏拉图和亚里士多德如实地继承了这个基本方针,但他们使之大大地理性化了。由内心的神灵所激发的道德生活,不仅是一种有德性的生活,而且还是一种沉思的生活。在《蒂迈欧》(90 c)的结尾,柏拉图写道:“热心培训自己身上那神圣部分的人,使他的神灵(*daimôn*)居于一个完美的处所,这样的人将是无比幸福的。”而柏拉图在上下文中告诉我们,人只有通过控制自己的思想,使其符合于神圣的事物,方能达到这种非凡的幸福状态。

对亚里士多德而言,位于世界顶端的神圣部分,乃作为爱的目标,推动着天穹,推动着自行思想的理性;而人身上的神圣部分,即是理性,即是精神。如此便导致“人要超越于人”这一基本悖论。

---

① 中译文取自《柏拉图对话集》,王太庆译,商务印书馆,2004 年,第 50 页。——译注

人要在与人的最高部分相符的生活中,在超凡的生活中,即精神生
活中,来获得幸福。"我们的沉思活动越发展,我们的幸福就越增
长。"(《尼各马可伦理学》,1178 b)因此,人的最高幸福只是一种
偶有所得的神的至福:"这种欢乐状态我们很难得有,而神却一直
拥有它。"(《形而上学》,1072 b)亚里士多德当然知道幸福之获得
需要一副健康的身体,以享受必要的口腹之乐,但他认为,这些外
在的善只需少量即可(《尼各马可伦理学》,1179 a)。

对普罗提诺而言亦如此,人之幸福建立于神现身于灵魂内部,
建立于灵魂对善好的爱与冲动。在柏拉图、亚里士多德之处所见
到的,将会更清晰地出现于普罗提诺处。我指的是神的现身与对
善好之爱这二者之联系。柏拉图和亚里士多德认为,精神在灵魂
之中的神圣现身,本身并不足以确保人之幸福,必须得意识到这种
现身,"关注"这一内心之神,根据精神提升自己的生活。这种神
的现身因此便是一种对善好之爱的呼唤,也是整个存在向神圣精
神进行皈依的呼唤。为表达这层意思,普罗提诺用了一些无可置
疑的表达:"精神,它既是我们自身的一部分,也是我们所要向之
迈进的东西。"(《九章集》,Ⅰ,1,13,7)尤其是:"他呀,他是一直
现身的,而我们只有抛开那些使我们远离他的东西,才能转向
他。"(《九章集》,Ⅵ,9,8,33)这便是帕斯卡那著名的思想原则:
"如果你没有发现我,你就不会寻找我。"神这种无意识的对我们
现身,吸引我们爱他,找寻他。因此,神的现身与对善之爱乃是相
联的。普罗提诺不满于说幸福是参与我们自身之内的精神生活。
在他这里,灵魂还有更高的使命,尽管它很少得以实现。因为虽然
精神是善的,但它不是至善。归根到底,对普罗提诺而言,由觉悟
自己、关联自己而获得的幸福,带有精神生活的特征,是较次等的。
而至善本身则超过幸福,因为它无需何物,甚至无需自身:它并不

是对自身的一种善,而是其他事物唯一的至善。因此灵魂不满足于在那幸福之时与精神相结合,而是与精神一起,在更稀罕、更少有的时刻,以一种普罗提诺所谓的"深情的沉醉"(ivresse aimante)而验证善之现身(Ⅵ,7,35,24)。因此,我们可称灵魂的最高幸福为一种神秘的体验,它还伴随着一种无比的欢悦。与善同在,灵魂便什么都不缺,"而享受巨大的欢悦"(Ⅵ,7,34,38)。

在一定程度上,我们于柏拉图、亚里士多德、普罗提诺之处,皆可见某种快乐主义:精神生活和对善之爱,与精神的享受和欢愉如影随形。值得注意的是,在苏格拉底传统内,斯多亚主义从所有与对善之爱无关的动机和快乐(甚至是精神的快乐)入手,为最大限度地净化道德目的,付出了可敬的努力。大致可说,斯多亚主义本身,也以神现身于灵魂以及对善之爱,作为人的幸福之基:"有一种神圣的精神寓于我们自身之内,无论我们作恶还是行善,都逃脱不了它注视和监督。"(《致吕西里乌斯》,41,2)塞涅卡此说引起了爱比克泰德的共鸣:"你总是随身携带着神[……]但你无视它[……],神就在你心中,可你却没有意识到你正在用不洁的思想、肮脏的行为玷污它。"(《爱比克泰德论说集》,Ⅱ,8,11-14)我们发现,亚里士多德和普罗提诺的悖论同样见于斯多亚主义之处:神是我们自己,在此意义上我们不过是一星半点的碎片;神又高于我们自己,因此,我们必须转向那既内在又超凡的理性和准则,并依照它而生活。但斯多亚主义比柏拉图、亚里士多德、普罗提诺更清楚明白地主张,德性之外没有任何幸福和快乐,道德上的善本身便是他所独有的回报。对斯多亚主义而言,没有任何善可超过道德上的善,道德上的善即用以行善的有效意志。除此之外的皆是无关紧要的,也就是说没有任何固有的价值的。所以,斯多亚派的智慧者在万物之前都是绝对自由的。所谓无关紧要的事物,斯多亚

333

派枚举如下:生命、健康、快乐、美丽、强悍、财富、声名显赫、出身高贵,以及它们的反面:死亡、疾病、痛苦、丑陋、软弱、贫困、默默无闻、出身低贱。所有这一切既不好也不坏,既不带来幸福也不带来不幸。我们不必在此详释斯多亚派的所谓义务理论,它说的是斯多亚主义谋求用以表达实践行为的准则的方式。正是这种准则赋予了那些无关紧要的事物如健康、家庭、城邦以相应的价值意义,做出如此这般表达,目的是使善的意志可得到某种修习材料。我们只满足于强调斯多亚主义道德的纯粹性。爱比克泰德和马可·奥勒留,这两位斯多亚主义的继承者和大成者,他们以一种鲜明的方式,表达了斯多亚主义在面对不同的现实领域时的基本态度。道德上的好,最重要的便在于对生活中的每一场合做出合适的判断。而这首先是坚持严格的客观态度;接着是以虔敬之心,去接受那些不取决于我们而取决于神意的事件;最后是对那些取决于我们的东西采取行动,以为人类群体服务并践行正义①。

而对伊壁鸠鲁而言,人分享神的幸福的方式却截然不同。在他看,幸福不在于道德上的好,不在于思想修习,不在于行动,而在于快乐。人之不幸乃源自如下事实,即他们惧怕一些不必惧怕的东西,欲求一些不必要的东西。他们的生命就这么在无谓的恐惧、无尽的欲求中耗尽。所以,伊壁鸠鲁的物理学要把他们从恐惧中解救出来。方法是证明给他们看,神并不可怕,因为神本身处于完美的宁静之中,绝不对世界的运转横加干涉。至于死亡,它作为一种完全的消散,本身就不是生命的组成部分。为使人们从无尽的欲望中解脱出来,伊壁鸠鲁区分了三种欲望:

①　参 P. Hadot,《理解马可·奥勒留〈沉思录〉的关键:据爱比克泰德的哲学三场域》(《Une clé des Pensée de Marc Aurèle: les trois topoi philosophiques selon Épictète》), *Les Études Philosophiques*, 1978, p. 225 – 239。

一是自然且必要的,如吃、喝;二是自然但不必要的,如爱的快乐;三是既不自然也不必要的。满足第一类,抛弃最后一类,第二类则视情况而定,这样便可确保灵魂的宁静。"肉体所呼吁的是'不挨饿'、'不口渴'、'不受冻'。正在享受并希望一直享受这种状态的人,其幸福可堪与神相媲美①。"这种道德乍一看非常的唯物主义,但若详加考查,便知它乃是以一颗高雅的灵魂作为前提的,这可在描绘神的宁静时见出。伊壁鸠鲁式的虔敬,正如费斯蒂吉埃(A.-J. Festugière)所指出②,它乃是情感方面的一种卓越的纯净:"正是经由了神,人的享乐之心才得以萌芽③。"而这很可能同宗教节日有关。不仅如前所论,智慧者可于节日而体验神之降临所带来的喜悦,而且亦如伊壁鸠鲁主义者所言:"因钦慕神之本性和地位,他竭力去接近神,甚至可以说向往与神接触,和神生活在一起,智慧者可谓神之友,神亦可谓智慧者之友④。"倘神对人间事务不在乎,智慧者也不会去乞求他们以图某种好处,而是通过沉思他们的宁静、分享他们的喜悦来获得幸福。在伊壁鸠鲁这里,对神之爱,即是对神之美、神之完美之爱。德莎姆(P. Decharme)称之为"纯爱"⑤。总之,智慧者视神为楷模,规训欲望,检审意识,接受来自亲密的友情所结成的群体对自己的手足般的纠正,以使自己灵魂生活于一种圆满的宁静和纯净中,从而获得幸福。所以,伊壁鸠鲁式的幸福便如神的 335

---

① A.-J. Festugière 所译,见其《伊壁鸠鲁与他的神》,p. 44。

② A.-J. Festugière 所译,见其《伊壁鸠鲁与他的神》,p. 97。

③ 参 A.-J. Festugière,同上,p. 97(残篇 385 a,载 H. Usener, *Epicurea*, Leipzig, 1887, p. 356, 6)。

④ H. Usener,《伊壁鸠鲁》(*Epicurea*), p. 258, 15, fr. 386, cité par Festugière,同上, p. 98.

⑤ P. Decharme,《希腊宗教传统批判:从开始到普鲁塔克时代》,p. 257。

幸福，这是生活所具有的纯净的快乐①。

Ⅲ. 自私的幸福？

　　古代智慧者所描述的幸福是不是一种自私的幸福？也许有人读了我刚才的叙述会这样以为，而且，历史学家和哲学家也不乏此种论断。诚然，在这些幸福模式中，某些是专为少数精英所准备的，他们可以达到譬如亚里士多德式的沉思或柏拉图式的神迷。尤其要问，是不是这些幸福模式当中的每一种，都只以孤独的个人完善为目标？

　　其实，这一问题极度复杂。首先一点，我们不能否认古代哲学的几大特征之一，即"传道"特征。所谓传道，可从双重意义上说："接受神的任务"，并"力图使人们皈依它"。对此，苏格拉底仍然是根本典型。他被描述为"一个因神意而与雅典人紧缚在一起的人，以便像牛虻一般刺激他们"（《申辩》，30 e）。"我是贫穷还是富有，这没有什么区别"（《申辩》，32 b）。"我这样一个人是神灵赐予城邦的：你们问问自己，可不可能像我一样无视一切私利［……］数年皆然，我唯一的目的便是关心你们［……］以督促你们变得更好。"（《申辩》，31 b）

　　伊壁鸠鲁被其学生描述为人中之神，描述为人类的拯救者。每一位伊壁鸠鲁主义者也都要依次成为传道者。例如，公元 3 世纪，第欧根尼便在位于吕基亚（Lycie）（今土耳其西南部）的奥伊

---

① 关于伊壁鸠鲁学校里的生活，参 N. W. De Witt，《伊壁鸠鲁和他的哲学》（*Epicurus and his philosophy*），University of Minnesota，1954，p. 9 及 W. Schmid，《伊壁鸠鲁》（art. «Epicurus»），载 *Reallexikon für Antike und Christentum*，t. Ⅴ，1962，col. 740 - 755。

诺安达城（Oenoanda）镌刻下了一幅宏伟的碑铭文，以使他的公民 [336]
及其后代认识伊壁鸠鲁学说的纲领，聆听伊壁鸠鲁救世的讯息①。
就普及伊壁鸠鲁学说而言，整个古代世界都是一致的。而伊壁鸠
鲁学派尤为独特之处在于，他们接纳所有人，哪怕是没有文化的，
未经任何知识教育的，并且在内部还认可奴隶和女人，甚至还有交
际花，如伊壁鸠鲁的那个学生莱翁提翁（Leontion），据说，曾有画
家为其作画一幅，名曰"沉思②"。

　　斯多亚主义哲学也不排斥对奴隶和女人进行指点，更宽泛地
说，便是不排斥对所有人进行指点。关于该主题，可参考罗迪耶尔
（G. Rodier）的明智意见："斯多亚主义期望［……］所有人皆可获
得德性和幸福，期望幸福就在这个世界本身之中［……］但要如
此，我们所生活的这个世界必须尽可能的美，尽可能的好，与更高
等的世界并非截然不同［……］在宙斯的蔚蓝天空中，除了我们所
能见到的实存外，不再有任何其他实存③。"传道之哲学理念在斯
多亚主义中并不缺乏，而在此范围内，犬儒主义与斯多亚主义往往
有着关联。自第欧根尼始，犬儒者都是些热心的传道者，他们对一
切社会阶层进行指点，并以身作则，废除各种社会习俗，提倡回归
符合自然的简朴生活。爱比克泰德使一些犬儒者几乎成为了斯多
亚主义的修道者。这些修道者，他们是神派往人间的差役、信使、

---

　　①　铭文全部，并附意大利文译文，见 A. Casanova，《奥依诺安达的第欧根尼残
篇》（*I frammenti di Diogene d'Enoanda*），Florence，1984。

　　②　Pline l'Ancien，《自然史》（*Hist. nat.*），35，99 及 144。关于伊壁鸠鲁主义的传
播，参 Cicéron，《论至善与至恶》，Ⅱ，14，47："伊壁鸠鲁不仅打动了希腊人和意大利人，
而且还打动了所有的蛮族人。"及 De Witt，p. 26－27 及 329。女人、奴隶、无知者为斯多
亚学派和伊壁鸠鲁学派所认可，而得以学哲学，证据见 Lactance，《神圣的机构》（*Insti-
tutions divines*），Ⅲ，25，4。

　　③　G. Rodier，《希腊哲学研究》（*Études de philosophie grecque*），Paris，1926，p. 254－
255. Cité par V. Goldschmidt，《斯多亚体系与时间观念》，3ᵉ éd.，Paris，1977，p. 59，n. 7。

代言人,更一般地说,在爱比克泰德看,哲学家乃是神之见证者①。

确实,相对而言,柏拉图的柏拉图主义,或者普罗提诺的柏拉图主义,甚至还有亚里士多德主义,他们的哲学是为知识界的少数文化精英所准备的。

那么,我们能不能说,古代哲学流派所构想的种种幸福模式,其旨在于帮助个人寻找专属于自己的、自私的完美,而这是在对自身的反省和对世界的逃避中来实现的? 我以为,归根结底,对这一问题的回答只能是"不"。

337　　　　且让我们说得简单些吧。对斯多亚主义而言,幸福显然在于道德上的好,而这意味着个体必须成为群体的一员,并且为其尽心,践行正义,关爱别人,只可这样表述。而伊壁鸠鲁主义的幸福难道就可以说是自私的么? 诚然,伊壁鸠鲁主义者所追求的宁静,以及他们对城邦生活的纷扰的拒斥,难免给人带来种种揣测。然而,他们那传道的热忱、对友谊的重视、群体的组织、成员间在精神上和物质上的互助,凡此种种,都足以驳斥那种把伊壁鸠鲁哲学看作自私的快乐主义的论断。

至于柏拉图和亚里士多德,他们对政治的关心,对城邦的改进,这是一致的。也足以反驳这种谴责。那普罗提诺又如何呢? 在他的学生波菲利为其编纂的作品中,有如下结语:"这便是神以及神圣的、最幸福的人所过的生活:它与人世间的一切事物相分离,绝不体验人世之事的任何快乐,从孤独遁入孤独(fuite du seul vers le Seul)。"(《九章集》,Ⅵ,9,11,48)从孤独遁入孤独,这经常

---

① Épictète,《论说集》,Ⅲ,22,亦见 A. Delatte,《斯多亚主义哲学与犬儒主义哲学中的智慧者-见证者》(《Le sage-témoin dans le philosophie stoïco-cynique》),载 Académie Royale de Belgique,*Bulletin de la Classe des Lettres*,Bruxelles,5e Série,t. 39,1953,p. 166 - 186。

被诠释为一种那喀索斯情结,被诠释为自己对自己的内省;"孤独"(le Seul)即"一"(l'Un),即"善"(le Bien),无非就是自己。可惜我们不能对此问题作深入探讨了。唯可说明的是,普罗提诺的神秘性体验,既是一种对自己的体验,在此范围内,它是一种对自身内在性的揭示;同时还是一种对所有其他事物(Tout Autre)的体验,在此范围内,它撞上了关系的限制、言说的限制、语言的限制、思想的限制,它预感到了绝对(l'Absolu),但又不可能完全与之成为同一。我们依然不能说这种体验是自私的。

　　以上便是古代哲学流派所议论的不同幸福模式,这只是非常简要的描述。基督教主义并未把它们遗忘。斯多亚主义的模式将 338被修道士传统和苦修传统再次拾起。1605 年,著名神父利玛窦欲基督教主义者编排汉文,因而撰下《二十五言》①,是为有关幸福规则的入门教本。在很大程度上,这是对爱比克泰德《道德手册》的不同段落所作的意译,既适于基督教主义,亦适于儒家。至于柏拉图的、亚里士多德的、普罗提诺的模式,它们在基督教的神秘性体验中所占之地位,则众所周知,不必赘述。

---

　　① 　参 C. Spalatin,《利玛窦对爱比克泰德〈道德手册〉的利用》(《Matteo Ricci's Use of Epictetus *Encheiridion*》),载 *Gregorianum*,t. 56,1975,p. 551。

18

异教的终结[*]

　　自 1 世纪绵延至 9 世纪,异教的终结是一种精神现象、社会现象、政治现象:虽然它在奥古斯都大帝的宗教改革时即已初见端倪,——这场改革所反映的是集体意识危机的存在。然而,希腊的异教火花最终在拉科尼亚(Laconie)的熄灭尚需九个世纪。因此这是一个缓慢的过程,其间有加速与制动、前进与后退之更迭。有人认为,异教完全是被基督教所击垮和摧毁的。历史现实或许比这复杂得多。其实,我们可以合理地问一问,异教的消失,或者至少它从根本上发生的转变,是否可能只由它自身所引起,而无关乎基督教? 罗马帝国始于 3 世纪的经济危机、帝国的大一统、皇帝的占卜术、关于最高神及超验神的神学发展、由对感知世界的排斥所支配的精神性的出现,所有这些因素,皆可见于公元 1 世纪之后的异教作品,或许,它们就足以把古代世界引向一种近似于拜占庭帝

342

---

　　*　　发表于:《七星丛书:宗教史》(*Encyclopédie de la pléiade, Histoire des religions*),
t. Ⅱ,Paris,Éditions Gallimard,1972,p. 81 – 112。

国的政治、社会、精神状况。又或许，经由异教的自身演化，即已产生出关于世界和帝国的等级构想，而此构想也正是拜占庭帝国思想世界的特征。即便如此，要指出我们所分析的现象特征，除了异教的终结之外，我们还得说说基督教与异教的融合。退一步讲，即便经过残酷的政治斗争和精神斗争，基督教战胜了异教，——但据所有时期都重复出现的一种历史过程来说，这种看法并不是很准确——双方也都在炽热的斗争中，受了对手的感染。

Ⅰ. 政治、社会、心理诸方面

罗马帝国的建立，是从 1 世纪开始影响异教演化的一个基本事实；并且这一历史事实既是亚历山大事业得以维系的原因，也是其结果，同时还产生了希腊化精神。

乍一看，有人会认为，皇帝的权力自然应该维护和支持远古的宗教。但事实上，因皇帝的权力要求一种普遍的、绝对的认可，它就得对传统异教所专属的精神世界进行彻底修改。

首先，在宗教领域，宽容精神将逐渐为政治强制所取代。远古的宗教绝不会是整齐划一的：它包含非常多样化的礼拜，以及为不同城邦所属的信仰。然而，由于皇帝的集权化行动，希腊-罗马世界趋于成为一个单独国家，一种高密度的互通关系得以确立。不仅各种礼拜相互混合，各种神灵彼此混同，而且重要的是，罗马及其皇帝的礼拜在某种程度上被勘定为国家宗教。正是这一点，成为了基督教受迫害的原因。只要皇帝感到新起的宗教势头在逐步增长，镇压就越来越暴力：尤其在德西乌斯统治的 249 年和戴克里先统治的 303 - 311 年。即便在君士坦丁皈依基督教后，基督徒皇帝们仍继续这种不宽容态度。而随着基督教逐步成为国教，现在轮到了它来实行迫害,对异教的镇压越来越严酷。不论贵族还是平民,或出于大流,或出于畏惧,皆选择归附获胜的宗教。

其次,皇帝的权力越来越烙上了宗教的特征。从奥古斯都在世起,皇帝的礼拜制度即开始发展,经卡里古拉时期、尼禄时期、图密善时期、康茂德时期、奥勒良时期,而到了戴克里先,他规定臣民要像对东方君王那样对他行跪拜吻袍之礼(adoratio),从而定下了一种朝廷礼节,这种礼节为后来的君主政体拜占庭所继承和强化。皇帝的这种礼拜仪式不仅在传统异教中引入了一种新的限制元素和义务元素,而且重要的是,由它所产生出的这种意识形态,对于古代宗教的宗教意向而言,乃是一种根本性的变革。国王权力实际上被投射到了绝对之中。人们在描述那神圣世界时,所模之范即为帝国的君主政体。帝国由一位超越所有臣民,甚至超越最高权位的君王所统治,正如神圣世界必定被一位至高无上的、超验的、不可企及的、与宇宙无直接关系的神所环抱。并且,凡间的国王权力乃是最高神与凡人之间的中介者和中垂线。这种权力被投射到绝对之中,由是引出神圣的中介者,他是超验神用以建立并统治世界的二级神。于是,诸多歌功颂德者便赋予皇帝以柏拉图式的创世神(Démiurge)的种种特征,说他在世界之巅放射出他于神圣模型之内所凝视的各种法律。最后,集于帝王之身的帝国权力得经由众多中介者来传播,以便到达帝国的每一角落;同样,源自超验神的神圣权力,也得经由诸隶属神灵来加以扩展,以便充塞整个宇宙。如此,帝国的意识形态便导致了异教的系统化:首先是一位超验神,位于所有神之上;其次是一位二级神,作为中介者和组织者;最终确保神圣世界的连贯性、以及所有中介者彼此渗透的,是一种神圣且唯一的权力。这样的系统化在某种程度上导致了远古宗教的"终结"。事实上,其最终所对应的乃是等级制一神论。

言其一神论,乃因神圣权力集中在一位超验且唯一的神身上;言其等级制,乃因神圣权力得经由整个隶属权力的诸等级——从那位二级神至诸神、从天使至人——来加以传播。此等天界的政治等级制与拜占庭的君主制已然相去不远,在后者,皇帝,作为超验神的象征,便是神之子在凡间的化身,便是起中介作用的逻各斯。在由异教向等级制一神论演化的这一过程中,有一种创建太阳神学的趋势颇可注意。对所有众神皆可归至太阳权力的证明,奥勒良皇帝乃是发起者,而新柏拉图主义哲学家波菲利则尤有论述。此为异教历史末期所体现的统一化需求、系统化需求之又一著例。

　　因此可以说,到一定时刻,帝国君主制会需要一神论的意识形态。神法君主制逐步取代原来的民众元首制,此乃必然之事。奥古斯都不仅在政治上,而且也在宗教上为君士坦丁作了准备。独一无二的皇帝,其形象只可能是独一无二的神。君士坦丁的神学家优西比乌(Eusèbe de Césarée)强调:"君士坦丁最先承认,统治世界的只有一位神。而他本人则通过对罗马世界的独立统治,进而统治全人类。"独一无二的国王,独一无二的神,独一无二的帝国,此乃历史发展之逻辑。

　　经济因素与社会因素同样在异教"终结"中扮演着重要角色。首先,异教礼拜只可能在民众幸福、国家支持的情况下得到蓬勃开展。事实上,圣殿维护、圣职人员、牺牲、节庆,凡此种种皆需沉重花销。而从 3 世纪开始,伴随严重的政治危机,帝国经济即处于衰败之中。如格夫肯(J. Geffcken)所指出,正是在这一时期,异教的宗教生活开始走向凋零。圣殿关闭,节庆取消。而此现象在基督徒皇帝治下只会加剧。体现国家支持远古宗教的法规事实上已渐次被取消。历史到了这么一刻:要么有某些特殊祭品,要么取得对过往怀有依恋情结的贵族的支持,那些远古习俗方能够继续保持,在 4 世纪后半叶的罗马尤其如此。

在基督徒皇帝治下,罗马贵族长期是异教进行反抗的最后堡垒。面对君士坦丁所建立的基督教新罗马——君士坦丁堡,旧罗马、永恒的罗马奋起捍卫自己所代表的理念,捍卫自己所代表的神明:"为我们祖先的法规而战,为我们祖国的命运及神圣权利而战。"这是叙马库斯(Symmaque)对基督徒皇帝的宣言,以请他把胜利女神的祭坛重新置于罗马元老院的会议厅。4 世纪末的许多铭文告诉我们,令许多罗马贵族引以为荣的,是他们在不同宗教中所进行的奥义传授,是他们的众多圣职,是他们的宗教头衔。最典型者当为包丽娜(Aconia Fabia Paulina)专为其夫普拉特克塔图斯(Vettius Agorius Praetextatus)所撰墓志铭。而在东方,异教的反抗以及对祖先传统的忠诚,主要集中在雅典和亚历山大里亚的诸学派的演说家和哲学家身上。同罗马的贵族圈子一样,在这些小团体内也盛行狂热的宗教虔诚。不过这些反抗运动还只停留在政治生活和社会生活的整体之外。此外,基督徒皇帝们还把一些本并不属于元老院的人提升为显赫者(clarissimat),从而创造出一种新的贵族阶级。慢慢地,人们都朝官方的正统教义靠拢。叙马库斯写道:"抛弃众神的祭坛,此乃新的朝觐方式。"所以说,古代末期所出现的政治、经济、社会诸方面的动乱,为远古宗教的消亡提供了非常重要的方式。

除了这些演化因素,始自希腊化时期的宗教意识和集体心态的深刻变革在整个古代末期也并未停止。这整个时代无疑都印上了某种共同的强烈色彩:既见于异教,亦见于基督教,还见于新柏拉图主义、诺斯替主义。在界定这种心理学现象时,某些史学家不无夸大地称之为"神经衰弱",也有的称之为"焦虑"危机,似乎所有人都在哀叹这一时期所体现的"理智主义的没落"。然而,视此

346

番巨变为一种病态现象,似乎是不对的。确实存在一种心理上的
危机,但它乃是由一种极为正面的现象所引起的:"自我"的觉醒、　347
个人命运价值的发现。各哲学学派,先是伊壁鸠鲁学派和斯多亚
学派,再是新柏拉图主义学派,都赋予了道德意识责任和精神完善
的努力以越来越大的重要性。形而上学的所有大问题:世界之谜、
人之始与终、有恶但也有自由,凡此类问题皆由个人命运而提出。
不过,因这种觉醒所付出的代价也甚为沉重:它导致精神紧张、焦
虑、不安。危机并不只限于哲学的小圈子,而且也体现在大众身
上:每个人都开始关注起自己的救赎来,不管此生还是来世。他在
灵魂和身体双方面都感受到了恶力的威胁。呈现在他眼前的世
界,是一个被恶魔所缠绕的世界,恶魔不仅对人的意向产生影响,
而且还试图控制人的身体。道德生活必须在善与恶魔之间采取一
种斗争方式。但如此一来,感官世界便充满了危险和敌意。人觉
得他自己是陌生的、孤独的。在对诺斯替现象进行研究时,普什
(H.-Ch. Pueche)就曾指出,这种陌生感如何引出了诺斯替的解决
之道。而且,来世也充斥着恶力,每个人都害怕在死后的冥路上与
其遭遇。于是,魔法仪式盛行起来。至今仍保存的诸多有关魔法
的莎草纸文献即是明证。尽管驱魔人和魔法师也自称能驱赶种种
恶力,但尤能使那不安灵魂获得拯救的,主要还是拥有众多秘密仪
式的各种宗教。例如,有关来自埃及的伊西斯(Isis)的,来自叙利
亚的阿多尼斯(Adonis)的,来自弗里吉亚的阿提斯(Attis)的,以及
来自伊朗的米特拉(Mithra)的秘密仪式。这些宗教如实地带来了
他们实践蛮族祖先智慧的感受,带来了对虔诚团体起鼓舞作用的
拥护,带来了可打动人意向的奥义传授,带来了令人不朽和成神的
希望。总之,即是令每个人坚信,在此生会受保护,在来世会得拯
救。要理解神话人物所可能激发的全部虔诚,有必要全文阅读阿

348　普里乌斯(Apulée)《变形记》(*Métamorphoses*)的第十一卷。例如，对名副其实的圣母伊希斯，人们向她这样祷告："人类那神圣的、永恒的救世主啊，你总是充满仁慈，以鼓舞那些有死者；你用母亲般的温柔和甘甜来对待他们的苦难和不幸。"但并不是所有的灵魂都会被这种宗教温情主义所迷惑。这种拯救理论必须对所要拯救的个体灵魂的起源及其命运详加考察。如有人需要从柏拉图哲学中获得拯救理论，那就得告诉他们灵魂在感知世界存在之前的存在状况，并解释说，人的灵魂是如何经过堕落、迷惑、遗忘才堕入身体这副锁链中的。然后再教给他们从此生起把自己从肉体监狱中解脱出来的方法。尤其要使哲学家确信，真正的实在乃在这个世界之外，真正的自我乃位于神圣思想的永恒层面之上而存在于超验世界里。是为普罗提诺之教诲："要敢于说，我们所见者，与别人的看法正相反。没有谁的灵魂，包括我们的，是完全陷入感知世界中的，它仍然有某些方面一直留在了精神世界中。"如有人想从诺斯替主义中寻求解释也如此，因为，不同诺斯替学说，其实都是以神话形式对灵魂的同一命运进行叙述：灵魂是因一场外在于它的惨剧而堕入感知世界的。灵魂作为精神世界的微小部分，无意中为恶力所创造的感知世界所俘虏。但随着世界的终结以及恶力的毁灭，灵魂的厄运亦随之终结。灵魂毅然重新回到精神世界。新柏拉图主义、诺斯替主义、神秘宗教，所回答的不过是同一个问题："我们是谁？我们从哪里来？到哪里去？"不过它们的答案从

349　来不是纯理论的，而是要求个人实现一种"转变"。这是一种生存的大震动，一种为回归真正的自我所进行的努力、一种回归他所扎根(*épistrophê*)于其中的超验现实所进行的努力，一种思想方式和生活方式的彻底转变(*metanoïa*)。转变，即意味着"新生"，不论是哲学的还是诺斯替的转变，抑或神秘的奥义传授还是基督教的洗

礼。据阿普里乌斯《变形记》第十一卷记载,受启者"可以说是由
祭司伊希斯的神意而获新生,并被置于一种新的生命行列中,也就
是受拯救的行列中"。在整个时代思想中起支配作用的宗教范畴
就是这些:堕落与回归、死亡与重生、罪孽与转变。

Ⅱ.神 学

从希腊化时期开始的神学(在"科学"意义上的神学)的迅猛
发展,也反映了我们刚才所言危机的存在。在公元前 5 世纪和 4
世纪,尚没有专门的神学著作。柏拉图和亚里士多德所谓"远古
神学家",指的是创作有关众神传说的那些诗人。"神学",若就
"关于神的科学论说"这个意义而言的神学,在斯多亚主义及新柏
拉图主义对其进行发挥及体系化之前,仅见于柏拉图《法律篇》和
亚里士多德《形而上学》的某些篇章。而至异教末期的几个世纪
里,有关这种素材的教本和论述则相当丰富。对后世起着极大作
用的一份早期重要教本为瓦罗(Varron)所作,时间约为公元前 1
世纪。他的《古代神事》(*Antiquitates rerum divinarum*)用井然有序
的图样,论述了神圣之人、神圣之地、神圣之时、神圣之行为、神圣
之对象(即众神)。我们可于西塞罗作品中见出斯多亚神学论著
的痕迹,还可借考努图斯(Cornutus)于 1 世纪所作《希腊神学传统
概要》(*Sommaire des traditions de la théologie greque*)而对这类文学
形成一个概念。我们还掌握有普鲁塔克、马克西姆(Maxime de
tyr)、金嘴狄翁专门论述神学问题的著作或论说。波菲利,这位普
罗提诺的门生,亦曾于 3 世纪写下《从神谕萃取的哲学》(*Philoso-
phie tirée des Oracles*)、《论神像》(*Sur les statues des dieux*)、《论太
阳》(*Sur le Soleil*),这些作品同样也是对异教神学的研究。他尤其

于《致阿内本》(*Lettre à Anébon*),提出诸多跟宗教仪式和众神启示有关的疑难。针对这篇《致阿内本》,新柏拉图主义者杨布里科斯,则撰《论神秘》(*Traité des mystères*)一文,系统又严密地论述异教神学学说,对之作了答复。就在杨布里科斯的传统内,尤里安大帝的同辈人及朋友撒路修(Saloustios)著有《众神与世界》(*Des dieux et du monde*),其中几篇论文涉及神学主题(诸神之母、太阳-王),亦可见异教教义的梗概。不过,只有到了普罗克鲁斯这里,肇始于杨布里科斯的体系神学传统才达其顶点。他的《柏拉图神学》(*Théologie platonicienne*)乃一鸿篇巨制,按原计划,它应该先依次论述关于众神的基本主张,再论众神的品级,最后论柏拉图对话所提及的众神特征。

或许有人认为,异教神学在公元 1 世纪的这种繁盛状况,所反映的是异教的坚固及发展。其实并非如此。瓦罗的神学业已暴露道德意识危机。尤其在斯多亚主义和新柏拉图主义之处,神学乃是宗教观念的理智化与体系化,清除这些观念的传统内容,为的是把它们规约为哲学"科学"。我们还注意到,异教神学的某些原则为基督教神学所采纳,这其实意味着异教神学在朝等级一神论的方向演变,在帝国意识形态的影响下又尤其如此。

异教神学逐渐采取一种体系化的教学方式,以既定图样来阐释以下要义:启示诸来源、神学各部门、各不同部门所专属的不同方法、众神之间的关系、神与人之间的关系。该图样本见于斯多亚主义时期,但在新柏拉图主义手里更得到充分展开,被赋予了新内容。其做法是把斯多亚主义原则的物理学图样改造为形而上学图样。

异教神学认为,神的启示有三个来源:逻各斯(*logos*)、密索斯(*mythos*)、诺莫斯(*nomos*),即理性、神话、法律。首先,所有人都有一些由普遍自然或普遍理性(la Nature ou la Raison universelles)所沉淀出的固有观念;逻各斯的这些"零星火花"(étincelles),可以说就是关于众神的存在及其本性的初步知识,就是哲学所竭力发展和提高至科学水平的东西。其次,除了这种自然启示,还有由众神所做的启示。与其说它针对的是不同族群的祖先,不如说是针对某些受启之人。这其中一部分为立法者,如米诺斯(Minos)或吕库尔格(Lycurgue),一部分为诗人,如缪斯或俄耳甫斯或荷马。最后,除了这两种原初启示,还有在不同圣所、以不同方式而发布的神谕。不过它们主要是让人明白未来的情况以及众神的意志,大多跟具体问题有关。上述启示来源学说有着极强的历史重要性。因为,它意味着,对异教神学而言,真理乃是由启示而得的;还意味着,真理与传统、理性与权威乃是相互混合的。仅就此而论,异教神学与基督教神学可谓完全一致。它们都认为,神学不过是对某种既定启示的注释,而这种启示乃保存于法律之中、神话之中、哲学家的文字之中抑或神圣文字之中。

　　对神圣事物,不同的启示来源即对应于不同的认知方式。通过固有观念的展开,人们可以获得关于众神的理性知识,这种知识乃是物理现象或精神现象的原因;此乃理性神学。柏拉图《蒂迈欧》和《法律篇》为其初定轮廓,亚里士多德对其进行展开,斯多亚主义专门引其向物理学,新柏拉图主义则又使其重新回到形而上学框架中。或许有人认为,这种理性神学作为一种体系化的构造,并不具注释特征。但事实上,在柏拉图和亚里士多德之处,尤其是在斯多亚主义和新柏拉图主义之处,理性神学皆与某些启示素材有关,这些素材既见于先前的哲学家著述(前苏格拉底哲学家和柏拉图),也见于诗意神话,还见于民族法律和民族传统,最后还有神谕。新柏拉图主义那体系化的鸿篇巨制,乃成于对柏拉图或

352

《迦勒底神谕》(*Oracles chaldaïques*)的评注。我们在此所面对的，本质上是一种注释性的思想方式。

这便引出关于神的理性知识，与关于神圣事物的其他认知方式之间的关系问题。其他认知方式是独立存在的，无干于理性神学。一方面，在神话叙述中，人们在认知神时所采取的形式，乃是随其所愿而从人的想象中撷取的。另一方面，人们也在城邦的法律和习俗中，依神所希冀的受敬方式，而养成一些祈祷和献祭方式。因此，关于神的直接知识不必经由理性神学的提炼。上面两种认知方式即分别代表神话神学与城邦神学。神话神学具有诗的特征，城邦神学具有历史的特征、法律的特征。不过城邦神学与神话神学亦可成为理性神学之对象，因为，理性神学仍可对包含在这两种神学中的启示素材进行注释。

理性神学与城邦神学、神话神学之间的相遇——抑或冲
353 突——对异教的终结起着莫大作用。理性在神话领域和祖传习俗领域的介入，必定会引发道德意识危机：神话观念表现为不道德和可耻，从该观念又进一步推出神明及宗教律法的荒唐。在城邦神学与神话神学面前，理性神学唯有在以下两种态度中取其一：理性批判或理性证明。批判尤其在公元头两个世纪占优势，其痕迹尤见于西塞罗著作。按基督教辩护士阿诺本(Arnobe)之说，在3世纪末，异教捍卫者极欲禁止人们阅读罗马的伟大演说家的著作。而理性证明则是以"理性神学"的术语来对宗教神话和宗教习俗的语言进行诠释。此即斯多亚主义和新柏拉图主义的寓意性著作的做法。

对城邦神学和神话神学无论是批判，还是从理性上加以证明，理性神学都从未打算消灭它们。无论把它们视作彻头彻尾的错误，还是认为它们有真理，理性神学都一直认为这两类神学对人和

城邦有好处。如历史学家波里比乌斯（Polybe）所云，必须顺从这些传统和必然性，以便稳住承担义务的低等级。"理性神学家"，亦即哲学家。他们在宗教实践方面的强度各不相同。一些哲学家视宗教实践为智慧者之耻，因为，它可以通过思想上的精神提升而直接触及神。相反，另一些哲学家则竭尽全力，尽可能遵守传统宗教仪式，因为，他们视之为神明意志的明确保证。在古代末期，前一种态度是普罗提诺、波菲利的态度，我们后面还会再说到；后一354 种态度是杨布里科斯、普罗克鲁斯、雅典新柏拉图学派的态度。但无论理性神学家持何种态度，都有一种置异教于危险的理性神学的存在。无论是像斯多亚主义，把神与自然力视为同一，或是像新柏拉图主义，把神与柏拉图的理念视为同一，都是去除传统神的多样化特性，而使之趋向于物理学或形而上学的一神论。

　　瓦罗的神学著作明显带有宗教复辟的意图，其中不难见出这些危险。瓦罗本是理性神学家，也就是说，他对希腊-罗马神话给出宇宙论的解释。但为挽救罗马宗教，他欲撰一"城邦"神学著作，也就是说，重新赋予传统宗教仪式和众神名号以一种历史性的意义。面对理性神学与神话神学，本从希腊起始的城邦神学，在瓦罗笔下纯粹成了罗马的。但其实，瓦罗丝毫未摆脱理性神学的意向。他所以想拯救"城邦"神学，原因乃在于担心众神将在公民的遗忘和无视之中消失。因此这意味着，对他而言，城邦神学的众神、罗马传统的众神，只存在于罗马人的意识之中，众神只不过是一些意向，其现实性只在于人的思想之内。如果他想拯救众神，原因只是政治上的。在他眼里，唯有理性神学的众神，也就是宇宙力量，才具备确实性和实在性。

　　理性神学的方法也因其运用对象而有所不同。当运用于神话神学之对象时，它采用寓意法，该法可于"神话"之中揭示出有关

自然过程的教义(如果该神学为斯多亚主义的启示),或揭示出有
关理念来源和理智模型来源的教义(如果该神学为新柏拉图主义
的启示)。当理性神学以一种自主方式运行时,它更多采用类推
法(通过最大限度地描述事物的最高品质,以对神的属性进行定
义)或否定法(通过否定一切可思议的品质,以对神的属性进行定
义)。

　　理性神学有其基本要义,柏拉图《法律篇》对之已有所界定。
直至异教终结时,我们仍可见这类阐述:神存在,他们关心人类,他
们是正直的、不会扭曲的。这类基本要义乃是神学进行各种论证
的基本出发点:神存在之证明、神意理论与自由意志理论、祈祷学
说与报酬学说。

　　还有待我们做的是,确定理性神学在导致异教终结的宗教演
化中所扮演的角色。自基督纪元始,理性神学更对异教神话、异教
仪式采取了证明与申辩的形式。但在异教终结时所使用的各种哲
学元素,事实上却导致了等级一神论的产生,最终使得多神教失去
了真实内容,再也不能是传统习俗的代表。

　　斯多亚主义提出统一所有众神的原则,对他们而言,这些神
不过是同一种宇宙权力的不同名号而已。瓦罗把该原则表述如
下:"必须坚持,所有众神和女神都只是那独一无二的朱庇特,不
管他们是作为这个神的部分,还是作为这个神的权力。所有这些
宇宙生命都只是那独一无二的生命存在,它或以权力之名、或以
成分之名、或以部分之名,而涵盖所有众神。"朱庇特被视为原初
之火、理性之火,通过其活动,依次产生别的元素:气、水、土,而
据斯多亚的类推原则,这些不同元素即对应不同神。构成宇宙实
体的整个混合物是始终如一的、不会改变的,但在宇宙周期的某
个特定时候,某权力可以支配别的权力,别的权力则按某权力所

专有的模式而蕴含于某权力之内：众神依宙斯所专有的模式而蕴 356
含于宙斯之内，依赫拉所专有的模式而蕴含于赫拉之内。也就是
以支配者为原则来命名。新柏拉图主义采纳了这一原则，但他们
把它置换到了形而上学的框架中，众神所对应的不再是元素，而
是柏拉图的理念。举例而言，克洛诺斯、赫拉、宙斯，三者彼此关
联于柏拉图的三理念：存在（être）、生命（vie）、理智（intelli-
gence）。同样一个理智实体却可见于三者之内，原因正在于该理
智实体是由存在、生命、理智三者合成的。不过，该实体仍只按
构成它时占支配地位的那一者而或叫克洛诺斯，或叫赫拉，或叫
宙斯。在这里有必要强调如下事实：正是这个原则为某些基督教
神学家，特别是马里乌斯·维克多里努斯（Marius Victorinus）所
利用，以考查三位一体论中的神圣实体之同质及异质：圣父为存
在，圣子为生命，神圣精神为理智；但三者又都各依每一者所专
有的模式而存在于三者之中。

　　意味深长的是，若我们对众神的等级学说加以检查，即可发
现，这种汇聚方式同样可得证实。斯多亚主义已告诉我们神权是
如何循序渐进降级的：先是集中于火，而后逐步降为气、土、水。而
在新柏拉图主义神学中，神权降级则导致杂多增殖：先是集中于
"一"和绝对，而后神权扩散并下降，先至思想层面，再至灵魂层
面，它们之为统一起来的杂多，为的是最终分散在感知世界和物质
材料之中。在这里，帝国的意识形态又一次体现出："一"即为超
验的、不可触知的那个神；思想或逻各斯即为二级神；中介者则沟
通统一权力与杂多存在。因此，同样一个神权便分散于所有的存
在等级中。不过，还得强调一点，这种神学不只为异教者努美尼乌 357
斯（Numénius）、普罗提诺、波菲利所独有，其实，奥利金、该撒利亚
的优西比乌（Eusèbe de Césarée）的基督教神学家同样也有。他们

也在作为超验圣父的"那个神"（le Dieu）与逻各斯之间作了区分，因为对他们而言，"神"（Dieu）这个词不再是专门称呼，而仅为一种属性。逻各斯的功能与异教二级神的功能相同：创造并管理世界，而超验神则保持不动，不与物质有任何联系。总之，不论于异教还是基督教，皆可见同一种神学，即等级一神论。

这种神学亦见于题为《迦勒底神谕》（*Oracles chaldaïques*）的伪作集，其由马可·奥勒留时代的迦勒底人尤里安（Julien "le Chaldéen"）和通神者尤里安（Julien le Théurge）所撰。对普罗提诺之后的新柏拉图主义而言，这些神谕将成为他们的圣书，其可敬度堪比柏拉图的神圣作品。《神谕》里也有超验神（Dieu transcendant），亦即圣父，而理智（Intellicet）和意志（Volonté）原本就与圣父合在一起，他们共同进行活动，在创造理智世界的过程中，征服独立的现实。而由圣父所生的普遍灵魂（Ame universelle），则在感知世界中溢出生命之流。可以说，自杨布里科斯至达马修斯（Damascius）的整个新柏拉图主义，都产生于对如下两者的必要调和：一是作为圣书的《迦勒底神谕》，一是普罗提诺对这部相对柏拉图著作而言的另一部圣书所做的解释。《神谕》谈到为理智和意志所附着的超验神，而在普罗提诺看来，超验神乃是绝对的"一"或单一，由理智之存在所引起的这种双重性对它丝毫没有影响。因为理智并不先于第一神而存在：它不过是从原初的"一"，经流射及转变的过程而得出，整个理智世界皆产生于此过程。所有的新柏拉图主义者，或许波菲利除外，都忠实于这种第一原则（Principe premier）的理念，第一原则即绝对的单一，它超越一切杂多性及双重性，即使对自身在进行思想的理智（Intellect）而言也如此。在此第一原则之下，他们排列了《迦勒底神谕》的最高神（Dieu）及其理智（Intellect）和意志（Vonloté）。这样的三实体于是构成一个三件套的等级模型。而在新柏拉图主义眼里，世界结构正如此。"静止"、"行动"、"转变"，或"存在"、"生命"、"理智"，又或"有限"、"无限"、"有限与无限之混合"：这样的三件套图型构造了一个宏伟体系，所有柏拉图的传统、俄耳甫斯的传统、迦勒底神谕、希腊神话，统统被整合在了这个体系之内。所有的神都在超验"一"之后，按"统一体"（Hénades）、"构成理性秩序的众神"（dieux intelligibles）"、"构成理性秩序的众神和有理智能力的众神"（dieux intelligibles et intellectifs）、"纯粹是有理智能力的众神"（dieux purement intellctifs）这样的图式相继加以排列，俨然一座宏伟的人造建筑，这与他们所捍卫的古代信仰已无太多内容上的关联。

Ⅲ. 异教之虔诚与神秘

关于神，我们要牢牢把握这四个原则：信仰、真理、爱、希望。要相信只有皈依神才可获得拯救；有了这份信心，就得投入全部热忱来认识关于神的真理；并且，这种认识因我们对所认识的对象满怀热爱而获得；只要满怀热爱，我们的灵魂终其一生都将以美好的希望而受到滋养。

有人会认为上面这段话是基督教徒所写，但它却是选自波菲利这位基督教徒的著名论敌所写的《致马其拉》（*Lettre à Marcella*）。现在，让我们稍涉异教存活的最后几个世纪里所发生的巨变。可否记得歌德《浮士德》那信誓旦旦的宣言："让永恒的神秘，充满你广阔的胸心，等你陶醉于这种感情而觉得幸福，你就可以随意命名，名之为幸福！心！爱！神！我不知道如何来命名！感情最要紧,名称不过是天火的声响和烟雾①!"可以说,就"感情"而言,此时的异教与基督教是极为相近的。

　　在异教的宗教情感演进中,位于其他所有神之上的这个超验神,扮演了首要角色。这个独一无二的神,这个所有神灵以及所有存在的来源,超越所有的神,完完全全地不可名状、不可认知、不可思议,而令所有灵魂迷恋于绝对。若该撒利亚的优西比乌(Eusèbe de Césarée)的记述可信,则新毕达哥拉斯主义者提阿那内的阿波罗尼乌斯(Apollonius de Tyane)——按费罗斯塔特(Philostrate)所撰,其生平本身即是一部优美的异教圣徒传——早在1世纪就明确把超验神的观念与精神膜拜的要求结合在了一起:对排在首位的神,由于他是与一切相分离的"一",因此,我们并不向他提供任何物质上的献祭,而是提升我们的思想,此乃我们的存在的最高部分。在《论素食》(Sur l'abstinence des animaux)中,波菲利汲取并发展了该学说:对这位高于一切的神,不必焚香,不必献祭,不必挂在嘴上,而是静默地崇敬;唯有提升我们的灵魂才是与之相配的献祭。因哲学家是超验神的祭司,故哲学家的地位要高于其他众神的祭司。唯有哲学家懂得恰到好处地敬重超验神,在心灵深处触及超验神。该学说可用以解释波菲利在《普罗提诺生平》中对我们所讲述的轶事:普罗提诺还有个学生,名为阿美里乌斯,表面很虔诚,常为献祭而乐此不疲,并想邀老师普罗提诺也去神庙,但普罗提诺回答他:"应该是众神来我这里,而不是我去他们那里。"这话无疑表明,普罗提诺认为他自己,乃与那个高于所有神的超验神保持着直接的、无中介的联系。普罗提诺和波菲利所渴望不经中

————————

① 中译文取自歌德:《浮士德》(上),钱春绮译,上海译文出版社,1982年,第291页。——译注

介而与最高神结合的这种体验,即现代人所称"迷狂"(extase mys-
tique)。波菲利告诉我们,在他追随普罗提诺的六年中,普罗提诺 360
共有四次达到最高目标,即与第一神、超验神相结合。普罗提诺的
著作也为我们保存下了不少这类神秘体验。这种与存在之根进行
实验性的、结合性的沟通欲望,在整个新柏拉图主义传统中皆有。
雅典学园的最后几位掌门人之一,达马修斯(Damascius)告诉我
们,其先师伊斯多罗(Isidore)不愿尊崇神的塑像,而愿亲近那些藏
匿于"内心"之中的神,即,藏匿于绝对不可认知(Inconnaissance
absolue)的奥妙之中的神。所谓绝对不可认知,即达马修斯在其
大作《论原则》(Sur les Principes)卷首所讨论的状态;这是一种难
以言表的、关于绝对(l'Absolu)的状态,而绝对是与我们无关的,甚
至都不能再称它为原则,因为它是超验的、分离的。不同于远古宗
教众神的是,这个"一",这个"绝对",这个超验的、不可名状的、独
一无二的、分离的"神",若想触及它,必须抛弃一切形式、一切概
念、一切论说、一切人格,而只能通过一种迷狂,重新把存在带回它
的根源之处。

　　这些新柏拉图主义者,他们把自己看作异教的虔诚崇拜者。
诚然,普罗提诺似乎在宗教实践上费时不多;波菲利对此也持一种
模棱两可的态度:《从神谕粹取的哲学》(Philosophie tirée des ora-
cles)是一篇异教虔信之论,而《致阿内本》(Lettre à Anébon)却是对
众神崇拜的一系列质疑。但波菲利认为,宗教实践对非哲学家不
失为一种拯救方式,而哲学家,既为最高神的祭司,则应致力于对
超验神的精神崇拜。波菲利在《致马奇拉》(Lettre à Marcella)中把
这种精神崇拜与新毕达哥拉斯传统联系起来,以格言方式表述
如下:

> 在所有行动中、作为中、言语中,都有一种如神临在的情感,他注视并监视一切……

> 唯一可敬的神殿,乃是智慧者的理智……

> 面对神,所可贵者并非智慧者的语言,而是他的作为;因为智慧者的静默本身即是对神的敬重;而疯狂对神进行祈祷和献祭,其实是对神的玷污。

可见波菲利和普罗提诺实在是把哲学视作一种超验的宗教,一位至高无上的神。然而,他们的后继者,叙利亚的新柏拉图主义者与雅典的新柏拉图主义者,对哲学与宗教之关系则持一种全然不同的看法。他们把所谓"圣事"(hiératique),亦即神圣活动、符合众神愿望的仪式和圣事所规定的严格戒律,置于哲学之上。在《论神秘》(*Traité des Mystères*)中,杨布里科斯是一位"行动"理论家。在他眼里,普罗提诺和波菲利的学说是空想的:只有处于生命黄昏里的那极小部分人,才会期盼同那位超验神的结合。期盼至高无上的鸿福本为正常,但人的本性因与身体的结合而变得堕落不堪。而对我们敞开着的、通往神圣世界的唯一道路其实已由众神规定下了。它可能会与我们的理性相抵触,因为我们的理性不理解仪式的意义,甚至对众神在宗教典礼上所宣布的名相也不理解。确切说吧,必须为信仰而抛弃理智,必须对各种仪式不加理解地去奉行;因为其效果高于我们的理智,其有效性既不取决于我们的理性,也不取决于我们的意识;圣事本身即蕴含有效性。如此这番反思,真令人难以不想到帕斯卡关于宗教实践的某些箴言。

这些理论,在自 4 世纪至 6 世纪的雅典和亚历山大里亚的学校中、在 4 世纪末的某些罗马贵族阶层中被加以大量实践。尤里安大帝的《书简集》(*Lettres*)和《论说集》(*Discours*)、欧那比乌斯

(Eunape)的《智者生平》(*Vie des Sophistes*)、马里诺(Marinus)的
《普罗克鲁斯生平》(*Vie de Proclus*)、达马修斯的《伊斯多罗生平》
(*Vie d'Isidore*),这些作品充满了各种有教益作用的轶事,透过这些
轶事可见出智识阶层的虔诚情况。异教的这些虔信者,他们实行
斋戒,对知名圣所朝圣、献祭、从事预言、行净身礼;他们专注于神
的警醒,专注于梦幻,专注于神秘征兆,专注于神奇的治救,专注于
神恩的种种见证;他们相信驱魔法,相信镜中的未来之影。令人惊
讶地是,在那些著名的逻辑学家和形而上学家的身上,竟也有那么
多的盲从、幼稚和迷信。早在公元 2 世纪,琉善就在他的《说谎
者》(*Menteur*)中导演了一幕那个时代的哲学流派代表,如柏拉图
主义者、亚里士多德主义者、斯多亚主义者,与天真的迷信者所进
行的竞赛。可见此传统是多么地坚固。只不过在往后的新柏拉图
主义者身上,宗教实践往往伴随着一种几近迷狂的宗教情感。例
如,达马修斯所告诉我们的,赫拉斯库斯(Héraïscus)能够从身体
上感受神像是否确实被神力赋予生命:在神的控制下,他打心里体
验到一种创伤,身体和灵魂兴奋得跳了起来。

　　异教的最后这批信徒,不仅他们的生活沉浸在超自然的奇迹
中,而且还受清教主义,以及对感知世界的憎恶之情的支配,这皆
与远古宗教精神相去甚远。而凡跟性有关的一切,都笼罩着一种
病态的反感情绪,如,赫拉斯库斯(Héraïscus)只要在处于经期的
女性旁边,他便感头痛难忍;又如,哲学家希帕提亚(Hypatie)把沾
染女性经潮的巾帕给一位处于情欲中的学生看,从而使这位学生
恢复正常。异教徒的生活理想是天使般的:"无论谁,只要他确实
是圣洁的,他的德性一定闪耀着天使的光芒。"普罗克鲁斯如是
说。其实,那时代的基督徒也用"天使般"这一术语,以表示他们
的隐修生活。可见,异教徒与基督教徒都有同样的理想:避世。最

362

后的这批异教徒,在基督徒皇帝的迫害下,依次躲避进形而上学的抽象之中,成了这个世上的陌生人。

363

Ⅳ. 异教与基督教的斗争

"这个世上的陌生人",这正是异教论战者对基督教的指责。"这个世界的人在消失。"从其出发点看,从其根源上看,基督教不就是一种末世论学说吗?拯救即将降临,时间即将终结,天国即将显露,新天地即将建立,新耶路撒冷即将从旧耶路撒冷降生。从这种固有的启示出发,基督教必然从政治结构、社会结构、经济结构、甚至物理结构诸方面来否定现存世界。而异教哲学家们也觉察到了基督教的末世论,可以说,他们最不满基督教之处也正在于此,故他们的论战必定在政治框架、历史框架或形而上学框架之中来展开。

乍一看,有人会以为,异教哲学家之所以反对基督教,主要是受一种因循守旧的心态所驱使,是对既定秩序和公认习俗的一种盲目崇拜心理。此观点持有者强调基督教几无过人之处:缺少威望,缺少英雄气概,缺少辉煌。耶稣,从被指控直至处死,他都没有表现出自己是智慧者抑或圣人。他没有任何豪言壮语,任由人们朝他脸上唾弃和扎刺,像路边的无赖一般受尽凌辱,最终屈死于酷刑,竟连那有名的复活也只对穷苦女人和单纯精灵而显现。他的使徒也只是些粗鄙之人、不幸之人,只是朴实地跟随基督,下场也跟基督一样不光彩。此外,基督教的布道,也往往更偏爱没文化的人、穷人,激励他们,要为真正的高贵和真正的财富而蔑视某些东西。因此,希腊的那些基本价值,如英雄气概、雄辩术、美、知识,在基督教中无任何立足之地。此外,基督徒还表现为"人类公敌",

364

他们拒绝与城邦生活相融,拒绝那些把城邦生活凝为一体的宗教传统及文化传统。但正如凯尔苏斯(Celse)所指出,他们也吃,也喝,也结婚,也分享生命的喜悦,也承受与生俱有的疾病。因此,他们也得益于社会秩序与政治秩序,也必须公道地对监护该秩序的皇帝进上一份体面的贡品,也必须履行生活所规定的义务。倘他们拒不接受所生活于其间的民族传统及风俗,至少得远走他乡,放弃公共生活。如在米努齐乌斯·菲利克斯(Minucius Felix)的对话录《屋大维》(*Octavius*)中,异教徒谈话者即把基督徒说成是"隐蔽的、不见光的人"。

在这些指责背后,更有一种常见的敌意针对着那些可能以各种方式扰乱既定秩序的人们。其实,历史上的一切哲学皆如此。拒绝民族宗教传统,即是犯错,即是远离神明,即是让自己被人类的妄想所蒙蔽。事实上,真理乃是由自然(Nature)启示给人类先民的。对希腊人而言,每一支系的人,在其传统开端之时,皆有圣人,或为立法者,或为诗人,或为王,或为受启的哲学家,如利诺斯(Linos)、缪斯、俄耳甫斯、荷马、毕达哥拉斯。且每个支系的人皆受专门的"守护者"所引导,或为神或为精灵,守护者乃是法律、传统、风俗、信仰以及民族礼仪的启示者和捍卫者。越是古老的宗教学说和哲学学说,就越接近人类的原初状态,由于这种状态中的理性仍然保持着它的纯净性,所以这种学说也就越真实、越可敬。因此,历史传统乃是真理的准则;真理与传统、理性与权威,乃合二为一。故凯尔苏斯把他自己用以驳斥基督徒论战的著作命名为《真正的逻各斯》(*Vrai Logos*),意即"古代的准则"、"真正的传统"。而传统主义又是多样化的。不仅希腊人和罗马人拥有宝贵的宗教传统,而且埃及人、迦勒底人、印度人、犹太人,他们原先也是一些受神所启的民族。每一传统,只要是可敬的,都不可能独占真理;

365

真理乃以各种不同形式散布于所有支系之人,没有哪个民族可以独占神的奥秘。"对这么伟大的奥秘,不可能只有一条路通达它。"叙马库斯(Symmaque)在 4 世纪末如是说。其实波菲利比叙马库斯还早一个世纪即断言,他不知道有何拯救途径是对所有人皆有效的。当异教徒指责基督徒不融入城邦生活,不遵循传统时,他们所指责的其实是,基督徒缺乏历史根据,与活生生的真理源泉相脱节。

　　看看基督徒对此所作出的回应也是很有意思的。一旦基督教在政治上取得胜利,成为国教,它便以明确的进步主义来反对这种保守的传统主义。如安博瓦斯(Ambroise)所云必然的进化、向着最好迈进、不可避免的成熟,普鲁登修斯(Prudence)则嘲笑异教徒所盲目坚守的那些过时习俗。但公元 1 世纪的护教论者却持一种全然不同的态度,他们认可对手的基本公设,也认为真理与传统及古代是同一的。他们明确宣称,他们所代表的是人类最古老的传统,并且唯有该传统才是正确的,其余一切不过是对这一原初启示、唯一启示的歪曲。这种论证方式本是基督护教论者从犹太护教论者处接手来的,但他们通过证明基督教会是希伯来传统真正唯一的合法继承者,只有它才是真正的以色列,只有它才理解先知书及律法书的含义,从而使该论证方式更为完善。

　　如此,异教与基督教卷入了一场关于时间先后的巨大争论。每一方都竭力证明自己的传统早于对方。于是他们纷纷到不同族支中去追溯各自的摩西、立法者、诗人、宗教奠基人。从此角度也可见出编年理念是多重要,不管是异教徒,如特拉莱斯的弗雷贡(Phlégon de Tralles)所编,或是基督徒,如尤里乌斯·阿非加纳乌斯(Julius Africanus)、伊波利特(Hippolyte)以及该撒利亚的优西比乌(Eusèbe de Césarée)所编。

波菲利和尤里安大帝则把该争论置于另一个场所。他们针对犹太族系的古老性提出质疑。为证实这件事情,波菲利以桑科尼阿通(Sanchoniathon)所保留的传奇文献为据,因为这份文献甚至还早于特洛伊战争。他们还质疑基督徒把某一族系的历史据为己有这种不尊重民族传统的做法的合法性。诚然,波菲利和尤里安充分认可犹太传统的合法性及其价值,犹太人的最高神在人类的万神殿中自有其地位。不过,倘犹太人以为他们民族的最高神即是宇宙的最高神,那便错了。至于基督徒,他们没有任何权利跟一个他们并不尊重的传统扯上关系,他们所继承的只是犹太人的乖戾习气。波菲利还把犹太圣经置于一种严密的历史批评之下:首先,这是一些比我们所以为的时间迟得多的文字;其次,在这些文字中没有哪一处可看出基督教主义:

> 摩西的任何文字都没有留下来,他的所有作品皆烧毁于神庙。如今以他之名而保留的作品,其实是在他逝世 1180 年后,由厄斯德拉(Esdras)以一种不甚准确的方式加以撰写的。退一步说,在这些所谓摩西的文字中,又有哪处提到基督是最高神,是作为逻各斯的最高神,作为世界创造者的最高神? 又有谁说到耶稣的十字架受难这件事?

波菲利同样证明《但以理书》(*Livre de Daniel*)乃是一部事后预言(*post eventum*)性质的预言书,其书当成于神显者安条克(Antiochus Épiphane)时代,而非居鲁士(Cyrus)时代。就这点而言,波菲利的结论比近代批评的结论走得更远。

波菲利还把福音书也置于一种尖锐的历史批评之下。他细致研读新约,绝不漏过任何跟基督出身、受难及复活相关的悖谬及矛

367

盾之处。他强调使徒的不理智,强调彼得与保罗的不和及争端,强调耶稣在教学过程中的曲解。凡此种种批评,所对应的大致是这样的基本模式:目的在于告诉基督徒,你们的宗教是没有历史根据的,是没有固有且延续至今的传统为其确保真实性的。

在这场争端中,异教与基督教可以说有着相类似的真理观念:真理是带有神圣起源的一个历史事件,是由神在某个时刻对人类所作的启示。由此可知,他们关于哲学与神学的观念也是一致的:人类的思想只可能是注释性质的。也就是说,它必须对某个既定的开端进行力所能及的解释,亦即对蕴含于神话、传统及最古的律法之中的启示进行解释。

因此在异教眼里,基督教并未真正嵌入历史。此一精神状况有着形而上学的理由。就其本来内容而言,基督教学说与希腊形而上学完全是对立的。在基督教开始发展的时代,依然保持生命力的异教哲学学派,亦即斯多亚主义和柏拉图主义,他们一致承认如下原则:首先,按照其善意,最高神不可能停止行动,也就是说不可能停止运用它的创世思想;其次,按照其理性,最高神除了思考某个明白确定的,因此也是有限的、不动的理念体系或理性体系之外,不可能再去思考别的东西。由此得出,世界必定既是有限的也是无限的:有限所指为结构或架式,无限所指为时间。结构的有限意味着,世界所包含的实体或灵魂的数目是确定的;时间的无限,此乃永恒的神圣思想的结果,它意味着,世界要么服从一种永恒的运动(天体对此作了最好的榜样),要么服从一种生与灭的永恒循环,但在循环的每个阶段,实体、灵魂或"理性"的数目本身都严格保持不变。希腊形而上学中的创世者是一位出色的王,其能力受法律(即理念世界、理性)所限,所以必须服从法律。它的创作品,亦即可感世界,在柏拉图主义者看来,无疑是低于永恒的理念世界的。但这可感世界乃是由种属上更美、更完善者而得之结果和摹品。

在异教论战者看来，基督徒虚构了一位专制君主般的最高神，其言行随意而不可预料；基督徒对可感世界则是鄙弃的态度，因为他们认为可感世界完全是一种无理性的存在。他们相信最高神正在完成，将要完成一系列不可预料的、任意的行动：于某一刻创世、遴选和否决犹太民族，道成肉身，复活，最终毁灭世界。

"在无限的时间中一直不动的最高神，为何突然开始了创世活动，这究竟是出于何种设想？"普罗克鲁斯质问基督徒道。"是因为他冒出了应该更好的念头吗？那意思是他以前没注意到这种更好，是吗？如果说他确实没注意到……这是不可理解的；如果他知道，那又为何不早点开始呢？"

关于犹太民族的遴选，同样也是完全说不通的：为什么无数年来都让那些偶像崇拜者完全在愚昧中度过呢？为什么只对巴勒斯坦某个地区的一小族人进行启示呢？尤里安大帝已指出此问题，而凯尔苏斯更把犹太人和基督徒比作一撮蚯蚓，口口声声称自己是神所唯一关注者：

> 我们乃神所优先给予启示者，给予预言一切者；神无视宇宙及天体运行，对这片大地也不在乎，为的只是管理我们，派遣使者也只为和我们沟通……一切都为我们而生，一切都为我们安排得井井有条。

另外，神决定在某刻复活，这从两方面看也都是说不通的。为什么这几百年都不让人类受启示之益？为什么放任这么多灵魂堕落而不管？尤其神如何、为何要复活？他不是无处不在吗？他需要

369

像个发迹者一般当着众人之面来表现自己吗？若神果真下到人类中间，他将引起整个宇宙秩序发生巨变；而他要他屈从这种变革，是不可能的，更何况让他屈从一种朝低级方向去的变革。而末世论更让人无法接受，对此波菲利已经发表了极其严厉的批评。创世者怎么可能使"世上的人都消失"？除非他从创世开始那一刻就不能够赋予世界以一种适当的、恰如其分的形式，并且之后他也未意识及此？为什么会有这种不可预料的变革决定？总之，复活必将引起宇宙秩序发生巨变。它将打乱已确定了的创造物序列，打乱各要素的转换法则。波菲利如此概括这些反对意见的要义：

> 有人说："神无所不能。"但这并不真实。神并非无所不能。他不能使 2 乘以 2 得 100，而不是 4。因为，他的权力并不是他行为与意志的唯一准则。他希望事物也有它们的固有准则，他也遵守秩序之法。

V. 感 染

确切地说，感染指的是，异教和基督教逐渐采纳对方独有观点及行为的这个过程。

异教对基督教的感染在基督教历史的早期便开始了。这种感染必然与基督教的布道特征联系在一起。要想在希腊-罗马思想世界中传达启示，基督教必须采纳一些它之前即有的文化形式和艺术形式，以使自己不动声息地融进古代世界的政治形式和社会形式之中。这种感染轻而易举便发生了。因为，有我们前面所说的异教的演化事实：远古宗教随着政治因素、社会因素、意识形态

370

因素、哲学因素的变化而逐步发生演化。即朝着等级一神论演化，朝着神秘主义及虔信主义演化。基督教所密切融入的，正是这种新异教。基督教从异教处借用了神学观念、神学方法以及神学原理；还借用了神秘主义观念、神秘主义方法以及神秘主义原理。异教论战者就此指责基督教神学的这种借用，揭露基督教这种伪装起来的多神论。如"神之子"这个观念即与一神论不可兼容，因为一神论必须以绝对为前提。尤里安大帝尽管强调了这种前后不一致，但有些徒劳。因为，他只满足于展现他那个时代的基督神学家们的一些争论，即神与其子的相似点及不似点。而基督教辩护士该撒利亚的优西比乌（Eusèbe de Césarée）则把普罗提诺及努美尼乌斯（Numénius）有关首位神、次位神的学说，与基督教有关圣父、圣子的教义作了比照。此外，波菲利提出，基督教的天使学说不就是一种隐含的多神论吗？作为众神的天使，不就是一些隶属于最高神的权力吗？不就是受最高神之托而对宇宙行管理之职的吗？而奥利金某些关于天使的主张，与异教关于众神、元素及民族的教义，差别并不甚大。君士坦丁皈依之后，异教与基督教相互感染的范围扩大了，强度也增加了。基督徒皇帝们所承袭的上朝礼仪，虽为戴克里先首创，其实还是承袭自帝国的意识形态。基督形象与皇帝形象逐步倾向于迭合。基督作为超验的皇帝，被天廷、神与人之间的中介者所包围；而皇帝则是另一个基督，因他是逻各斯的化身。新柏拉图主义哲学，尽管是铁定的异教，也越来越多地浸透了基督神学。普罗克鲁斯的宇宙等级即为伪狄俄尼索斯用作天神与教士等级模型。等级制度与庄严神圣，这两种观念既可概括异教终结时的全部本质，亦可定义拜占庭的基督世界。新异教与基督教之间的相互影响于此达到了极点。

　　反之，基督教对异教的影响则较为缓慢和有限。在头几个世纪,某些异教人士试图在表面上同化基督教元素,如亚历山大·塞维鲁皇帝在他的万神殿中给基督留了位置。而有个唤作马拉·巴·塞拉比昂(Mara Bar Serapion)的人,则在一封用叙利亚文所写的书简中,把他所称犹太人的"智慧王"的基督,与苏格拉底、毕达哥拉斯作了对比:他们三人虽已死于母邦公民之手,但仍可以说他们还活着。苏格拉底因有了柏拉图而活着,毕达哥拉斯因有了人们为他所建的塑像而活着,耶稣因有了他颁布的法律而活着。更突出的是,基督教与异教的这种暂时接近在某些时期居然体现为相依为命。尤其在君士坦丁皈依之后的 4 世纪上半叶的罗马,异教意向与基督教意向、异教习俗与基督教习俗处于一种和平共存的状态,譬如,罗马历法的 354 年。这种相依为命所反映的是一种宽容理念,是那时代的哲学家如忒米斯修斯(Thémistius)与历史学家阿米安·马尔策林(Ammien Marcellin)所为其庄严守护的一种理念。后者虽是尤里安大帝的仰慕者,但他却指责尤里安大帝对基督徒修辞学家的镇压,毫不掩饰自己对基督教的某种赞赏,且

372 公开表示自己"中立的一神论"态度。有的异教徒甚至还崇敬基督徒。基督教与异教之间的这种相依为命往往发自个人良心。异教哲学家希帕提亚(Hypatie)的门生、基督主教西涅修斯(Synésius)便是著例。他所著《赞歌》(Hymnes)既可看作源自基督教三位一体论的灵感,亦可看作某种跟波菲利传统有关的异教神学的代表。对这个时代的许多名人,我们皆可合理地问,他们究竟是异教徒还是基督教徒,奥索讷(Ausone)和克劳狄安(Claudien)便如此:他们作为正式的基督徒,却又在他们的灵感诗中体现出异教的本质要素。同样,波埃修也体现出异教与基督教的双重人格:其所著《慰藉录》(Consolation)竟丝毫不见基督教的痕迹!以致人们常常对其神学作品的真实性产生怀疑。

　　不过基督教思想对异教思想也有少许影响。首先一点，为驳倒基督教的诸问题，异教论战者得先承认它们。如像安德森（C. Andersen）所指出那样，很可能是为回应查士丁的哲学，凯尔苏斯才从历史中提炼出了自己的哲学。其实在普罗提诺著作中，也可见他用基督教术语讲述克洛诺斯神话和宙斯神话，目的是更有力地驳倒基督教关于创世神创造世界的诺斯替学说。而波菲利则在这条路上走得更远。杨布里科斯也正因此在《致阿内本》（*Lettre à Anébon*）中指责他，说他接应那些不信神者亦即基督徒的观点，因为他们认为所有占卜术皆是邪恶精灵所为。波菲利大概是认为，基督徒的此观点颇值得认真考虑。但我们也绝不能由此便像某些史学家那样以为，波菲利在《致马其拉》（*Lettre à Marcella*）中所提出的信、愿、爱乃是源自基督教。这样将会误解我们前面所说的异教演化，因为类似学说亦见于其他异教文献，尤见《迦勒底神谕》（*Oracles chaldaïques*）。

　　373

　　使异教对基督教最为迷恋者，乃是基督教的制度。尤里安大帝的宗教改革即是明证。还在 4 世纪初，马刻西米·达耶阿（Maximin Daïa）便尝试以基督教会的模式来重组异教的圣职，他的做法是建立一些教会省份，由大主教加以管理。尤里安却走得更远，他不仅采纳马刻西米·达耶阿的想法，而且还让异教新教会在进行礼拜仪式、教理传授、慈善布施诸活动时效仿基督教会。拿先斯的格列高列（Grégoire de Nazianze）对此的见证虽略带偏见，但不乏趣味：尤里安本想在所有城市中确立关于"希腊的"，亦即异教的宗教信仰教育制度。在这种教育中，学生将听到对异教神话的道德解释、神秘主义解释。他还想确立连祷制、罪人的当众忏悔制、年轻女孩的庇护制，以及专供沉思用的隐修院及场所。尤里安大帝为何把基督教神职人员的规范强加在异教神职人员身上，从他所留下的几封书简可见其意图。祭司所过的生活必须是无可指责的：严禁阅读下流书籍、严禁频繁出入剧院、严禁竞技博彩；他们的一切活动皆得致力于祈祷、致力于阅读哲学、致力于背诵敬神的赞美歌、致力于传道与布施："之所以提倡无神论（亦即基督教），其最大贡献是，对陌生人施行人道主义，预见对死者的安葬，找到单纯的生命重力。以上这些便是我们必须关心的，不得耍花招。"尤里安认为，应该维护远古宗教。但这位哲学家皇帝，一方面，由于他想把基督教会的组织用于异教，可以说这是在背叛他儿时所接收的基督教教诲在他身上所产生的深刻影响。另一方面，他认为所应该复兴的宗教又并非古代异教：它是一种体现在希腊神话学语言中的哲学一神教。最能清楚证明远古宗教这种深刻转变的，正是尤里安想把基督教会制度强加于远古宗教这一事实本身。为此，异教就成了某些固定信条的一副躯体，以荷载某种体系化的神学以及某种确定的道德学说。此即新柏拉图主义者杨布里科斯给希腊宗教带来的结果。而异教的终结与新宗教、新异教的出现也正在于此，并且这种新异教又在文艺复兴时期的人文主义者的善良心灵中得到了复兴，其中就有如热米斯特·普雷通（Gémiste Pléthon）在米斯特拉（Mistra）重新赋予它以实在生命。

374

古代作者索引

近代作者索引

图书在版编目（CIP）数据

古代哲学研究／（法）阿多著；赵灿译. --上海：华东师范大学
出版社，2016.9
ISBN 978-7-5675-5619-5

Ⅰ.①古… Ⅱ.①阿…②赵… Ⅲ.①古代哲学-研究
Ⅳ.①B12

中国版本图书馆 CIP 数据核字（2016）第 198505 号

华东师范大学出版社六点分社
企划人 倪为国

ÉTUDES DE PHILOSOPHIE ANCIENNE
By Pierre Hadot
Copyright © LES BELLES LETTRES,1998
Published by arrangement with EDITIONS LES BELLES LETTRES
Simplified Chinese Translation Copyright © 2016 by East China Normal University Press Ltd.
All Rights Reserved.
上海市版权局著作权合同登记 图字：09－2011－310 号

古代哲学研究

著　　者　（法)皮埃尔·阿多
译　　者　赵　灿
责任编辑　王莹兮
封面设计　吴元瑛

出版发行　华东师范大学出版社
社　　址　上海市中山北路 3663 号　邮编　200062
网　　址　www.ecnupress.com.cn
电　　话　021－60821666　行政传真　021－62572105
客服电话　021－62865537
门市（邮购)电话　021－62869887
地　　址　上海市中山北路 3663 号华东师范大学校内先锋路口
网　　店　http://hdsdcbs.tmall.com

印　刷　者　上海盛隆印务有限公司
开　　本　890×1240　1/32
印　　张　11.75
字　　数　237 千字
版　　次　2016 年 9 月第 1 版
印　　次　2022 年 7 月第 2 次
书　　号　ISBN 978-7-5675-5619-5/B·1037
定　　价　128.00 元

出 版 人　王　焰

（如发现本版图书有印订质量问题,请寄回本社客服中心调换或电话 021－62865537 联系)